情報社会を
生きるための
ICT入門

コンピュータの誕生から人工知能まで

ICT Literacy and Competency in an Information Society

谷口唯成
千葉雅史
栗田太作
横村国治
宮川幹平

著

共立出版

本書に掲載されている会社名・製品名は，一般に各社の登録商標または商標です。
本文中では，™，©，® マークなどは表示しておりません。

はじめに

　高度に複雑化し，変化の著しい現代の情報社会では，既存の情報サービスやソフトウェアを使いこなすスキルだけでなく，多様な情報技術を基盤として，企業や社会全体のデジタル変革（デジタルトランスフォーメーション：DX）に対応できる力が求められています。現代の情報社会を生きるためには，情報サービスを利用する立場でも，開発や運用を行う立場でも，自らの専門分野と情報通信技術（ICT）を融合し応用できる広い視野が必要です。そのため，すべての学生が，ICT に加えてモノのインターネット（IoT）や人工知能（AI）・データサイエンスなどを包括的に学び，情報モラルや情報セキュリティに配慮しながら ICT を活用することが重要と考えます。

　本書では ICT に関するさまざまな分野として，社会の変化と ICT の関係について説明し，情報社会に参加するうえで必要な情報モラルについて説明します。また，コンピュータの構成・動作のしくみをハードウェア，ソフトウェアの両面から解説します。さらに，IoT の基盤となるインターネットのしくみや応用技術について説明し，情報セキュリティと関連法規に関して示します。

　近年，専門分野のみならず，日常生活でも頻繁に見聞きすることが多くなった AI 分野の急速な発展を背景に，文部科学省による数理・データサイエンス・AI 教育プログラムが推進されています。本書でも，この教育プログラムの導入として，プログラミング，データサイエンス，AI について解説します。本書の各章の概要は以下の通りです。

　第 1 章では，コンピュータの誕生から，IoT によるデジタル社会への変遷を説明します。また，社会と ICT のつながり，データサイエンス，AI について説明します．

　第 2 章では，情報社会におけるコミュニケーションの変化，生活の変化について触れ，情報社会の特性と情報モラルの必要性について解説します。

　第 3 章では，コンピュータで扱う情報の種類，表現方法について説明します。また，情報の符号化として 2 進数の基数変換，論理回路と論理演算，文字コードについて解説します。

　第 4 章では，コンピュータの種類と用途について触れ，5 大装置から構成されるハードウェアについて解説します。

　第 5 章では，コンピュータを動かす命令や処理手順を示すプログラムやデータであるソフトウェアについて説明します。特に基本ソフトウェアやアプリケーションソフトウェアについて解説し，ソフトウェアのライセンスについても説明します。

　第 6 章では，プログラミング言語の概要として，プログラミング言語の種類，プログラムの要素である変数，配列，演算子，制御構文，関数などについて解説します。プログラム例として，直感的なプログラミングが行える Scratch によるプログラミング例を示します。

　第 7 章では，コンピュータ上でディジタルデータとして扱われる文書，音声，画像，映像などマ

ルチメディアのしくみや特徴などについて説明します。

第8章では，人間とコンピュータとの間で情報をやりとりする手段やしくみであるヒューマンインターフェースについて説明します。

第9章では，世界規模のコンピュータネットワークであるインターネットの歴史と特徴について説明します。また，インターネットを構成する WAN 技術，LAN 技術，インターネットに関するプロトコルや Web 技術についても解説します。

第10章では，情報セキュリティの概念を理解し，安全・安心に情報技術を活用するためのセキュリティ対策・個人情報保護対策について説明します。

第11章では，インターネットや IoT による大量のデータを収集・分析するためのデータサイエンスについて説明します。また，意思決定や施策決定の科学的根拠として有用な統計学について解説し，データの分類と尺度について説明します。具体的な分析例として，基本統計量を扱う例題を示します。

第12章では，AI の現状から，これまでの歴史，代表的な機械学習について説明します。また，機械学習の応用分野について解説し，最後に AI の今後と課題について触れます。

本書によって，読者の皆さんが ICT に関わるさまざまな分野の全体像を把握し，情報を効果的に活用できるようになることを願っています。また，情報社会の特性を理解したうえで，適切な情報モラルと必要とされる情報セキュリティの知識を身につけていたければ幸いです。

本書の出版にあたり，ご尽力を賜った共立出版の河原優美氏，木村邦光氏，中川暢子氏に厚くお礼申し上げます。また，本書の前身として制作された『マルチメディア環境論入門』（JB 出版，2006），『ICT 入門』（東海大学，2018），『社会情報概論』（共立出版，2024）の著者の先生方に感謝申し上げます。

2025 年 3 月

著者を代表して　谷口　唯成

目　次

はじめに　iii

Chapter 1　社会とICT　1

1.1　コンピュータの誕生　1
1.2　マイクロコンピュータから IoT 世界へ　5
1.3　社会と ICT の結びつき　8
1.3.1　IC カードの活用　8
1.3.2　GPS の活用　10
1.3.3　物流における ICT　11
1.3.4　農業における ICT　12
1.3.5　災害と ICT　14
1.3.6　広域医療と ICT　14
1.4　現代社会の改革　16
1.4.1　データサイエンスの台頭　16
1.4.2　現代社会における AI　18
1.5　ICT に関する年問題　19
参考文献　21

Chapter 2　情報モラル　23

2.1　情報社会の特性　23
2.1.1　情報社会　23
2.1.2　情報社会におけるコミュニケーションの変化　24
2.2　情報倫理　27
2.2.1　情報社会におけるリスク　27
2.2.2　情報モラル教育　28
2.3　情報モラルと法律　33

目次

        2.3.1 著作権　33
        2.3.2 不正アクセス禁止法　35
        2.3.3 個人情報の保護に関する法律　37
    参考文献　38

Chapter 3 情報科学の基礎 ·· 39

3.1 情報とは　39
    3.1.1 情報の分類　39
    3.1.2 生命情報　40
    3.1.3 社会情報　40
    3.1.4 機械情報　40
    3.1.5 情報に関する学術学問　40
3.2 アナログからディジタルへ　41
    3.2.1 アナログとディジタル　41
    3.2.2 アナログ − ディジタル変換　42
    3.2.3 符号化と符号体系　44
3.3 基数変換　45
    3.3.1 基数と重み　45
    3.3.2 整数の2進数への基数変換　47
    3.3.3 小数を含む実数の2進数への基数変換　47
3.4 論理回路と論理演算　48
    3.4.1 論理とブール代数　49
    3.4.2 論理回路の回路記号と真理値表　49
    3.4.3 半加算器と全加算器　50
3.5 数値の表現方法　52
    3.5.1 負の数の表現　53
    3.5.2 符号と絶対値表示とその特徴　53
    3.5.3 補数による表現法　54
    3.5.4 2の補数による計算　55
3.6 文字の表現方法　55
    3.6.1 文字コードの歴史的変遷　56
    3.6.2 7bitの文字コード表とコード体系　57
    参考文献　59

Chapter 4　情報テクノロジー　61

4.1　コンピュータの種類と用途　61
- 4.1.1　サーバとクライアント　61
- 4.1.2　パーソナルコンピュータ　62
- 4.1.3　組み込みシステム　62

4.2　コンピュータの構成　62
- 4.2.1　ハードウェアとソフトウェア　62
- 4.2.2　ハードウェア構成　62

4.3　CPU　64
- 4.3.1　CPU の構成と性能　64
- 4.3.2　その他の演算装置　66

4.4　記憶装置　66
- 4.4.1　記憶階層　67
- 4.4.2　主記憶装置（半導体メモリ）　67
- 4.4.3　補助記憶装置　68

4.5　入力装置　70
- 4.5.1　ポインティングデバイス　70
- 4.5.2　キーボード　71
- 4.5.3　センサ　71

4.6　出力装置　72
- 4.6.1　ディスプレイ　72
- 4.6.2　プロジェクタ　73
- 4.6.3　3D 立体視装置　73
- 4.6.4　プリンタ　74
- 4.6.5　3D プリンタ　75

4.7　インターフェース　76
- 4.7.1　信号方式　76
- 4.7.2　バス　76
- 4.7.3　内部機器を接続するインターフェース　77
- 4.7.4　外部機器を接続するインターフェース　77

参考文献　80

Chapter 5 ソフトウェア　81

- 5.1　プログラムとソフトウェア　81
- 5.2　オペレーティングシステム　82
  - 5.2.1　世界初の本格的な商用オペレーティングシステム　83
  - 5.2.2　オペレーティングシステムの位置づけと役割　83
  - 5.2.3　オペレーティングシステムの基本的な機能　84
- 5.3　ファイルシステム　85
- 5.4　アプリケーションソフトウェア　86
- 5.5　ソフトウェアライセンス　88
  - 5.5.1　著作権　88
- 5.6　オープンソースソフトウェア　90
  - 5.6.1　オープンソースソフトウェアの広がり　90
  - 5.6.2　オープンソースソフトウェアについて　90
  - 5.6.3　オープンソースソフトウェア以外の利用許諾契約をもつソフトウェア　91
  - 5.6.4　OSSの利益/不利益について　92
- 参考文献　92

Chapter 6 プログラミング　93

- 6.1　プログラミングについて　93
- 6.2　プログラミング言語　93
  - 6.2.1　プログラミングパラダイムにおける分類　94
- 6.3　言語プロセッサ　96
- 6.4　変数と配列　97
  - 6.4.1　変数と定数　97
  - 6.4.2　配列　98
- 6.5　制御構文　99
  - 6.5.1　条件判断　99
  - 6.5.2　繰り返し処理　99
- 6.6　フローチャート　100
  - 6.6.1　フローチャートの表現　100
- 6.7　Scratchによるプログラミング　100
  - 6.7.1　Scratchの基本的な使い方　101

6.7.2　プログラミング例　103
参考文献　109

Chapter 7　マルチメディア　111

7.1　マルチメディアとは　111
7.2　文書　112
　7.2.1　文書作成に必要な技術　112
　7.2.2　フォント　112
　7.2.3　ディジタル文書のフォーマット　113
　7.2.4　マークアップ言語　113
　7.2.5　DTP　114
7.3　音声と音響　115
　7.3.1　音の基礎知識　115
　7.3.2　音声のディジタル化　115
　7.3.3　ディジタル音声のフォーマット　115
　7.3.4　DTM　116
　7.3.5　コミュニケーションとしての音声　116
　7.3.6　音声認識　118
　7.3.7　音声合成　118
7.4　色表現　119
7.5　画像と図形　120
　7.5.1　ラスタ形式とベクタ形式　120
　7.5.2　画像のディジタル化　121
　7.5.3　ディジタル画像の階調と解像度　121
　7.5.4　ディジタル画像のフォーマット　123
　7.5.5　ディジタル画像処理　124
　7.5.6　図形処理と CG　124
7.6　映像　125
　7.6.1　ディジタルデータとしての動画　125
　7.6.2　動画の解像度　125
　7.6.3　映像データのフォーマット　126
7.7　アニメーション　127
　7.7.1　CG アニメーションの構成　127
　7.7.2　キーフレームアニメーション　128
　7.7.3　キャラクタのアニメーション　128
　7.7.4　物理ベースアニメーション　129

7.8 バーチャルリアリティ　130
　7.8.1　バーチャルリアリティとは　130
　7.8.2　バーチャルリアリティの機能　130
　7.8.3　バーチャルリアリティを支える技術　130
　7.8.4　拡張現実（感）　131
参考文献　131

Chapter 8　インターフェースデザイン　133

8.1　インターフェースとナビゲーション　133
　8.1.1　Web サイトとユーザインターフェース　133
　8.1.2　ナビゲーション　134

8.2　ユニバーサルデザイン　135
　8.2.1　ユニバーサルデザインとは　135
　8.2.2　ユニバーサルデザインの提唱　135
　8.2.3　ユニバーサルデザインの基本的な考え方　136
　8.2.4　ユニバーサルデザインの 7 原則　136

8.3　記号要素　139
　8.3.1　記号要素とは　139
　8.3.2　ピクトグラム　139
　8.3.3　ダイアグラムと地図　139

8.4　GUI　140
　8.4.1　GUI とは　140
　8.4.2　GUI アプリケーションの開発　140
　8.4.3　マルチモーダルインターフェース　141
参考文献　142

Chapter 9　インターネット　143

9.1　インターネットの起源と特徴　143
　9.1.1　インターネットの黎明期　143
　9.1.2　インターネットとパケット通信　144
　9.1.3　インターネットの仕様と RFC　147

9.2　インターネットの活用　147
　9.2.1　Web 技術　147
　9.2.2　クラウドサービス　151

9.3 インターネットの構成　153
　9.3.1　ネットワークの分類　153
　9.3.2　WAN とその技術　155
　9.3.3　LAN とその技術　159

9.4 インターネットとプロトコル　163
　9.4.1　インターネットでの通信を実現するプロトコル群　163
　9.4.2　インターネットで用いられるアドレス　166
　参考文献　169

Chapter 10　情報セキュリティ　171

10.1 なぜ情報セキュリティが必要なのか？　171
　10.1.1　情報セキュリティ事件簿　171
　10.1.2　情報セキュリティの定義　176
　10.1.3　情報セキュリティの侵害を防ぐには　177

10.2 基本的な情報セキュリティ対策　178
　10.2.1　システム・アプリの脆弱性に対処する　178
　10.2.2　アプリの信頼性と権限を確認する　179
　10.2.3　アカウントを適切に保護する　180
　10.2.4　Web・クラウドを安全に利用する　181
　10.2.5　メッセージングの安全性を高める　182
　10.2.6　ホームネットワークを守る　183
　10.2.7　万が一に備える　184

10.3 暗号技術とその利用　185
　10.3.1　暗号技術の概要　185
　10.3.2　通信における暗号技術の利用　189
　参考文献　191

Chapter 11　データサイエンス　193

11.1 データサイエンスのための統計　193
　11.1.1　エビデンスを示せる統計学　193
　11.1.2　エビデンスにもとづいた学問分野　194
　11.1.3　統計学の必要性　194

11.2 データを分類する基準　195
　11.2.1　統計学で扱うデータの分類と尺度　195

xii　　　　　　目　次

　　　11.2.2　尺度　195
　　　11.2.3　尺度の変換　197
　11.3　データの整理と可視化　197
　　　11.3.1　データの整理と可視化の必要性　197
　　　11.3.2　グラフの種類　198
　　　11.3.3　度数分布表　200
　　　11.3.4　ヒストグラム　202
　　　11.3.5　代表値　206
　参考文献　208

Chapter 12　人工知能　209

　12.1　人工知能とは　209
　　　12.1.1　人工知能について　209
　　　12.1.2　人工知能の歴史　209
　12.2　人工知能の技術　212
　　　12.2.1　機械学習　213
　　　12.2.2　進化的計算　216
　　　12.2.3　群知能　217
　　　12.2.4　自然言語処理　217
　　　12.2.5　画像認識　218
　　　12.2.6　エージェント　218
　12.3　知識表現と推論　219
　　　12.3.1　知識表現　220
　　　12.3.2　推論　221
　12.4　人工知能の諸問題　221
　　　12.4.1　汎用 AI　221
　　　12.4.2　フレーム問題　222
　　　12.4.3　記号接地問題　222
　　　12.4.4　人工知能に関する倫理，信頼性と説明可能な AI について　223
　　　12.4.5　人工知能との関わりについて　224
　参考文献　224

索　引　227

Chapter 1 社会と ICT

本章では，コンピュータについて歴史的変遷を概観し，マイクロコンピュータからモノのインターネット（IoT：Internet of Things）へと発展した経緯を紹介します。現代社会は情報通信技術（ICT：Information and Communication Technology）に囲まれていますが，そのスタートは Intel 4004 マイクロプロセッサ内の 3 mm×4 mm の集積回路（IC：Integrated Circuit）チップでした。また，大量のデータから有用な情報や知見を抽出し，問題解決や意思決定に活用するデータサイエンスも急速に発展しました。さらに，人間の知的活動（推論，論理的な思考，言語理解，学習）をコンピュータプログラムにより実現する人工知能（AI：Artificial Intelligence）技術の進歩も目覚ましいものがあり，2045 年にはコンピュータの能力が人類を超えるとの予測まで生まれています。本章では，このような社会と ICT の結びつきや，ICT に関わる課題の一つとして，年問題についても学びます。

1.1 コンピュータの誕生

ICT は，かつて人類の生活を革新的に豊かにした産業革命時代の蒸気機関の発明に匹敵するほどインパクトの大きいテクノロジーです。現在の社会システムは，ICT と密接に関わり，ICT は人類の生存に大きな影響力をもち始めています。ここでは，コンピュータの誕生について歴史的変遷を追いかけながら考えます。

現在，コンピュータというと，図 1.1（A）のような形で，電気をエネルギーとして動くマシンを思い浮かべますが，昔のコンピュータ（Computer）は，（B）の人物のことを指していました。

図 1.1　コンピュータの語源

図 1.2 コンピュータ歴史博物館にあるホレリスの
タビュレーティングマシンとソータ（1890）

〔https://upload.wikimedia.org/wikipedia/commons/4/4e/Hollerith
Machine.CHM.jpg〕より。

計算手（Human Computer）と呼ばれ，大型トラックの運転手（Driver）や豪速球を投げる投手（Pitcher）のように，手計算を得意とした専門家を意味していました。コンピュータの前身ともいえる電子計算機が実用化される前は，計算手が国や大学などの研究機関や企業などで数学的な計算を担当していました。銀行系の会社では，計算手は数人から数百人のチームを構成し，巨大で複雑な計算を分担して検算などを行っていました。1960年代のアメリカ航空宇宙局（NASA：National Aeronautics and Space Administration）の宇宙開発を支えた女性の計算手の物語は，映画にもなっています。

　1890年のアメリカでは，人口増加や経済の急成長により，大統領を決めるための選挙人の数の集計や，国勢調査の結果にもとづいて各州に分配される国の予算配分の計算などが，手計算では追いつかなくなっていました。特に国勢調査のデータは政治の根幹を支える情報であり，必要に迫られて開発されたのが，電子計算機の前身となる自動集計装置でした。アメリカの発明家ハーマン・ホレリス（Herman Hollerith）が開発したタビュレーティングマシン（Tabulating Machine，図1.2）は，長方形の厚紙に穿孔（穴）を開けるパンチカードを使って住所，性別，家族構成，年収などのデータを集計し，国勢調査の処理に大活躍しました。

　1918年にドイツで開発されたエニグマ（Enigma）と呼ばれる暗号機（図1.3左）は，電気で動く機械式暗号機で，第二次世界大戦中のドイツ軍が暗号通信に使用したことで有名になったマシンです。エニグマ暗号機は，電気駆動のコンピュータの直接的な祖先に位置付けられます。

　イギリスの数学者アラン・チューリング（Alan Mathieson Turing）は，エニグマ暗号機の暗号を解読するボンベ（Bombe）暗号解読機（図1.3右）を開発しました。チューリングはAIの父とも呼ばれ，コンピュータの開発やICTの発展に大きく貢献した科学者です。1936年に発表した研究論文「On Computable Numbers, with an Application to the Entscheidungsproblem（計算可能数，ならびにそのヒルベルトの決定問題への応用）」で，問題を解決する手順（アルゴリズム，第6章参照）を組み立て，その処理手順（アルゴリズム，Algorithm）に沿って順次実行することで

図1.3 エニグマ暗号機（左）とボンベ暗号解読機（右）

［左：https://upload.wikimedia.org/wikipedia/commons/3/3e/EnigmaMachineLabeled.jpg，右：https://upload.wikimedia.org/wikipedia/commons/4/49/Bletchley_Park_Bombe4.jpg］より。

問題解決する機械「チューリングマシン」を開発することが可能だと予見しました。机上の仮想的なマシンでしたが，現在のコンピュータのハードウェア（Hardware）とソフトウェア（Software）の概念につながるアイデアや，アルゴリズムを具現化するプログラミング（Programming）に通じる内容が書かれています。この成果を応用して，エニグマ暗号機の暗号コードを解読する，ボンベ暗号解読機の開発に成功しました。

　第二次世界大戦後，コンピュータの開発は一気に加速しました。これまで紹介したタビュレーティングマシン，エニグマ暗号機，ボンベ暗号解読機は，どれもコンピュータの祖といえるマシンでしたが，使う目的が絞られた専用マシンでした。現在のコンピュータは汎用性があり，プログラム（Program）を変更することであらゆる分野の情報処理が柔軟に実行可能です。この視点からみると，現在のコンピュータの元祖は，1943年にアメリカで開発が始まった，ENIAC（Electronic Numerical Integrator and Computer）（図1.4）といえます。ENIACは，ペンシルベニア大学のジョン・モークリー（John William Mauchly）とジョン・エッカート（John Presper Eckert）が考案し，設計しました。原子爆弾開発に関わるマンハッタン計画にも参加したジョン・フォン・ノイマン（John von Neumann）も，コンサルタントとして途中からこのプロジェクトに参加しました。

　ENIACは，回路を人力で物理的に組み替えて，10進数でプログラミングする方式を採用し，世界初のプログラム内蔵式コンピュータとなりかけていました。しかし，1945年にノイマンが，「First Draft of a Report on the EDVAC（EDVACに関する報告書の第一草稿）」というレポートを，ジョン・モークリーとジョン・エッカートに断りなく公表したことで，コンピュータの開発の歴史が大きく変わりました。このレポートには，後のコンピュータ開発に大きな影響を与えるプログラム内蔵式コンピュータの論理的裏付けに関する研究成果が記載されており，ノイマンがプログラム内蔵式コンピュータの発明者であるというイメージが後世に強く残ることになりました。

　プログラム内蔵式コンピュータのオリジナルを考案したジョン・モークリーとジョン・エッカー

図 1.4 世界初プログラム内蔵型のコンピュータ ENIAC

［https://upload.wikimedia.org/wikipedia/commons/d/d3/Glen_Beck_and_Betty_Snyder_program_the_ENIAC_in_building_328_at_the_Ballistic_Research_Laboratory.jpg］より。

トは，後にノイマンを訴え，1946 年より ENIAC に続くプログラム内蔵式コンピュータ EDVAC（Electronic Discrete Variable Automatic Computer）の開発プロジェクトに乗り出しました。EDVAC は，現在のコンピュータと同じ 2 進数を用いたプログラム内蔵式コンピュータでしたが，1949 年にイギリスのケンブリッジ大学が開発した EDSAC（Electronic Delay Storage Automatic Calculator）に世界初を奪われました。ENIAC は 1946 年に完成し，EDVAC は 1951 年に完成しました。EDSAC は，EDVAC と同様に 2 進数を用いたプログラム内蔵式コンピュータで，主に真空管でつくられていました。入力には 5 穴の紙テープ読取装置，出力には印刷電信機（テレプリンタ，Teleprinter）が接続され，記憶装置（メモリ，Memory）はわずか 8704 byte でした。

　1950 年後半から，現代のコンピュータに非常に近いシステムが次々と開発されるようになりました。IBM（International Business Machines Corporation）社の SAGE（Semi-Automatic Ground Environment）は，旧ソビエト（現ロシア）の爆撃機を発見・追跡し，撃ち落とすための自動化されたアメリカ軍用コンピュータシステムで，コンピュータと人間との間で双方向操作が可能な先駆け的なユーザインターフェース（第 8 章参照）を有していました。例えば，陰極線管（CRT：Cathode Ray Tube）を用いたモニタ（Monitor）や，マウス（Mouse）の祖であるライトガン（Light Gun），電話回線経由のディジタルデータ転送を実現するモデム（Modem）などが装備されていました。

　1964 年に開発された IBM 社製の System/360 は，基本ソフトウェア OS/360（第 5 章参照）によって制御され，ビジネスから科学技術計算まで，プログラムによってあらゆる用途に対応する汎用型のコンピュータとして確固たる地位を築きました。360 という数字は，360 度全方位のあらゆる分野の仕事をカバーできる汎用性をもつことを意味しています。System/360 のような大企業や大きな研究機関で使用されていた大型汎用コンピュータのことをメインフレーム（Mainframe）と呼び，パーソナルなコンピュータの登場は，System/360 の登場から約 10 年後の 1974 年以降でした。

図 1.5 世界初のマイクロプロセッサ Intel 4004
［https://upload.wikimedia.org/wikipedia/commons/f/f9/Intel_C4004_b.jpg］より。

　メインフレームの活躍後，1960年代後半からマイクロプロセッサ（Microprocessor）の登場によりコンピュータ技術に革新的変化が起こりました。それまでのコンピュータの頭脳部分である中央処理装置（CPU：Central Processing Unit）は，真空管やトランジスタなどの電子部品から構成される大きな電子回路でしたが，鉱物の単結晶シリコンのチップ（3 mm×4 mm）上に約2300個のトランジスタを集積して埋め込む IC が製造できるようになったことで，CPU は小型軽量で低消費電力の電子素子 MPU に変身しました。

　1971年に，Intel 社から世界初のマイクロプロセッサ Intel 4004（図1.5）が発売されたことが，大きな転機となりました。日本人の嶋正利（ビジコン社）がこの IC の論理設計を行い，Intel 社が物理設計と製造を担当しました。Intel 4004 の IC は，4 bit のデータを取り扱う MPU で，1971年にビジコン社の電卓「141-PF」に搭載されました。Intel 4004 は現在の Intel Core i プロセッサシリーズの源流であり，その後継の Intel 8080 で動作する基本ソフトウェア CP/M は，後の Microsoft 社の基本ソフトウェア Windows の源流となりました。

　MPU などの IC 製造技術の確立は，その後の PC（Personal Computer）や，携帯電話，スマートフォン（Smartphone），タブレット端末（Tablet Computer）の普及を促進し，IoT の発展に絶大なる影響を及ぼしました。Intel 4004 に搭載された 3 mm×4 mm のシリコンの IC チップは，人類の発展を大きく変革する礎となりました。この IC チップがきっかけとなり，ICT に囲まれた社会システムが構築されていきました。コンピュータの性能向上は目覚ましく，2045年にはコンピュータの能力が人類を超えるという予測まで生まれるほどになりました。

1.2　マイクロコンピュータから IoT 世界へ

　1971年に発売された世界初のマイクロプロセッサ Intel 4004 は，その後，二つの潮流に分かれました。一つは，デスクトップ PC やノート PC の頭脳部分として進化し，高性能の CPU へと変化を遂げました。もう一つは，小型軽量化と低消費電力化を極めつつ，コンピュータのシステム自体を小さな IC のなかでワンパッケージにしたマイコンと称されるマイクロコンピュータ（Microcomputer）となり，携帯電話やスマートフォン，タブレット端末，そして IoT を支えています。特にスマートフォンでは，通信専用の特定用途向けの集積回路 ASIC（Application Specific Integrated Circuit）が採用され，その頭脳部分は SoC（System on a Chip，第 4 章参照）と呼ばれています。

　直接マイコンを目にすることは少ないですが，私たちの身のまわりにはマイコンが使われている製品が数多くあります。例えば，携帯電話やスマートフォンをはじめ，赤外線リモコン，エアコン，冷蔵庫，炊飯器，電子レンジ，食器洗い機，洗濯機，コーヒーメーカー，自動車，信号などが挙げられます。これらの製品では，マイコンが細かな制御を行っています。冷蔵庫には，約 3 つのマイコンが搭載されており，モータ制御，冷蔵庫システム制御，液晶表示制御などが分業体制で行われ，それぞれのマイコンは互いに通信を行い，同調して制御を行っています。自動車には，1 台につき数十個から，高級車になると 100 個ほどのマイコンが搭載されています。家電製品に数多くの機能をもたせるには，機械部品や電子回路で機能を実現するよりも，マイコンのプログラムを使って制御し，同等の機能を実現するほうが安価にできるため，近年では機器のハードウェア開発費用よりもソフトウェア開発に投じる予算のほうが非常に高くなっています。

　マイコンは立派なコンピュータシステムの一つであり，デスクトップ PC やノート PC と同様に，家電製品にもコンピュータの 5 大構成要素（第 4 章参照）が存在します。それらは，1）入力装置，2）制御装置，3）記憶装置，4）演算装置，5）出力装置です。炊飯器を例に説明すると，炊き方や予約設定を決めるボタンや釜の温度を調べるセンサー（Sensor）は入力装置と見なせます（図 1.6）。釜を熱するヒータは，釜という制御対象を物理的（熱的）に変化させる装置と見なしてアクチュエータ（Actuator）と呼ばれ，出力装置となります。色とりどりの LED や電飾，液晶画面も炊飯器の状態を表示する出力装置です。マイコンは，時間と温度の変化を計算処理し，ご飯の炊き上げ全体を制御する演算装置と制御装置の役割を果たします。「始めチョロチョロ中パッパ，ジュウジュウ吹いたら火を引いて，赤子泣くとも蓋とるな，最後にワラを一握りパッと燃え立ちゃでき上がり」というご飯の炊き上げのノウハウは，プログラムとして具現化され，記憶装置のメモ

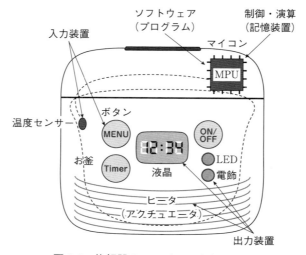

図 1.6　炊飯器のコンピュータシステム

リに保存されています。マイコンはこのプログラムの手順書に従ってご飯を炊き上げます。もし美味しくないご飯が炊き上がった場合は，炊飯器の装置を改造するのではなく，プログラムを修正してソフトウェアのアップグレード（Upgrade）を行って対処します。最近の電気自動車も同様に，ソフトウェアのアップグレードで改良を行っています。

一方，1969年にアメリカの国防高等研究計画局（ARPA：Advanced Research Projects Agency）が，ARPANETを構築しました。これが現在のインターネット（Internet）の起源です。当初，ARPANETは研究や教育のためのネットワーク（Network）であり，利用できる人間は限られていましたが，1990年に商用化が始まり，インターネットはビジネスも含めた世界規模のネットワークとして急成長を遂げました。現在も，インターネットに接続されたコンピュータ同士が相互に通信を行ったり，インターネットを介してPC越しに人同士が結びついて情報交換を行う通信網として拡張を続けています。

近年では，コンピュータだけでなく，IoTに注目が集まっています。IoTとは，電化製品などのモノ（物）がインターネットに接続され，ネットワークを構築して相互に情報通信や制御を行うことを示しています。モノがインターネットに接続されることで，ライフスタイルが豊かになり生活の質（QOL：Quality of Life）の向上が期待されています。

IoTの先駆けとなる事例は，1982年にカーネギーメロン大学で発案されました。大学生が，「自動販売機にコーラがないと悲しい」，あるいは「冷えていないコーラを飲むと悲しくなる」という問題を解決する手段として，自動販売機（Coke Machine）とコンピュータを接続して監視しようというアイデアを提案しました。1985年から自動販売機を制御するための電気回路とソフトウェアの開発が始まりましたが，さまざまな事情で開発が遅れ，実際にコンピュータとネットワークに接続されたのは1990年6月頃でした。図1.7に示すように，「コーラの在庫が2時間空のままである」，「コーラが補充されて1時間冷蔵されている」といった情報が，15分間隔でネットワーク全体に配信されるしくみとなっていました。これが世界初のIoTの成功例といえます。

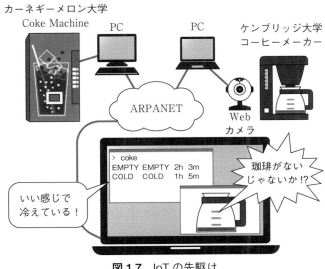

図1.7 IoTの先駆け

続く1991年には，ケンブリッジ大学で，研究室のコーヒーマシン（The Trojan Room Coffee Pot）のコーヒー残存量をWebカメラで撮影し，その映像を24時間インターネットに配信するという試みも行われました。

現代では，自動販売機やコーヒーメーカーをはじめ，冷蔵庫，洗濯機，テレビ，自動車がIoTの一部としてインターネットに接続され，モノ（機器）同士が自動的に相互の情報通信を行うようになっています。このように人を介在せずにマシンが情報交換するシステムをM2M（Machine-to-Machine）と呼びます。また前述のように，モノの制御を司るのはマイコンであり，マイコンがIoTやM2Mの根幹技術となっています。コンピュータシステムを小さく凝縮したマイコンが，これからの世界に革新的変化をもたらすと考えられています。

さらに，ICTの発達とIoTの進展にともない，インターネットに接続されたさまざまな機器から，センサーデータがリアルタイムで収集されています。ビッグデータとはこうした大量で多様，かつリアルタイム性のあるディジタルデータのことを指します。従来の情報システムではビッグデータを扱うことはできませんでしたが，AI技術の発展により処理や活用が可能となりました。1990年代末より，IoTを使ったビジネスプランや具体例が提案されるようになりました。IHS Technology社の推定によれば，IoT機器の数は2050年ごろには数千億個のモノがインターネットに接続されるとの見通しになっています。

1.3 社会とICTの結びつき

1.3.1 ICカードの活用

ICカードは，ICチップを組み込んだカードで，データの記録や演算を行うことができます。ICカードを読み取り装置に接触させたり近づけたりするだけで，簡単かつ短時間でデータの読み書き

図1.8 ICカードの利用

が行えます。また，磁気カードと比較して多くのメリットがあります。まず，大量のデータを記録できるため，多様な用途に利用できます。また，セキュリティ面でも優れており，安全性が高いことも特徴です。このような利点から，ICカードは，さまざまな分野で活用されています（図1.8）。

（1）IC乗車券（交通系ICカード）

　私たちの日常生活で最も頻繁に利用されているICカードといえば，「Suica」，「PASMO」などのIC乗車券です。IC乗車券の導入により切符の購入が不要になり，通勤ラッシュ時の混雑緩和や切符の紙資源の節約を実現しました。

　IC乗車券には，RFID（Radio Frequency Identification）技術を利用した非接触型のICカードが使われています。非接触型ICカードの内部にはコイルが埋め込まれており，読み取り機から発生する磁界を通過する際に電流が発生し，電磁波による近距離無線通信が可能となります。カードを近づけるだけで読み取りができるため，改札を通過する際に短時間でデータの読み書きを行え，混雑の緩和にも貢献しています。また，電磁誘導により電源が供給できるので電池切れの心配がないという長所もあります。ただし，近距離とはいえ無線通信であるため，データ漏えいの可能性もあります。そのため，データの読み取りや書き込みの際には，暗号化通信を行うことでセキュリティを高めています。

　2013年からは全国で他社カードの利用が可能になり，一枚のICカードで異なる会社が運行する電車やバスに乗れるようになりました。端末機がICチップの中身を読み取り，自社カードと他社カードを区別します。自社カードの場合は処理を行い，専用のネットワークを介してサーバ（第4章参照）へ情報を送ります。サーバでの処理後に端末に処理結果を返すというしくみです。他社カードの場合は，相互ネットワークを介して他社に情報を送り，同様の処理を行います。

　さらに，コンビニエンスストアや自動販売機を含むさまざまな店舗での支払いの際も，IC乗車券は利用可能です。企業にとっては，利用者の購買活動をすべて囲い込む戦略を進められるようになった一方，利用者にとっては，知らず知らずのうちに個人の行動範囲や購買行動のデータが記録されることとなります。

（2）キャッシュカード，クレジットカード

　キャッシュカードやクレジットカードには，従来は磁気ストライプ式のものが使われていました。しかし，スキミングと呼ばれる手口により，磁気情報を読み取ってカードを偽造する犯罪が多発したため，より安全性の高いICカードの導入が進んでいます。

　さらに，読み取りの際のデータの漏えいを防ぐため，接触型のICカードが使われています。接触型のICカードには，モジュール端子がつけられており，読み取り機の端子と直接接触させてデータのやりとりを行います。これにより，非接触型ICカードと比べてより安全に利用することができます。

（3）身分証明書（ICチップ入りIDカード）

　ICカードは，身分証明書としても広く使われています。例えば，社員証や学生証としてICチップ入りのカードを導入する企業や学校が増えています。ICカード式の社員証は，勤怠管理や入退

室管理が行えるだけでなく，社員食堂や売店での支払い機能を追加することで従業員にとっても有効利用できます。

　また，2016 年に開始されたマイナンバー制度にともない，政府からは IC チップが搭載された個人番号カード（マイナンバーカード）が交付されています。カードの表面には，顔写真，住所，氏名，生年月日，性別が記載されており，身分証明書として使用できます。裏面には，マイナンバーが記載されており，番号の確認も可能です。さらに，IC チップには，電子証明書が搭載されているため，コンビニエンスストアで住民票の写しや印鑑登録証明などを取得する際の本人確認にも利用できます。しかし，マイナンバーカードには個人情報が記録されているため，紛失した場合に個人情報が流出する可能性があり，取り扱いには十分な注意が必要です。また，国民が意見や提案を行える国内のしくみ作りが急務だといわれており，政府と国民との間には，新しいタイプの情報倫理が求められています。

1.3.2 GPS の活用

　GPS（Global Positioning System）は，人工衛星を利用して地球上の位置を特定するシステムです。人工衛星から送られてくる電波には，衛星の位置と電波を発信した時刻の情報が含まれており，受信した地点の地理座標を計算することができます。正確な位置の特定には，4 つ以上の人工衛星からの電波の受信が必要です。GPS の受信機は，スマートフォンなどの情報端末，車，航空機，船舶などの乗り物，測量機器などに組み込まれて利用されています。

　GPS の利用法で最もよく知られているのが，地図の表示と組み合わせたナビゲーションシステム（Navigation System）です。個人的な利用では，多くのスマートフォンアプリが提供されており，現在地から目的地までのルートを，徒歩，車，電車などの移動手段に応じて案内してくれます。また，登山やツーリングなどのアウトドアスポーツでは，走行ルートの記録用にも利用されています。カーナビゲーションシステムでは，VICS（Vehicle Information Communication System）と呼ばれる道路交通情報通信システムから配信される情報と組み合わせることで，渋滞情報も提供可能です。航空機や船舶などの大型の乗り物でも GPS によるナビゲーションシステムが利用されていますが，高度情報も含めた精度の高い情報が必要なため，GPS からの情報のみでは不十分で，他の情報と合わせて利用することが一般的です。

　GPS で特定された位置情報をインターネットなどの通信網を通じて収集し，活用するサービスも行われています。例えば，子供や高齢者が持つ GPS 機能を搭載したスマートフォンから収集した位置情報を家族に配信し，現在位置や行動を確認して見守ることもできます。バスやタクシーなど乗り物の位置情報も，勤務状況の管理や運行状況の把握とともに，利用者に利便性を提供するために活用されています。バスの位置情報をリアルタイムでアプリに送り，待ち時間や運行状況を知らせることで，渋滞時などの不安解消にもつながります。タクシーの位置情報は，配車の際に利用者の近くにいる車を探し出すことを可能とし，待ち時間の短縮につながります。農業機器や小型飛行機，ドローン（Drone）などの自動運転にも GPS は活用可能です。

　さらに，GPS の信号を解析することで大気中の水蒸気量の計算が可能となり，天気予報に役立てることもできます。

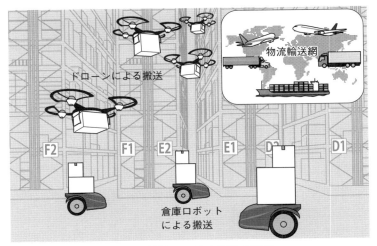

図 1.9　物流における ICT の利用

1.3.3　物流における ICT

　ネットショッピングの普及にともない，インターネット上で購入できる商品の種類が増える一方，注文から商品到着までの時間は短縮されています。翌日配達や当日配達も可能となり，利用者の利便性は向上しています。しかし，企業にとっては，扱う商品の種類の増加による作業の煩雑化と物流量の増加によるトラック運転手の不足が課題となっています。多様な商品を短時間で配送するには，正確な在庫管理と，迅速な商品配送の準備，効率的な輸送が必要となります。このような物流システムには，さまざまな ICT が活用されています。ここでは，すでに導入されている技術と，実証実験や導入検討が行われている技術を紹介します（図 1.9）。

（1）在庫管理

　多様な商品を効率よく管理するには，データベースによる在庫管理が不可欠です。商品の種類や数量だけでなく，倉庫内での保管場所も正確に把握しておく必要があります。商品の入出荷時や倉庫内での移動時には，商品情報の登録や修正が必要ですが，人手による入力作業では大量の情報を処理することが困難です。このような場面で，バーコード（Barcode）や IC タグを利用した商品情報の入力やロボット（Robot）の活用により，効率的な処理が可能となります。

　バーコードによる商品情報の入力では，各商品に添付されたバーコードを一つずつ装置で読み込む必要があり，手間がかかります。これに対し，センサーを備えたロボットを導入することで効率化が図れます。ロボットが商品の形状や大きさを判断して取り出し，バーコードの位置を特定して読み込むことで，情報の登録を自動化できます。

　さらに，IC チップを利用することで，バーコードのように読み取る際に IC チップの位置を特定する必要がなくなります。また，複数の商品の情報をまとめて読み取ることができるため，より効率的な管理が可能です。

(2) 棚入れ・ピッキング・梱包

　倉庫内で配送用の商品を棚などから取り出す作業をピッキング（Picking）と呼びます。広大な倉庫内で目的の商品を見つけ出し，取り出すには，ロボットやドローンなどを活用して効率を上げることが重要です。多種多様な商品の中から特定の商品をピッキングするためには，それぞれの形状や大きさに合わせた動作が必要です。センサーデータや画像解析により商品の形状を判定し，適切な動きをロボットやドローンにプログラムとして指示します。

　ピッキングされた商品は，梱包や配送準備のための場所へ運搬する必要があります。この工程では自動走行ロボットやドローンを利用することで，人手を使わずに効率的に行うことができます。自動走行ロボットは，床に埋め込まれたコードを読み取ることで自動走行が可能であり，センサーによる衝突回避機能も備えています。ドローンにもセンサーが搭載されており，半自律的に飛行が可能となっています。さらに，在庫管理データと過去の注文データを分析することで，出荷頻度の高い商品の棚を取り出しやすい場所に配置したり，出荷予測にもとづいて棚の配置を変更したりすることも可能です。棚ごと持ち上げて運ぶロボットも導入され始めています。

(3) 輸送

　航空機や船舶を利用した広範囲での製品輸送では，機器の故障や天候による遅延を回避するためにICTが利用されています。IoT技術を用いることで，陸上から船舶の機器をリアルタイムで監視することが可能です。これにより，不具合が発生した場合には迅速に対処できるようになっています。また，大量の気象データを解析することで，天候の変化に合わせた効率的なルート選定（ウェザー・ルーティング，Weather Routing）なども行えます。

　さらには，物流量の増加にともなうトラックの運転手不足問題の対策として，経済産業省は2016〜2020年に「トラック隊列走行の社会実装に向けた実証」を行いました．この走行システムでは，複数のトラックが高速道路を走行する際，先頭の車両にのみ運転手が乗車し，車両に取りつけたセンサーや車両間でのデータ通信により加減速度情報を共有することで，後続の無人車両との車間距離を保ちながら走行させます。その実験結果をもとに，大型車メーカ各社や物流事業者をはじめとする関係者と，自動走行技術を用いた幹線輸送の実用化を2026年度以降に社会実装を目指そうとしています。

　また，配送センターなどから各個人宅への配送である「ラストワンマイル」の領域でも，自動運転車，自動走行ロボット，ドローンによる配送が実現されつつあります。エストニアで実用化が進む自動走行ロボットは，初回の配達時のみオペレータが操作して場所を記憶させることで，2回目以降は監視のみで効率的な配送が可能となっています。日本でも，自動運転車やドローンによる配達の実現に向けた実験が行われ始めています。

── 1.3.4 農業におけるICT

　これまでICTの利活用が遅れていた農業分野でも，農業就業人口の減少や高齢化が進み，担い手不足が深刻な問題となっています。そのため，農林水産省などによりICT技術の活用が検討されています。

(1) 生産・品質管理

　農業におけるICT活用の主なメリットは，生産性と品質の向上です。農地やハウスに各種センサーを導入することで，温度や湿度などのデータを収集できます。例えば，温度が上がりすぎた場合には空調設備を稼働させ，乾燥しすぎている場合はバルブを開けて水を撒くことができます。また，監視カメラからの映像解析により，害虫などの発生を検知し，農薬を散布することも可能です。

　これらの作業が自動的に行われることで，作業効率が上がり，生産性の向上につながります。さらに，作物の生育状況を監視することで，収穫時期を適切に判断でき，品質のそろった作物をタイミングよく収穫することができます。

　加えて，収集した情報をデータベース化しておくことで，作物の品質向上のための情報としても活用できます。

(2) 広域農業

　北海道のような広域農業地域においては，GPS，画像解析，ロボットなどの技術が活用されています。GPSにより，耕作地の大きさや形状と農業機械の位置を正確に測定することが可能です。この情報をもとに，トラクターやコンバインの走行経路を示すことで，効率的に耕作地を耕したり，作物を収穫したりすることができます。

　また，人工衛星やドローンからの画像を解析することで，作物の生育状況や害虫の発生状況を把握できます。作物の生育情報をもとに，収穫時期の特定や事前の収穫量の予測も可能となります。これにより，作物の過剰生産を防ぎ，急激な価格変動に対応するための計画的な食糧需給の実現にもつながります。さらに，害虫の発生時には，ドローンや無人飛行機による農薬散布を行うことも可能です。

(3) AIの活用

　農業は，栽培作物の特性，栽培環境の特性，天候など自然環境による影響が大きく，これらの条件は毎年異なり，複雑に関係しあいます。そのため，対処方法のマニュアル化が難しく，暗黙知や経験則に負うところが多くあります。AIの活用により，栽培環境や天候に関する膨大なデータや熟練農業者の技術を経験の浅い農業者にも利用可能にする試みが進められています。

　例えば，AIによる画像分析により，収穫時期の判定や病害虫発生の発見が可能となります。収穫時期については，熟練者が収穫可能と判断した作物の色を，AIを搭載した収穫ロボットに学習させることで，収穫すべき作物を自動的に判別して収穫させることができるようになります。病害虫の発生についても，作物の表面の色の変化や傷など小さな変質から病害虫の兆候を判定し，早期の発見や対処が可能となります。

　熟練者の行動や判断をデータ化して活用する試みも行われています。アイカメラによる農場内での視線の動きや動作センサーによる行動の記録により，熟練者の技術などに関する知識や経験の情報をデータ化して経験の浅い農業者に提供します。また，天候変化や病害虫発生の際の天候や土壌などの環境データと，熟練者の対応行動のデータを合わせて解析することで，不測の事態への対処にも活用が期待できます。

── 1.3.5 災害とICT

　地球は，豊かな自然が育まれる一方で，火山活動，大陸の移動，地球温暖化などにより，大災害が発生します。日本は，土砂災害を起こしやすい地盤（真砂土）や大津波が起きやすいリアス式海岸を含むため，災害頻発地です。そのため，防災・減災・復興に対して，ICTによる効果的な支援が重要です。具体例には，超高速コンピュータによる気象予報シミュレーション，大雨・洪水・土砂災害の予測，センサーネットワークによる災害（地震，津波，河川氾濫，電被害，火山爆発）検知などが有用です。大自然が起こす想定外の状況は，ゲリラ豪雨に代表されるように，真夜中などの人間が活動しない時間帯に起きることも多く，人間には災害の予兆の検知が困難です。また，災害発生情報の入手から危険地域情報や避難情報の発信までに長い時間がかかるため，ハザードマップで示された災害時危険度の高い場所の住民が，最初に被災することが繰り返されてきました。このような場合に，現地のセンサーによる災害発生の検知や危険の前兆検知が，避難開始や危険回避の減災のための警報として非常に役立ちます。また，被災後の復興においても，生存確認，家族集結，利用可能道路の地図づくりにGPS/ITS（Global Positioning System/Intelligent Transport Systems）が，復興支援物資の管理，配送，配布にクラウドサービス（Cloud Service）などが有効です。

── 1.3.6 広域医療とICT

　前述のように，予期せぬ大きな災害が発生した際，例えば地震と津波により病院や診療所の建物や医療機器，患者情報すべてが破損したり消失する状況が発生することもあります。多くの人々が一時的に孤立状態となり，その後も避難所生活を強いられ，医療支援と健康管理支援の必要性が生じます。このように，大災害発生後および隔絶した孤立空間では，居住者の安心と安全確保，とりわけ居住者の健康管理把握と指導，医療に関わるサポート体制の確立が大きな社会問題となってきます。他方，遠洋上で活動する船舶空間は，平常時でありながらも典型的な隔絶した孤立空間の一つといえます。船舶空間の居住者は，例えば漁業や運航に携わる船舶職員のみならず，クルーズ船のように一般乗客も含まれます。さらには実習や研修のために乗船する生徒や学生ならびに教職員である場合もあります。それらに対しての医療支援と健康管理支援もまた重要な課題です。

（1）広域連携医療クラウド技術

　医療支援体制の確立には，広域連携医療クラウド技術が必要となります。広域連携医療とは一つの病院がすべての医療機能や医療情報を提供するのではなく，それぞれの医療機関がもっている特有の機能や医療機器，医療情報の共同利用などを通じてその役割を分担し，患者情報を共通化することで医療機関あるいは保健福祉機関が連携して遠隔診療や在宅診療支援を可能とする患者サービス（PS：Patient Service）を提供できるネットワークシステムのことを指します。近年，患者情報をクラウドコンピューティングで共有化して医療クラウドを構築し，遠隔診断や読影システムに活用する遠隔医療情報システム構築への取り組みが行われています。患者情報の代表的なものには電子紹介状や電子カルテがあります。一方，孤立空間や在宅での健康管理，救急救命支援技術として日々発生する生体情報（バイタルサイン）によるリモートセンシングネットワーク技術を活用する研究もなされています。しかしながら，大災害では，通信機器はもとより通信網自体が破壊，ま

たは不通状態となる問題が生じます。大災害前のリスクマネジメジマントと同様に，大災害復興時のクライシスマネジメントでも，通信網確保が大きな課題となります。この問題の解決策の一つとして，大災害で影響を受けにくい冗長性のある衛星通信網の活用が広まりつつあります。冗長通信網として，インマルサット（Inmarsat）やStarlinkなどの通信衛星を活用して，孤立空間を想定した遠隔医療情報システムの構築を図ることや，船舶空間でのシステム検証にもとづいた孤立空間での遠隔医療情報システム改良に反映する実証実験があります。システム開発におけるモデル化はモデリングと呼ばれ，一般的にはものごとの本質をつかむための抽象化であり，人為的対象，社会科学的対象システムでは，数式モデルよりDFD（Data Flow Diagram），UML（Unified Modeling Language），状態遷移図などの図的記述やJava，Cなどの言語的記述によりものごとの本質を表現する手法が一般的です。例えば，この手法にもとづいて，遠隔医療情報システムの概念モデルを構築して，インマルサット衛星による遠隔医療情報システムを提案するような研究も盛んに行われています。

(2) 在宅診療分野と在宅健康管理分野

　広域医療連携における在宅医療介護システムのICT化の技術動向は，在宅診療分野と在宅健康管理分野の2つの分野に大別されます。

　在宅診療分野では，通院が困難な要介護の患者さんに対して行う自宅診療，介護支援あるいは，遠隔からの診療支援，救急救命支援を目的とする技術と電子カルテ情報にもとづく患者中心の情報管理（EHR：Electronic Health Record）共有技術が必要です。EHRでは，リアルタイムでの患者情報へのアクセスや複数の医療介護提供者間における情報共有，相互連携，地域連携支援技術が必要となります。EHRの手法の一つとして，患者さんのカルテ情報や介護情報を携帯電話回線で共有することで医療と介護の連携，地域医療と総合病院の連携，救急車内での患者情報閲覧による緊急医療連携を可能とします。在宅診療や遠隔診療，訪問介護を支援する技術は，IP電話用で無料の通信ソフトウエアSkype（スカイプ）を活用する研究からスタートしました。Skypeのテレビ電話機能を利用して遠隔画像診断や障害者支援，救急救命支援，災害時支援への活用が試みられ，現在も開発が続けられています。

　一方，在宅健康管理分野では，個人の血圧，脈拍などの健康管理（ヘルスケア）情報を公共施設や健康管理センタに定期的に送付するシステムで，高齢者や身障者等の介護を目的とした在宅介護システムを兼ね備えたシステム構成もあります。患者さんが健康管理情報や自身の医療情報を個人健康記録（PHR：Personal Health Record）としてオンラインで管理するビジネスが数多く展開されています。日本でも健康診断やメタボ対策，ダイエット目的の「Webカルテ」などが提供されているものの，まだ本格的な在宅健康管理サービスが少ないのが現状で，今後の発展に期待がかかる分野といえます。

　医療分野では，病院や地域医療のための情報システムが活用されています。IoT技術により集められた心拍数，血圧，睡眠時間などのデータが遠隔医療や健康管理などに活用されています。加えて，介護分野でもロボットの導入が進んでいます。

1.4 現代社会の改革

1.4.1 データサイエンスの台頭

（1）データサイエンスとは

データサイエンス（Data Science）は，大量のデータから有用な情報や知見を抽出し，それを活用して問題解決や意思決定を行う学問分野です。主に統計学，コンピュータサイエンス，情報理論，そして特定の応用分野の知識が統合されています。

データサイエンスの歴史は，統計学とコンピュータサイエンスの歴史と深く結びついています。19世紀に統計学が確立されて以来，データ分析は科学，工業，政府の分野で徐々に重要性を増してきました。しかし，データサイエンスという用語が一般的になるのは，それからかなり後です。20世紀後半，特に1960年代から1970年代にかけて，コンピュータ技術の進展により，データの収集と処理が飛躍的に向上しました。この時期には，多くの企業や組織がデータベース技術を採用し始め，データ処理の自動化が進むようになりました。その後，1980年代から1990年代にかけて，統計学とコンピュータサイエンスの分野が融合し始め，データ分析のための新しい技術が生まれました。この時代は，機械学習やアルゴリズムの開発により，データからの洞察を得るための新たな方法が開発された時期でした。そして，2000年代初頭，「データサイエンス」という用語が普及し始めました。この時期に，「ビッグデータ」という概念が登場し，インターネット，ソーシャルメディア，モバイルデバイスにより，前例のない量のデータが生成されるようになりました。これにともない，データから価値ある情報や知見を引き出すことの重要性が高まり，データサイエンスが一つの独立した分野として認識されるようになりました。データサイエンスに関する統計，分類，可視化など，第11章で詳しく解説します。

現代のデータサイエンスは，AIや機械学習の技術に大きく依存します。クラウドコンピューティング，ビッグデータ分析，リアルタイム処理などの技術がデータサイエンスの発展を加速させます。また，この分野は多様な業界に影響を与え，新しいビジネスモデルの創出や，より効果的な意思決定の支援など，広範囲にわたる応用が見られます。

（2）ICTの発展とデータサイエンス

ICTとデータサイエンスは，現代社会において革新的な進展を遂げ，さまざまな分野で深く結びついています。ICTの発展はディジタルデータの増加と共に加速し，これによりデータサイエンスが台頭し，新たな知見や価値の創造が可能になりました。

ICTの進展は，ディジタル技術の普及と高度なネットワークインフラストラクチャ（Network Infrastructure）の整備に起因しています。コンピュータの普及，高速インターネットの登場により，情報は迅速に共有され，世界中の人々と組織がリアルタイムでつながることを可能にしました。また，クラウドコンピューティングの普及は，計算リソース（Resource）やデータストレージ（Data Storage）の柔軟性を向上させ，ビッグデータの処理と分析を可能にしました。大規模で複雑なデータセットに対処するためのプラットフォーム（Platform）が提供され，企業や研究機関は膨大なデータから価値ある情報を引き出せるようになりました。さらに，IoTの台頭は，物理世界のデバイスやセンサーがデータを生成し，ネットワークを通じて相互に通信することを可能にし

ました。これにより，生活のさまざまな領域でセンサーデータが蓄積され，効率的なサービスや生産プロセスが実現されています。

そしてICTの進展は，AIと機械学習の発展を牽引しました。大量のデータを学習し，パターンを抽出する機械学習アルゴリズムは，予測，分類，画像認識，音声処理などのタスクにおいて驚異的な成果を上げています。

(3) データの重要性と多様性

ICTの発達にともない，日々膨大な量のディジタルデータが生み出されています。例えば，SNS上では世界中の人が常に書き込みや写真や動画の投稿を行っています。IoTの進展によりインターネットに接続されたさまざまな機器からは，多様なセンサーデータがリアルタイムで収集されます。データサイエンスは，これらのデータをもとにして成り立っており，データは，分析，予測，洞察のための原材料であり，データの質と量は，データサイエンスに直接影響を与えます。

大量かつ多様な形式のビッグデータは，ボリューム（Volume），バラエティ（Variety），ベロシティ（Velocity）の3つのVの特性で定義されます。ボリュームとは，データ量が多いことを指します。従来のデータベースやデータ管理ツールでは処理が困難なほどの規模です。バラエティとは，データの種類が豊富であることで，さまざまな形式や種類のデータが含まれています。これには構造化データ（例：データベースの表），非構造化データ（例：テキスト，ビデオ，画像），半構

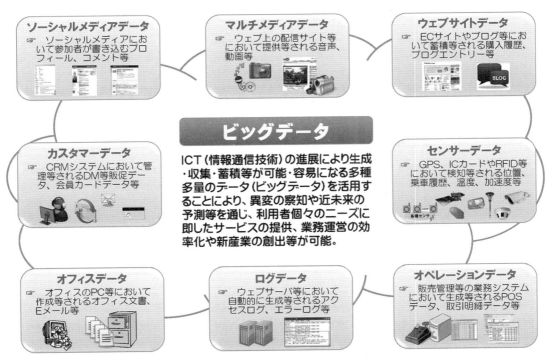

図1.10　大量かつ多様な形式のビッグデータ

総務省情報通信審議会新事業創出戦略委員会・研究開発戦略委員会基本戦略ボード
「ビッグデータの活用に関するアドホックグループの検討状況」
[https://www.soumu.go.jp/main_content/000157828.pdf] より。

造化データ（例：XML，JSON）が含まれます。ベロシティとは，データ生成の頻度が高く，スピードが速いことです。リアルタイムデータストリーミングや大量のデータポイントを短時間で生成するセンサーデータなどが含まれます（図1.10）。

データサイエンティストは，ビックデータから有益な情報に変換するためにさまざまな手法を用いています。ビッグデータ分析とは，大規模かつ高速に変動するデータセットから価値ある情報を取り出すための手法です。クラウドコンピューティングと分散処理技術の組み合わせにより，ビッグデータ分析が可能となりました。これにより，企業戦略や科学的研究に有益な成果がもたらされています。また，データサイエンスの成果を効率的に伝えるためには，データの可視化が重要です。グラフなどを用いてデータを直感的に理解できる形に変換することで，意思決定者や一般の人々とのコミュニケーションを支援します。

（4）データサイエンスの課題

データサイエンスは社会に大きな影響を与える一方で，いくつかの重要な課題に直面しています。まず，個人データの収集と分析には，プライバシーの保護と倫理的配慮が必要です。個人の情報の保護と公益のためのデータ利用のバランスをどうとるかが，重要な課題となっています。

次に，データ収集の過程で偏りが生じる可能性があり，それにもとづく分析結果が不公平な結果を招くことがあります。データサイエンティストは，このデータの偏りを理解し，公平性を確保する方法を考慮する必要があります。さらに，データサイエンスの恩恵は，データへのアクセスが可能な個人や組織に限られる傾向があります。このディジタル格差は，社会のさまざまな層に影響を与える可能性があります。

── 1.4.2 現代社会における AI

AI とは，推論，論理的な思考，言語理解，学習といった人間の知的活動をコンピュータプログラムで実現する技術です。1950 年代に研究が始まり，2006 年のディープラーニングの登場を機に社会に浸透し始めました。AI 技術は，機械翻訳，音声・画像認識，自動運転などに活用が期待されています。AI に関する技術，知識表現と推論，AI がかかえる問題については，第 12 章で詳しく解説します。

誰もが容易に ICT を活用するためには，使いやすいヒューマンインターフェース（Human Interface）（第 8 章参照）の開発が重要です。人間は「短期記憶」と「長期記憶」をもち，短時間の記憶を行う短期記憶で記憶できる量であるマジックナンバー（7±2）をもっています。すなわち，一般の人が短期間で記憶していられるのは約 9 個までです。そこで，人間が多くのものを覚えなくてもよいヒューマンインターフェースが必要になります。人間は間違いを犯すため，間違えても大丈夫なヒューマンインターフェースも重要になります。また人間は，マシンの処理中に，問題なく処理できているか不安になるため，不安を取り除くヒューマンインターフェースも重要となります。

よくできたヒューマンインターフェースは，人間とマシンの間や，マシンや仮想空間を介した人間同士の情報伝達ややりとり（インタラクション，Interaction）を容易にします。GUI（Graphical User Interface）（第 8 章参照）が，見える情報に直接触れて操作できる直感的な操作を可能にし，

移動中でのスマートフォンの容易な利用のもととなりました。今後は，音声で容易に検索して検索結果を音声で答えてくれる AI スピーカなど，音声認識によるインターフェースが重要になってきます。また，利用者の意図の反映，ミスへの対応も重要で，高齢者や障碍者を含めた誰もが利活用できるユニバーサルデザイン（第 8 章参照）の提供が有効です。また，人間とロボット・AI の共生が，社会の基盤になり始めています。ロボットとの共生空間では，人間に自然な HRI（Human Robot Interface）の設計が重要になります。

急速な発展や変化が起きる分野では，人間や法制度が追い付かないこともあります。この状況に対して，人間が情報発信し，相互に協力することで，安全で間違いが起こりにくい社会を構築することが重要になってきます。市民は，リスクや危険な行為に対し，情報発信を通じて協調しながら，自分たちの身を守る必要が出てきます。

1.5　ICT に関する年問題

ICT の発展により，社会システムとの密接な関連が生まれ，多くの分野で有効活用されています。しかし，ICT への依存度が高まるにつれ，技術的な問題点が社会システムに混乱を招き，時には生命の危険性にもつながる可能性が出てきています。本節では，ICT の問題が社会生活に混乱を引き起こす事例として，「年問題」を取り上げ，時系列に沿って説明します。

年問題とは，特定の年や日時の到来により，社会生活に深刻な影響を及ぼす事柄や問題を指します。これまで判明している ICT に関わる年問題を以下で説明しますが，日常生活のなかで未知の ICT の年問題が突然浮上し顕在化することもあります。

近年，最も有名な年問題としては，2000 年問題が挙げられます。これは，Y2K（Year 2 Kilo）問題やミレニアムバグ（Millennium Bug）とも呼ばれ，西暦が 1999 年から 2000 年への年の変わり目で，コンピュータが誤動作する可能性があると指摘されました。また，2000 年は 400 年に 1 度発生する特殊なうるう年で，うるう日 2 月 29 日が存在するのに，プログラムのつくり方によっては 2000 年の 2 月 29 日を正しく認識できないソフトウェアがあることも問題視されていました。

1943 年の ENIAC の開発以降，黎明期のコンピュータの開発者は西暦 2000 年という遠い未来の世界を想定せず，メモリの節約や効率化を重視していました。例えば，時間に関しては，1943 年の時間を扱うプログラム処理では，西暦の下 2 桁のみを使用し，1900 年代を前提として作業を行いました。1943 年の時間の処理であれば，「43」だけで十分と考え，1900 という数字は後から加減すればよいと考えていたのです。

また，1960 年以降，銀行の金銭の計算処理や事務処理用のソフトウェア開発に「COBOL（Common Business Oriented Language）」と呼ばれるプログラミング言語が使われていました。この COBOL は，前述のタビュレーティングマシンでも使われたパンチカードを使ってプログラムやデータを入力する方式を採用していましたが，パンチカードのスペースを節約するため，西暦のデータを 4 桁ではなく 2 桁で入力することが一般的でした。このことも，Y2K 問題の一因となりました。

当時，Y2K 問題では，銀行や株式市場などの金融機関，地上交通や航空機などの交通機関，発電と送電に関わる電力機関，医療機関など，さまざまな分野でコンピュータの機能停止が想定され

ていました。しかし，事前に政府が主導して日本全体で対応策がとられ，それが功を奏して大きな混乱や問題には発展せずに終わりました。ただし，Y2K問題への対応策とプログラム改修作業に想定以上の時間と費用がかかり，経営負担となった企業も現れました。

次に現実の問題として顕在化したのが，2010年問題でした。コンピュータが取り扱うデータにはさまざまな書式があり，特に数字の表現では二進化十進数（BCD：Binary Coded Decimal）という特殊な取り扱いを行うコンピュータシステムも存在します。これは，特に銀行や証券株式の金融機関でよく利用されていた書式でした。これも西暦の年数の取り扱いの違いによって起こった問題であり，実際には西暦2010年であるのにコンピュータシステムのなかでは2016年と認識されて誤動作を引き起こす事象が発生しました。例えば，ドイツのセキュリティ会社のIDカードが使えない，オーストラリアの銀行システムで2016年が表示されて決済できない，そのほかに，ゲーム機や電波腕時計のプログラムが2016年と誤認識してしまったことが明らかになりました。

これからの未来に向けて起こりうる年問題も認識されています。近いところでは2025年問題が挙げられます。2025年問題は，昭和100年問題とも呼ばれ，2000年問題と同様に和暦の昭和の数値が99年から100年に桁が繰り上がる瞬間に問題が起こると考えられています。特に政府関係機関や金融機関では昭和の数字を2桁で表現して使い続けるアプリケーションプログラムがあり，コンピュータシステムの機能停止につながる可能性があります。ただし，この問題は日本特有の問題といえます。

次に問題となりうるのは，2036年問題です。これはコンピュータの内部時計の同期に関する問題であり，インターネットを介したNTP（Network Time Protocol）という時刻同期を行うしくみと大きく関係します。NTPは，世界標準時で西暦1900年1月1日0時0分0秒を基準とする経過時間（経過秒数）を見て，世界中のコンピュータの内部時計を微調整するしくみをとっていますが，この経過秒数がコンピュータが扱える数字の範囲を超えて桁あふれを起こすことが判明し，それが2036年2月7日に発生することがわかりました。この2036年問題は世界規模で発生し，日常生活で使っている個人のコンピュータにも当てはまる問題のため，今後の具体的な対応が待たれます。

そして同様の問題が2038年にも訪れます。2038年問題も世界規模かつGPSのシステムにも関わる重要な問題で，2000年問題よりも深刻な問題となりうる可能性があります。「UNIX」と呼ばれる基本ソフトウェアのなかには，UNIX時間という特別な時間のものさしがあり，西暦1970年1月1日0時0分0秒を基準とする経過時間（経過秒数）を使ったコンピュータのシステムが世界中に多数存在します。2038年1月19日にこの経過秒数がコンピュータが扱える数字の範囲を超えて桁あふれを起こすため，世界中で深刻な問題として受け止められています。

ICTの年問題はどれも，コンピュータの内部時計のしくみや，その時計が刻む時刻数値，そして時刻数値を保存して計算処理するコンピュータ側のメモリ容量に関連しています。解決するためには，コンピュータのハードウェアで解決できること，ソフトウェアでしか解決できないことなどが複雑に絡み合っています。さらにまだ顕著化していない，もしくは気が付いていないICTの年問題もあると思われ，コンピュータの原理や基本的なしくみを正しく理解し，またインターネットを通じて接続されているコンピュータ，そしてIoT機器などすべてに関わっていることを認識することが重要です。

参考文献

Charles Petzold（著），永山操（訳） CODE コードから見たコンピュータのからくり，日経 BP ソフトプレス（2003）

CMU SCS, Coke Machine Home Page, http://www.cs.cmu.edu/~coke/（2025/1/29 閲覧）

Crypto Museum, http://www.cryptomuseum.com/index.htm（2025/1/29 閲覧）

Gil Smith, Teletypewriter Communication Codes, https://deramp.com/downloads/teletype/Model%15/Teletype%Baudot%Codes.pdf（2025/1/29 閲覧）

Interface 編集部，インターフェース ZERO〈No.2〉マイコンの仕組みとプログラミング，CQ 出版（2012）

Statistics, Economics, Computing, and other research－michaeldgodfrey, https://sites.google.com/site/michaeldgodfrey/other（2025/1/29 閲覧）

The Computer History Museum EXPLORE | Timeline of Computer History | Computer History Museum, http://www.computerhistory.org/timeline/（2025/1/29 閲覧）

Trojan Room, Coffee Machine, https://www.cl.cam.ac.uk/coffee/qsf/coffee.html（2025/1/29 閲覧）

安齊公士，安間文彦，松下孝太郎他，よくわかる情報リテラシー，技術評論社（2012）

清水亮，教養としてのプログラミング講座，中央公論新社（2014）

総務省情報通信審議会新事業創出戦略委員会・研究開発戦略委員会基本戦略ボード（第 6 回），ビッグデータの活用に関するアドホックグループの検討状況，配付資料基 6-2，pp.10（2012），https://www.soumu.go.jp/main_content/000157828.pdf（2025/1/29 閲覧）

千葉雅史，野地保，田中滋樹，生方香代，藤田泰裕，海津徹，千田洋士，インマルサット衛星を活用した遠隔医療モデルの提案，電子情報通信学会技術研究報告，信学技報，111（308），pp.47-52（2011）

千葉雅史，野地保，田中滋樹，生方香代，藤田泰裕，海津徹，広域連携医療サービスのモデル化とインマルサット衛星を用いた遠隔医療通信，情報科学技術フォーラム講演論文集，11（4），pp.57-60（2012）

電卓博物館，http://www.dentaku-museum.com/（2025/1/29 月閲覧）

東海大学理系教育センター編，社会情報概論，共立出版（2024）

豊田通商株式会社，平成 31 年度「高度な自動走行システムの社会実装に向けた研究開発・実証事業：トラックの隊列走行の社会実装に向けた実証」報告書，https://www.meti.go.jp/meti_lib/report/2019FY/000333.pdf（2025/1/29 閲覧）

トランジスタ技術 special 編集部，マイコンのしくみと動かし方：徹底図解，CQ 出版（2008）

日本電気株式会社，農業分野における ICT 活用事例と課題，http://www.soumu.go.jp/main_content/000379445.pdf（2025/1/29 閲覧）

農林水産省，農業分野における ICT 等の先進技術の活用の推進，https://www.kantei.go.jp/jp/singi/keizaisaisei/miraitoshikaigi/suishinkaigo_dai5/siryou6.pdf（2025/1/29 閲覧）

村瀬康治，はじめて読むマシン語：ほんとうのコンピュータと出逢うために，アスキー（1983）

Chapter 2 情報モラル

　本章では，情報モラルと密接に関係する情報社会の特性を外観し，情報社会に必要な情報倫理ならびに情報モラルにまつわる法律について学びます。ICTの発達により，さまざまな情報がデジタルデータとしてインターネットを通じて伝達されるようになりました。また，情報社会におけるコミュニケーションツールは多種多様であり，それらは日々変化しています。情報社会にはさまざまなリスクが潜んでおり，トラブルや犯罪に巻き込まれることを回避するには，技術的または法的な対応も有効です。積極的に情報社会に参加するためには，これらの特性を理解したうえで，目的に応じて使い分け，正しく利用する態度，すなわち「情報モラル」が必要となります。

2.1　情報社会の特性

2.1.1　情報社会

　現代は情報社会と呼ばれているように，人や物，出来事に関わる大量の情報が身のまわりにあふれ，情報を扱う産業が社会において大きな位置を占めています。情報は，人が判断をしたり，行動を起こしたりするときに必要となる知識であり，情報社会においては，物や資源と同様の価値が置かれるようになりました。

　情報社会では，ICTの発達により，さまざまな情報がディジタルデータとして蓄積・処理され，インターネットを通じて伝達されます。ディジタルデータは質を落とすことなく容易に複製でき，元のデータとまったく変わりがないデータを作成できます。また，インターネットによるデータの伝搬速度と範囲は大きく，一度発信された情報は，瞬く間に世界中に拡散されます。さらに，伝達される過程で，さまざまな場所で複製される可能性があり，一度公開された情報はいつまでも残り，完全に消去することは困難になっています。

　また，これまで一部の人にしか公開されていなかったような情報にも，インターネットを通じて容易にアクセスできるようになったり，情報を創造して発信する機会が増えたりしたことで，誰もが情報の受信者であり発信者となる可能性が生じています。そのため，情報の特性を理解し，責任をもって情報社会に参加する態度が求められます。

　さらに，スマートフォンとインターネットを利用したサービスの普及により，社会生活も大きく変化しました。図2.1は，総務省情報流通行政局が実施した令和4年通信利用動向調査の報告書（世帯編）をもとに，10～30代が過去1年間にインターネットで利用したサービスと目的や用途を示したものです。コミュニケーション，情報収集，電子メールなど，その用途は多岐にわたっています。このように，スマートフォンやインターネットのサービスは，特に若い世代を中心により身

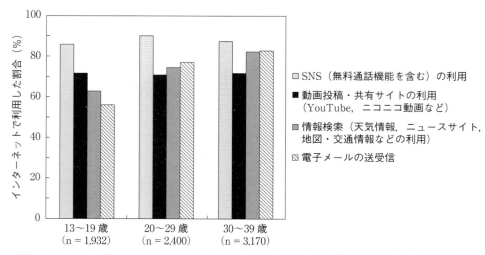

図 2.1 10～30 代が過去 1 年間にインターネットで利用した機能・サービスと目的・用途

「総務省情報流通行政局　令和 4 年通信利用動向調査報告書（世帯編）」をもとに作成。

近なものとなり，社会生活に深く浸透するとともに，生活様式の変化を促しています。

2.1.2 情報社会におけるコミュニケーションの変化

図 2.2 は，総務省情報通信政策研究所が令和 5 年に実施した調査で，インターネットの利用項目別の平日における平均利用時間を年代別に示しています。この調査結果から，年代ごとに差はありますが，さまざまな方法で日常的にインターネットを利用したコミュニケーションが行われている

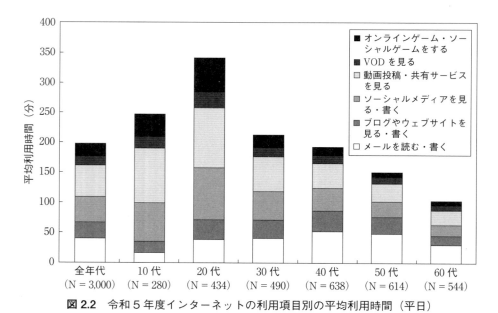

図 2.2 令和 5 年度インターネットの利用項目別の平均利用時間（平日）

「総務省情報通信政策研究所　令和 5 年度情報通信メディアの利用時間と情報行動に関する調査報告書」をもとに作成。

ことがわかります。それぞれに特長があるため，それらを理解したうえで，用途や目的に合わせて適切に使い分けることが大切です。

(1) SNS

上記の調査によると，全年代で SNS（Social Networking Service）の利用が多くの時間を占めていることがわかります。SNS とは，社交的なネットワークという意味をもち，利用者同士の結びつきを重視したコミュニティを形づくるための会員制のサービスです。利用者は，友達やフォロワーなどという形でつながり，お互いの投稿を閲覧できます。上記の総務省の調査においては，X（旧 Twitter），LINE，Facebook などとなっていますが，Google+，LinkedIn なども含まれます。また，写真共有に特化した Instagram や Pinterest も人気を集めており，さまざまな形式の情報を共有することができます。SNS では非匿名性が重視され，実名でアカウントを登録して利用者同士が交流を深める場となっています。当初は，オフラインでの知り合い同士が，オンライン上でも交流をもつことが中心だったものの，徐々に SNS を通して友達の友達と結びついたり，同じ趣味をもつ人と知り合ったりするなど，実際には会ったことがない人と交流することも多くなりました。また，SNS 上でグループをつくることにより，グループ活動としての交流を深めることもできます。

X（旧 Twitter）は，テキストの文字数制限の範囲内で簡潔な情報を投稿できるサービスです。テキストだけでなく，画像や動画なども投稿でき，不特定多数のユーザとの活発な情報共有が行われています。

LINE は，リアルタイム性を追求したコミュニケーションサービスで，2024 年現在，ユーザ数は約 9,700 万人と公表されています。スマートフォンなどを通じて，短いテキストメッセージの交換や音声通話ができ，複数人のグループチャットや通話も可能です。

Facebook は，2024 年現在，約 29.6 億人ものアクティブユーザを有し，地球上の人口の約 36.5% が登録していることになります。出身地，出身校，趣味，興味分野，そして友達などの共通話題をきっかけに友達の輪が広がり，情報が加速度的に伝播するシステムです。世界中の企業や著名人も Facebook ページを開設し，顧客やファンに対してメッセージを発信し続け，広告や宣伝を含めた情報共有が活発に行われています。Facebook の特徴的な機能の一つが「Like!（日本では，いいね!）」ボタンであり，投稿に対して「いいね!」ボタンを押すことで，共感するあるいは支持するという意思表示を簡単にできるしくみを提供しています。また，PC とスマートフォン両方から利用できるように利用環境が整っています。

一方，Instagram は，主にスマートフォンからの接続と投稿を想定した，写真に特化した共有サービスです。スマートフォンのカメラで撮影した写真を，インターネットを通じてアップロードでき，写真の形は基本的に正方形で表示されるのが特徴です。「FOLLOW（日本では，フォローする）」ボタンを押すことにより，Facebook と同様に共感するあるいは支持するという意思表示が簡単にできます。また，Instagram で投稿することを意識した見栄えの良い写真を「インスタ映え」と表現することもあります。

(2) 電子メール

メール（Mail）は，SNSとは異なり，特定の相手を指定して行うコミュニケーション手段です。また，電子メールを活用したメールマガジンというしくみもあります。メールマガジンには，有償と無償のものがあり，発行元に自分のメールアドレスを登録することによって，特化された情報がメールを通して届くサービスです。ICTの最新情報や，イベントや旅行のおすすめ情報などがダイレクトメールのように登録者に直接届きます。

図2.2を見てもわかるように，若い世代では，電子メールよりもSNSでのコミュニケーションが中心となり，電子メールを利用する機会が減ってきていると考えられます。一方，40代以上の世代では，メール利用時間の占める割合が高くなっています。若い世代でも，社会活動において他の世代と関わる機会が増えるにつれ，メールを使う頻度も高まると考えられます。SNSなどでの短い文章のやりとりに慣れてしまっている場合，就職活動などでビジネスメールで求められる適切な文章の書き方や言葉遣いが身についていないと，相手に不信感や不快感を与えてしまう可能性があります。そのため，メールの書き方やマナーを身につけておくことは重要です。

(3) ブログ

ブログ（Blog）とは，WebとLog（航海日誌，旅行日記などの意味）という2つの単語からつくられた「Weblog」という造語を起源とし，Web上で日記のような形式で情報を発信できるサイトです。ブログは，Webサイトを作成するための専門的な知識がなくても，ブラウザから文章や写真を入力するだけで，記事を公開することができ，誰もが容易に情報発信できます。さらに，記事を読んだ利用者がコメントを入力したり，トラックバック機能により，他のブログと相互にリンクを行うことができます。これにより，利用者同士で交流を深めることも可能です。なお，前述のX（旧Twitter）は，短文の投稿に特化した，マイクロブログとして分類されます。

(4) 動画投稿・共有サイト

YouTubeやニコニコ（niconico）など，一般の利用者が作成した動画コンテンツを投稿・公開できるサイトが人気を集めています。これらのサイトでは，登録ユーザが手元の動画データを投稿・配信すると，不特定多数のインターネットユーザが，Webブラウザなどで閲覧できるしくみになっています。特にYouTubeは，Google社が運営する世界最大の動画共有サービスであり，投稿された動画は瞬く間に全世界に伝わって閲覧されます。動画の再生回数が表示されるため，投稿内容に対する反響を把握することができ，世界的に人気を集めたコンテンツは，テレビなどのメディアでも紹介されることがあります。また，投稿した動画に広告を連携させ，再生回数の多さを広告収益に結びつけてビジネス化している人を，ユーチューバー（YouTuber）と呼んでいます。

(5) オンラインゲーム・ソーシャルゲーム

オンラインゲームとは，インターネットを通じて楽しむことができるゲームで，他の利用者と対戦したり，協力してゲームを進めたりすることが可能です。また，SNS上で提供されるオンラインゲームはソーシャルゲームと呼ばれ，どちらも他の利用者とコミュニケーションをとりながらプレイすることができます。

2.2 情報倫理

2.2.1 情報社会におけるリスク

コミュニケーションにとどまらず，ICT の利用は生活のあらゆる場面に浸透しています。わからないことがあればスマートフォンで検索したり，コンサートに行きたいときにはインターネットでチケットを予約するという具合に，これまではオフラインで行われていた活動の多くがオンラインで可能となりました。この利便性の向上により，今までにはなかった問題も生じています。

（1）SNS におけるリスク

SNS は多くの人に日常的に利用されるようになりましたが，オフラインでのコミュニケーションとは異なることも多く，使い方を誤ると人間関係に悪影響を及ぼしたり，犯罪に巻き込まれたりする危険性があります。

例えば，SNS では誰が自分の投稿を読んでいるのかを正確に把握することが難しく，親しい人しか見ないだろうという思い込みで本人や友達の個人情報を書き込んでしまうと，広く世間に情報が広がってしまうことがあります。SNS への投稿は，「人通りの多い交差点で大きな声で話すのと同程度」あるいは，「自分の家の玄関や自分の背中に内容を張り出すのと同程度」と考えるとよいといわれています。また，投稿したすべての内容は，公開範囲を制限している場合であっても，すぐにスクリーンショットなどの方法で複製・拡散される可能性があります。情報の伝搬速度は驚異的で，一瞬にして世界中に発信され，完全に削除することが困難であることを認識する必要があります。

また，SNS のグループ機能は，特定のメンバーだけでやりとりできる場をつくり出すため，いじめの温床となることが指摘されています。被害者が一方的にグループから削除されたり，グループ内でのやりとりが外部から見えないために，いじめが発覚しにくいことなどが問題となっています。一方で，不特定の他人や世界中に向けた発信が問題となることもあります。一部の SNS では匿名での投稿が認められているため，実生活では話しにくいことでも比較的容易に投稿することができることから，悩みなどを投稿して同じ境遇の人や共感してくれる人を求めるケースが少なくありません。しかし，相手の真意や身元を確認できないため，どのような意図をもって交流しているのかを判断することは難しく，投稿者自身が犯罪の被害者となってしまうことも増えています。

また，X（旧 Twitter）や，Facebook，Instagram とも，「いいね！」または「フォローする」ボタンが押された数によって，フォロワー数という数値に反映され，特定の人物や企業の影響力を示す指標となっています。特にフォロワー数の多い利用者は，世間に与える影響力が大きいと思われる人物と見なされ，「インフルエンサー」と呼ばれます。SNS の中では，特に X（旧 Twitter）のリツイート機能，Instagram のハッシュタグ機能を使うことによって，一般の個人でも情報を急速に拡散して伝播させることが可能です。しかし，多くの人からの反応を得たいがために，虚偽の内容を投稿したり，他人への迷惑を考えずに写真を撮ったり，過剰な演出を含む写真や動画を投稿したりして非難されることもあります。自分の軽率な行動が，他者に対して大きな迷惑となったり，問題が大きくなる場合もあることを理解し，SNS を利用したコミュニケーションの特徴を踏まえたうえで適切に利用することが重要です。

（2）電子メールにおけるリスク

スパムメールとは，何らかの方法で入手した電子メールのアドレスに対して，ダイレクトメールのように一方的に大量に送りつけられるメールを指します。スパムメールのパケットがインターネット上を行き交うことによって回線混雑を引き起こしたり，受信ボックスを不要なメールで埋め尽くされたりするため，その削除作業に多大な負担を強いられることになります。スパムメールの添付ファイルにコンピュータウイルスが混入している場合もあります。対策としては，メールのフィルタリング機能を活用して，不要と思われるメールのパターンを学習させながら効率的にスパムメールを削除する方法があります。また，不審なメールや添付ファイルを安易に開かないというセキュリティに配慮した基本的な注意も有効です。

フィッシングメールも同様に，何らかの方法で電子メールのアドレスを入手し，ダイレクトメールのように一方的に送りつけるメールの一種で，メール内に埋め込まれたリンクをクリックすることで，クレジットカード番号や暗証番号などの個人情報を窃取することを目的とした Web サイトへ誘導するしくみです。対策としては，フィッシングメールと疑わしきメール内に記載された Web サイトや電子メールアドレス，電話番号などを安易に信用せず，正規の Web サイトや電子メールアドレス，電話番号を確認したうえで，直接問い合わせることが重要です。

ウイルス付きの電子メールが送られてくる可能性は日常的によくあります。意図的にコンピュータウイルスを混入させた添付ファイルが送られてくる場合と，PC を起動している間にウイルスがファイルに混入し，意図せずメールの添付ファイルとして自ら送信してしまう場合の両方が考えられます。外部から受信したウイルス付き電子メールの対策としては，ウイルス対策ソフトやワクチンソフトを使用することで，メールの受信時にウイルスの混入を検出してすぐに削除することが可能です。一方，自らウイルス付き電子メールを送信することを防ぐ対策としては，ワクチンソフトを使って送信前の添付ファイルのウイルスチェックを習慣化することが有効となります。

このように，メールを利用した犯罪も多く，個人の金銭的な被害だけでなく，場合によっては，所属する大学や組織にも影響を及ぼす場合もあります。これらの犯罪の手口を理解し，適切な対策を講じることが重要です。

（3）その他のリスク

ブログは基本的にインターネット上のすべての人に向けた情報発信となるため，影響力や反応が大きく，間違った内容や偏った意見を公開した場合は，多くの批判を受けることがあります。批判が集中し，ブログの運営が困難になる「炎上」と呼ばれる状態になることもあります。この炎上については，SNS でも起こりうる現象です。また，動画投稿・共有サイトでは，注目を集めたいために，過激な内容や著作権侵害となるコンテンツを投稿してしまい，犯罪となるケースも多くみられます。さらに，オンラインゲームやソーシャルゲーム上では，面識のない多種多様な人々と交流する機会が多くなり，価値観や前提条件が異なることから問題に発展することも考えられます。また，場合によっては犯罪に巻き込まれるリスクもあるため，利用には十分な注意が必要です。

2.2.2　情報モラル教育

ICT の発達にともなって生活の利便性は向上しましたが，同時にトラブルや犯罪に巻き込まれ

るリスクも増加しています。これらのリスクを回避するには，技術的・法的な対応も有効ですが，それらの対策は往々にして後手にまわりがちです。そのため，情報社会におけるリスクを避け，積極的に情報社会に参加するためには，情報社会の特性を理解して正しく利用する態度（情報モラル）が必要不可欠となります。まず，大量の情報の中から，生活における判断と行動のもとになる情報を適切に選び出して利用する態度が重要となってきます。また，自らの行動が周囲に及ぼす影響の大きさを認識し，責任ある利用を心がけることや，他の利用者を尊重して迷惑をかけないことも重要です。さらに，関連するルールや法規を理解することにより，犯罪に関与するような利用とならないよう注意を払うことも必要です。

（1）情報社会における生活の変化

情報検索

　インターネット上には膨大な情報が存在し，知りたい情報は検索すれば簡単に手に入ります。しかし，誰もが情報を公開することができるため，誤った情報や虚偽の情報，有害・違法な情報が公開されている場合も少なくありません。虚偽の情報が公開される理由の一つとして，広告収入のしくみがあります。ブログの記事に商品の広告を載せ，販売ページへのリンクを設定し，そのリンクを通じて商品が買われると，ブログ記事の投稿者に広告料が支払われるというしくみです。より多くの収入を得るために記事へのアクセス数を増やそうと，内容が過剰になったり，意図的に虚偽の内容を載せたりする事例もあります。

　また，ニュースサイトにおいても，アクセス数を増やすために，おすすめ記事を提供するしくみが導入されています。利用者の記事の閲覧履歴や他者の履歴をもとに，興味を引きそうな記事へのリンク一覧を動的に提供するというしくみです。これにより，利用者は興味をそそられ，次々と記事を閲覧してしまい，結果として多くの時間を費やしたり，偏った記事のみを閲覧し続けることになります。このような状況下では，情報の真偽を見分ける能力が必要となり，適切な情報を見分けるためには，複数の情報源から情報を収集することや，情報発信者の意図にも気を配ることが必要です。また，違法情報や有害情報の公開も深刻な問題となっています。インターネット上の違法情報や有害情報軽減に取り組んでいる「一般社団法人セーファーインターネット協会」および「インターネット・ホットラインセンター」によると，ネット上には，以下のようなものが公開されています。

> 違法情報……わいせつ・アダルト情報，児童ポルノ情報，薬物・ドラッグ情報，出会い系・売春情報，その他の情報
> 有害情報……児童を対象としたいじめの勧誘，遺体や殺害行為の画像等，違法行為を直接かつ明示的に請負・仲介・誘引する情報，違法情報に該当する疑いが相当程度認められる情報，人を自殺に誘引・勧誘する情報

これらの情報は利用者に悪影響を及ぼすだけでなく，犯罪行為に巻き込まれたり，それを引き起こしたりするきっかけとなる可能性もあります。このような情報を目にした場合は，決して利用せず，上記の団体や警察に連絡するなど，適切な対応をとることが重要です。

個人情報の収集

　インターネット上ではさまざまな個人情報が収集されています。例えば，オンラインショッピングなどで商品を注文する際には，住所や氏名，クレジットカード情報などを入力する必要があります。さらに，直接入力した情報のみならず，より効果的な商品広告を表示するために，利用者の購入履歴や商品の閲覧記録なども収集されています。また，ターゲティング広告として，オンラインショッピング上の履歴だけでなく，利用者が閲覧した他のサイトの内容や利用者の個人情報を用いて，利用者ごとにカスタマイズされた広告が表示されるしくみも導入されています。SNS に登録したプロフィールや投稿内容も，個人に関する多様な情報を含んでいます。インターネット上の情報は容易に検索でき，個々の情報は些細なものであっても，複数の情報を結びつけることで個人を特定できる可能性があります。例えば，写真から本人の容姿を特定し，SNS への投稿内容から自宅の住所や通学・通勤経路などを特定することも可能です。インターネット上のみならず，実際に本人に接触することも可能となり，犯罪につながりかねません。

　また，インターネット利用以外でも，個人に関わる情報が収集される機会は増えており，交通系 IC カードは，公共交通機関の利用のみならず商品の購入も可能で，行動範囲や購買履歴の記録が蓄積されています。さらに，さまざまな店舗で商品を購入する際に利用可能なポイントカードは，企業側にとっては顧客の購買履歴を収集する手段となっています。最近では，街中で監視カメラの設置が進んでおり，気が付かないうちに自分の行動が記録される機会も増えています。このように，個人情報の収集は今後ますます増えていくことが考えられ，自分自身に関するどのような情報が収集され，どのように利用されているのかを十分に把握する必要があります。

ネットショッピングとネットオークション

　インターネット上では商取引が活発に行われています。Amazon や楽天市場などのサイトでは，利用者が Web ブラウザなどを通じて，インターネット上の Web サイトを訪問して購入したい商品を注文すると，宅配便や郵便物として配送されます。代金の支払い方法には，1) クレジットカード，2) 銀行振込，3) 代金引換のほか，4) 電子決済（Edy，PayPal，Pay-easy など）があります。一方，ヤフオク!，eBay，メルカリなどのように，個人が商品を出品し，利用者間で売買が行えるサイトも普及してきました。特にメルカリは，スマートフォンにインストールした専用アプリからアクセスし，フリーマーケットのように利用できるサービスで，この分野のアプリをフリマアプリと呼びます。スマートフォンのアプリを通じて簡単にアクセス可能なため，未成年者を含む若者の利用が多く，それにともなうトラブルも発生しています。これらのサービスでは，資金移動業を許可された第三者の金融機関が仲介する，エスクロー決済と呼ばれる決済方法が採用されています。しかし，ネットショッピングやネットオークションでは，代金を支払っても商品が届かない，届いた商品が偽物や故障品であるなど，さまざまなトラブルも多く報告されています。トラブルを回避するためには，以下を確認したうえで，信頼できるサイトを利用することが重要です。

- サイトや出品者の身元が確認できるか
- 商品の取り扱い規則や個人情報に対するポリシーが明示されているか
- 個人情報入力時にセキュリティ対策が実施されているか

表 2.1　不適切な投稿などの一例

個人情報の記載	・SNS 上で未成年者が自らの飲酒や喫煙経験を投稿し，多くのユーザからの批判により炎上する事例が複数報告されている。 ・アルバイト先のレストランや商店を訪れた有名人に関する情報を無断で投稿し，批判を受けて解雇などの処罰を受けるケースがある。
危険な写真や動画の撮影	・10 代の女性が電車の屋根で自撮り写真を撮ろうとした際，高圧電線に接触して感電死した。SNS への投稿目的は不明だが，同様の事故が多く報道されている。 ・命綱なしで高層ビルの屋上からぶら下がって懸垂をするなどの危険なパフォーマンス動画を数多く投稿していたユーチューバーが，撮影中にビルから転落死する事故が起きている。
有害情報	・殺人死体遺棄事件において，容疑者が SNS 上の自殺願望をもつ利用者に対して，一緒に自殺をするかのように接触を図り，誘い出していたことが判明した。
ネットいじめ	・メールや SNS での誹謗中傷，LINE グループでの仲間はずれ，暴力を受けたり服を脱がされたりしている様子を動画に撮影し投稿するなどのインターネットを介したいじめが行われている。 ・周囲からわかりにくく発覚しにくいことから，被害者の深刻な孤立を招き，自殺をしてしまうケースも報道されている。

(2) 不適切な投稿と使用法

　特に，SNS への投稿において，不適切な内容を記載して他のユーザから批判を受けたり，トラブルに発展したりするケースがよく見られます。最近では，写真投稿サイトに載せるための写真を撮ることに夢中になるあまり，景色のよい道路の中央に立ったり座ったりして他の交通を妨げたり，飲食店で写真を撮りたいがために料理を注文して残すなど，周囲に迷惑をかける行為も増えています。表 2.1 は，このような不適切な投稿や行為などの具体例を示したものです。

(3) 被害にあうケース

ワンクリック詐欺

　動画やアダルトサイトなどを閲覧した際に，不当な料金の請求画面が表示され，振り込むように促される詐欺手法です。近年では，請求画面が表示されると同時に，スマートフォンのカメラのシャッター音が鳴る手口が報告されています。実際にはシャッター音の音声データが再生されているのみで，写真が撮られることはありませんが，利用者は自分の写真が撮られたのではないかと不安に思い，請求された金額を振り込んでしまうケースが発生しています。また，画面の表示と同時に，自動的に電話発信を確認するポップアップを表示させる手口も報告されています。この場合は，誤って発信の操作をしてしまうと，実際に電話がかかってしまい，相手に電話番号を把握されてしまうため，注意が必要です。

フィッシング詐欺

　メールなどを通じて偽のサイトへ誘導し，ID やパスワードなどの情報を不正に取得する詐欺手法です。フィッシングサイトは，本物のサイトとそっくりにつくられているため，見分けがつかなくなっています。特に Apple，Amazon，LINE など，多くの人が利用するサイトを装ったフィッシングサイトが数多く報告されています。

（4）情報の信憑性

偽情報の拡散

　激甚災害の発生直後，「動物園からライオンが放たれた」という虚偽の投稿が偽造写真とともにX（旧 Twitter）に投稿されたことがありました。この投稿により，動物園には多くの問合せ電話が寄せられ，職員が対応を強いられて業務を妨げられたとして，投稿者は偽計業務妨害容疑で逮捕されました。この情報が拡散された要因として，虚偽の情報と思いながらも，面白いので知り合いに知らせたいという思いから拡散してしまったというケースが多く見られましたが，一方で，受け取った側は深刻に受け止め，注意喚起のつもりで拡散したケースもありました。

フェイクニュース

　2016 年のアメリカ合衆国大統領選挙では，立候補者や支持者に関するさまざまなニュースがインターネット上に投稿されました。その中には，フェイクニュースと呼ばれる，根拠のない情報も含まれていたといわれています。これらのニュースの中には，選挙結果への影響を意図したものや，広告料収入を得る目的でアクセス数の増加をねらって投稿されたものがありました。

（5）サイバー犯罪

　情報モラルの欠如により，トラブルや犯罪に巻き込まれたり，あるいは自身が加害者となってしまうなど，重大なリスクを負う可能性も高まっています。不適切な利用は，場合によっては法的な処罰の対象となることもあります。

偽計・威力業務妨害

　偽計・威力業務妨害罪とは，刑法 233 条，234 条で規定されている犯罪です。わかりやすくいうと，虚偽の内容を文書や口頭で広めたり噂として流すこと，あるいはだます計画をたてて他の人の信用を傷つけたり業務を妨害することや，暴力や言葉による脅しにより業務を妨害することに対する罪です。なお，インターネット上での犯罪予告も脅迫による業務妨害に含まれます。過去の事例として，複数の大学生がテーマパークでアトラクションを意図的に中断させるなどの迷惑行為を行い，その様子を写真付きでインターネットに投稿しました。この行為は，大きな批判を集めて炎上し，大学にも批判が寄せられた結果，大学から停学処分を受けるとともに，威力業務妨害で書類送検されました。また，コンビニエンスストアで販売中のおでんに触れる様子を動画に撮り，SNSに投稿した事例もあります。おでんに触れた本人は，器物破損と威力業務妨害の疑いで逮捕され，動画を撮影した人物も，威力業務妨害で書類送検されました。

著作権違反

　知的財産基本法とは，人間の知的活動により創作された創作物に対する創作者の権利を守るための法律です。これには，産業財産権（特許権・実用新案権・意匠権・商標権）と知的財産権（著作権・育成者権など）が含まれます。ICT の発達により，創作物の複製や配布が容易に行えるようになったことで，その重要性は一層高まっています。著作権法の概要と著作権に関わる内容については，2.3.1 項で詳述しますが，過去の具体例を挙げれば，発売前の雑誌に掲載されていた漫画を

写真に撮って YouTube に投稿した中学生が，公衆送信権の侵害で逮捕されるケースがありました。

インターネット上でのトラブルについて，さまざまな団体が事例紹介や相談に取り組んでおり，リスクの軽減に貢献しています。表 2.2 にその主な団体を紹介します。

表 2.2 インターネット上のトラブル事例紹介や相談窓口のサイトの例

独立行政法人国民生活センター	https://www.kokusen.go.jp
警察庁サイバー警察局	https://www.npa.go.jp/bureau/cyber/index.html
独立行政法人情報処理推進機構	https://www.ipa.go.jp/index.html
フィッシング対策協議会	https://www.antiphishing.jp/
インターネット・ホットラインセンター	https://www.internethotline.jp/
一般社団法人セーファーインターネット協会	https://www.saferinternet.or.jp/
インターネットホットライン連絡協議会	https://www.iajapan.org/hotline/index.html
迷惑メール相談センター	https://www.dekyo.or.jp/soudan/index.html
一般財団法人日本サイバー犯罪対策センター	https://www.jc3.or.jp/
公益社団法人著作権情報センター	https://www.cric.or.jp/

(2025/1/29 閲覧)

2.3　情報モラルと法律

2.3.1　著作権

（1）著作権法
　著作権法は，著作物に対する著作者の権利を保護し，文化の発展に寄与することを目的として制定された法律です。著作物とは，人の創作活動により表現されたもので，著作権法の中では，以下のようなものが挙げられていますが，これらに限定されるものではありません。

① 小説，脚本，論文，講演その他の言語の著作物
② 音楽の著作物
③ 舞踏または無言芸の著作物
④ 絵画，版画，彫刻その他の美術の著作物
⑤ 建築の著作物
⑥ 地図又は学術的な性質を有する図面，図表，模型その他の図形の著作物
⑦ 映画の著作物
⑧ 写真の著作物
⑨ プログラムの著作物

　また，著作者の権利には，1）著作者人格権（表 2.3）と，2）著作財産権（表 2.4）があり，それぞれについて詳細な権利が規定されています。
　インターネットの利用においては，特に画像，音楽，映像，プログラムなどに対する複製権，演

表 2.3　著作者人格権に関する著作者の権利と権利の内容

著作者の権利	権利の内容
公表権	自分の著作物で，まだ公表されていないものを公表するかしないか，するとすれば，いつどのような方法で公表するかを決めることができる権利
氏名表示権	自分の著作物を公表するときに，著作者名を表示するかしないか，するとすれば，実名か変名かを決めることができる権利
同一性保持権	自分の著作物及びその題号を自分の意に反して勝手に改変されない権利

表 2.4　著作財産権に関する著作者の権利と権利の内容

著作者の権利	権利の内容
複製権	著作物を印刷，写真，複写，録音，録画などの方法によって有形的に再製する権利
上演権・演奏権	著作物を公に上演したり，演奏したりする権利
上映権	著作物を公に上映する権利
公衆送信権・公衆伝達権	著作物を自動公衆送信*したり，放送したり，有線放送したり，また，それらの公衆送信された著作物を受信装置を使って公に伝達する権利
口述権	言語の著作物を朗読などの方法により口頭で公に伝える権利
展示権	美術の著作物と未発行の写真著作物の原作品を公に展示する権利
頒布権	映画の著作物の複製物を頒布（販売・貸与など）する権利
譲渡権	映画以外の著作物の原作品又は複製物を公衆へ譲渡する権利
貸与権	映画以外の著作物の複製物を公衆へ貸与する権利
翻訳権・翻案権など	著作物を翻訳，編曲，変形，翻案等する権利（二次的著作物を創作することに及ぶ権利）
二次的著作物の利用権	自分の著作物を原作品とする二次的著作物を利用（上記の各権利に係る行為）することについて，二次的著作物の著作権者がもつものと同じ権利

＊自動公衆送信とは，サーバなどに蓄積された情報を公衆からのアクセスにより自動的に送信することをいい，また，そのサーバに蓄積された段階を送信可能化という。

奏権，公衆送信権・公衆伝達権，ならびに著作者人格権などを侵害する可能性が高くなっています。インターネット上のさまざまなサイトに公開されている，あるいは検索エンジンの検索結果として表示される文章，画像，映像，音楽などに関しては，著作権放棄などの記述がない限り著作権で保護されているため，無断での利用は著作権侵害となります。

　また，著作権法には，個人的な利用や学校教育での利用，引用としての利用など，許可を得ずに利用できる例外規定が設けられています。ただし，例外が認められる範囲を正しく理解したうえで利用することが重要です。例えば，個人のブログや Web サイトでの利用，SNS などのプロフィール写真として芸能人の写真やアニメなどのキャラクター画像を使うことは，私的利用の範囲とは見なされません。同様に，社内での説明資料などへの利用も私的利用とは認められません。

(2) パブリック・ドメイン

　パブリック・ドメインとは，著作権の保護期間が終了したり，権利者が権利を放棄したりすることによって，知的創造物に対する知的財産権が発生していなかったり，消滅したりしていることを指します。パブリック・ドメインとなった著作物は，自由に使用することができますが，人格権は

消滅しないため，人格権を侵害するような使用はできません。なお，インターネット上には，パブリック・ドメインとなった著作物を集めたサイトなども存在します。

（3）クリエイティブ・コモンズ・ライセンス

　クリエイティブ・コモンズ・ライセンス（Creative Commons License）は，著作物に対して著作権を保持したまま，特定の条件に沿って利用許諾するもので，国際的非営利組織クリエイティブコモンズが提供するライセンスです。ライセンスの種類によって利用方法が定められており，マークの表示によってライセンスの種類が区別できるようになっています。特に，「CC0」と呼ばれるライセンスは，クリエイティブコモンズによって，「CC0とは，科学者や教育関係者，アーティスト，その他の著作権保護コンテンツの作者・所有者が，著作権による利益を放棄し，作品を完全にパブリック・ドメインに置くことを可能にするものです。CC0によって，他の人たちは，著作権による制限を受けないで，自由に，作品に機能を追加し，拡張し，再利用することができるようになります。」と説明されています。このように，CC0は，著作権を気にすることなく著作物を使うことができます。

（4）オープンソースソフトウェア

　ソフトウェアも著作物の一種ですが，ソフトウェアの中には，ソースコードが公開されており，その多くは無償で，誰でも改変したり，再配布できるオープンソース・ソフトウェア（OSS：Open Source Software）があります。その多くは，パブリック・ドメインやクリエイティブ・コモンズ・ライセンスではなくOSSとして提供されています。ただし，再配布するにはさまざまなライセンス条件があり，利用自体は無料であっても，条件を守らないと著作権違反となることがあります。

── 2.3.2　不正アクセス禁止法

（1）不正アクセス

　総務省によると，不正アクセスとは，本来アクセス権限をもたない悪意ある攻撃者が，サーバや情報システムの内部へ侵入を行う行為とされています。このような不正侵入により，サーバや情報システムの停止や重要な情報の窃取が引き起こされ，その結果，企業や組織のブランドイメージの低下だけでなく，業務停止などの甚大な被害をもたらす可能性があります。

　インターネットは世界中に張り巡らされているため，攻撃者は世界中のあらゆるところから企業や組織のサーバや情報システムに侵入を試みることができます。具体的には，攻撃ツールを用いてアカウント情報を窃取するための総当たり攻撃や，基幹システム・ソフトウェアの脆弱性や設定の不備などを突いて攻撃する手口が知られています。

　攻撃者が侵入に成功すると，サイト情報を改ざんしたり，保存されている個人情報や機密情報を窃取したり，さらには重要なファイルを消去したりすることもあります。また，不正アクセスによって一度侵入されたシステムは，その後いつでも攻撃者がアクセスできるように，バックドアと呼ばれる裏口を作成されてしまうこともあります。さらには，侵入したシステムを踏み台として，組織の内部にさらに侵入したり，そのシステムから他の組織を攻撃したりするケースも報告されて

いIます。

（2）不正アクセスが与える影響

ホームページの改ざんは，攻撃者がまったく関係のない画像を貼り付けるようなものもありますが，最近ではホームページにあるリンクやファイルの参照先を不正に書き換え，接続してきた利用者をウイルスに感染させたり，パソコンから情報を窃取するものが増えています。このような被害を受けるということは，その企業や組織のセキュリティ対策が不十分であることを示すことになり，社会的なイメージの低下は避けられません（第10章にて詳述）。特に顧客情報などが漏えいした場合は，その企業や組織の信用が大きく損なわれてしまうだけでなく，過去には損害賠償にまで発展した事例もあります。このように，不正アクセスは甚大な被害をもたらすこともあります。

また，攻撃者によってボットウイルスが送り込まれ，知らないうちに自分がボットネットの一員となってしまうケースも多く見られます。ボットネットとは，攻撃者によって制御を奪われたコンピュータの集まりで，数千～数十万というネットワークから構成されていることもあります。攻撃者はボットに一斉に指令を送り，外部の組織に対して大規模な分散型サービス拒否（DDoS：Distributed Denial of Service）攻撃を行ったり，スパムメールを送信したりすることがあります。このように，不正アクセスの被害にあうと，意図せず攻撃者の一員として利用されてしまう危険性があることにも注意が必要です。

（3）不正アクセス禁止法

不正アクセス行為の禁止等に関する法律（平成11年8月公布，令和4年6月改正）は，通称「不正アクセス禁止法」と呼ばれています。その第一条では，この法律の制定目的が記されています。それによると，「この法律は，不正アクセス行為を禁止するとともに，これについての罰則及びその再発防止のための都道府県公安委員会による援助措置等を定めることにより，電気通信回線を通じて行われる電子計算機に係る犯罪の防止及びアクセス制御機能により実現される電気通信に関する秩序の維持を図り，もって高度情報通信社会の健全な発展に寄与することを目的とする。」と定められています。

この法律は，不正アクセス行為や，不正アクセス行為につながる識別符号の不正取得や保管行為，不正アクセス行為を助長する行為等を禁止するものです。ここで，識別符号とは，情報機器やサービスにアクセスする際に使用するIDやパスワードなどのことを指します。また，不正アクセス行為とは，そのようなIDやパスワードによりアクセス制御機能が付された情報機器やサービスに対して，他人のIDやパスワードを入力したり脆弱性を利用したりすることで，本来は利用権限をもたない攻撃者が，不正に利用できる状態にする行為を指します。

この法律で禁止・処罰される行為は，「不正アクセス行為」と「不正アクセス行為を助長する行為」の2つに大別されます。

不正アクセス行為

不正アクセス行為には，なりすまし行為とセキュリティホールを攻撃する行為の2種類があり，これらに抵触すると3年以下の拘禁刑または100万円以下の罰金が課されることになります。アク

セス制御機能により利用が制限されているコンピュータをネットワークを通じて利用する場合，IDならびにパスワード等の識別符号を入力する必要があり，手元のパソコンに入力画面が表示されます。なりすまし行為とは，このときにコンピュータの正規利用者の識別符号を無断で入力する行為を指します。一方，セキュリティホールを攻撃する行為とは，コンピュータの安全対策上の不備を突いて，コンピュータを不正に利用可能にする行為のことをいいます。具体的には，攻撃用プログラム等を用いて特殊なデータを入力し，アクセス制御機能を回避することで，識別符号により制限されているコンピュータの機能を不正に利用する行為を指します。

不正アクセス行為を助長する行為

　他人のIDやパスワードなどの識別符号を無断で第三者に提供する行為のことで，提供する方法はホームページ，電子メール，電話など手段を問いません。この行為に抵触すると，1年以下の拘禁刑または50万円以下の罰金に処せられます。

　不正アクセス禁止法においては，アクセス管理者は不正アクセスの予防や再発防止に資する防御措置を講じることが努力義務として定められています。具体的な対策としては，認証情報の適切な管理や高いセキュリティ機能を有するクラウドサービスの利用に加え，特に重要なのが情報セキュリティ教育の実施です。

─ 2.3.3　個人情報の保護に関する法律

　一般的に「個人情報保護法」と呼ばれるこの法律は，個人情報の適正かつ効果的な活用と個人の権利利益を保護するために制定されました。公的機関に対する，個人情報を保護するために求められる責務や，個人情報を取り扱う民間の事業者に対する義務や罰則を定めています。この法律における個人情報とは，生存する個人に関する情報であって，以下のように説明されています。

① 氏名，生年月日，住所等により特定の個人を識別することができるもの（他の情報と容易に照合でき，それにより特定の個人を識別することができるものを含む）

② 個人識別符号（ⅰ又はⅱ）が含まれるもの
ⅰ. 特定の個人の身体の一部の特徴を電子計算機のために変換した符号
ⅱ. 対象者ごとに異なるものとなるように役務の利用，商品の購入又は書類に付される符号

　プライバシー権で守られている情報と一部重複する部分もありますが，基本的には異なるものです。民間の事業者に対しては，個人情報の収集，保管，管理，第三者への提供についての義務などが定められています。具体的には，1）利用目的を明確にすること，2）利用目的を公表または本人に通知すること，3）原則として，本人からの開示や訂正要求に応じること，4）原則として，第三者へ提供する際には本人の同意を得ること，などが含まれています。

参考文献

Open Source Initiative，https://opensource.org/osd-annotated（2025/1/29 閲覧）

クリエイティブコモンズジャパン，CC0 について：いかなる権利も保有しない，https://creativecommons.jp/sciencecommons/aboutcc0/（2025/1/29 閲覧）

公益社団法人著作権情報センター，著作権って何？：はじめての著作権講座，http://www.cric.or.jp/qa/hajime/index.html（2025/1/29 閲覧）

個人情報保護委員会，個人情報の利活用と保護に関するハンドブック，https://www.ppc.go.jp/files/pdf/personal_280229sympo_pamph.pdf（2025/1/29 閲覧）

情報教育学研究会（IEC）・情報倫理教育研究グループ編，インターネット社会を生きるための情報倫理，実教出版（2018）

総務省，国民のための情報セキュリティサイト，https://www.soumu.go.jp/main_sosiki/cybersecurity/kokumin/index.html（2025/1/29 閲覧）

総務省情報通信政策研究所，令和 5 年度情報通信メディアの利用時間と情報行動に関する調査報告書，https://www.soumu.go.jp/main_content/1000976453.pdf（2025/1/29 閲覧）

総務省，情報通信白書令和 6 年版，https://www.soumu.go.jp/johotsusintokei/whitepaper/r06.html（2025/1/29 閲覧）

総務省情報流通行政局，令和 4 年通信利用動向調査報告書（世帯編），https://www.soumu.go.jp/johotsusintokei/statistics/pdf/HR202200_001.pdf（2025/1/29 閲覧）

高橋慈子，原田隆史，佐藤翔，岡部晋典，情報倫理：ネット時代のソーシャル・リテラシー，技術評論社（2015）

藤代裕之，ネットメディア覇権戦争：偽ニュースはなぜ生まれたか，光文社（2017）

山住富也，モバイルネットワーク時代の情報倫理，近代科学社（2015）

Chapter 3 情報科学の基礎

　本章では，情報科学の基礎について学びます。まず，情報とは何かを定義し，生命情報，社会情報，機械情報という3つの分類について説明します。次に，日常的なアナログの情報から，どのようにしてコンピュータで扱われるデジタルの情報へ変換されるのか，アナログ–デジタル変換について解説します。さらに，コンピュータの内部で数値の表現や計算，および文字の表現は，どのような方法で行われているのか，10進数から2進数への基数変換，論理演算による加算器のしくみ，2の補数による減算，アスキーコード表などについて学びます。

3.1 情報とは

　情報とは，文字・数字などの記号やシンボルの媒体によって伝達され，受け手に状況に対する知識や適切な判断を生じさせるものです。情報は大きく3つに区分され，生命情報，社会情報，機械情報に分けられます。また，情報に関する学術学問も，情報工学，応用情報学，社会情報学の3つに分けられます。本節では，これらの情報の分類や関連性，そして情報に関する学術学問について学習します。

3.1.1 情報の分類

　情報には，図3.1に示すように，大きく分けて3つの区分があります。生命維持と密接に関連し

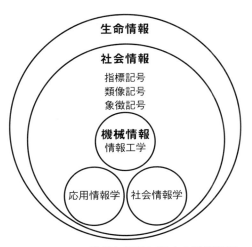

図3.1　3つの情報と情報に関する学術学問

た意味作用を起こすものを生命情報（Life Information），人と人とがコミュニケーションをとるとき，やりとりしているものを社会情報（Social Information），コンピュータが扱う情報のことで，データと言い換えることができるものを機械情報（Mechanical Information）と呼びます。

3.1.2 生命情報

生命情報とは，生命体が生存活動のための意味作用を起こすものであり，広義の情報といえます。例えば，ミツバチは花びらから反射される紫外線の有無という情報がなければ花にたどり着くことができず，生存に関わることになります。つまり生命情報とは，生命体の知覚器官によって感知する差異や区別，またはパターンを指します。

3.1.3 社会情報

社会情報とは，記号によって明示化された生命情報であり，人間社会で通用するすべての情報を含みます。社会情報は，原則として記号と意味内容が一体となり，意図的な記述，描画，動作などにより人々が交換しあうあらゆるもの，すなわちメッセージといえます。図 3.1 に示すように，社会情報は指標記号（Index），類像記号（Icon），象徴記号（Symbol）の 3 種類に分類されます。

指標記号の表現方法は恣意的ではなく，物理的要素または因果関係によって記号と内容が直接的に結びついています。例えば，風見鶏は風が流れる方向を指し示し，ドアのノック音は来客を意味します。これらの風見鶏や音は指標記号に分類されます。

類像記号は，意味されているものを模倣した表現方法をとります。例えば，自動車を見て描いた絵画，鳥の声の物真似などがこれに該当します。

象徴記号の表現方法は，原則的に恣意的なものであり，記号内容との類似性をもちません。また，象徴記号は指標記号や類像記号と異なり，記号と意味内容の関係性を学習しなければ理解できません。例として，日本語，国旗，モールス信号などが挙げられます。

3.1.4 機械情報

社会情報から派生した機械情報は，記号の意味内容が捨象されたもの，あるいは潜在化したものであり，最狭義の情報といえます。コンピュータの内部で処理される 0 と 1 のみを用いた 2 進数の 2 値符号（バイナリコード，Binary Code）は機械情報の代表例です。機械情報を活用することで，効率的にメッセージを交換し，処理することが可能となります。特に，社会情報の象徴記号と機械情報は，メッセージの送信側と受信側のいずれもがその意味内容を知らなくても，コピーして伝達できるという特徴をもっています。

したがって，生命情報，社会情報，機械情報という 3 つの情報は，図 3.1 に示すように包含関係が成り立っており，それぞれ人間の経験，記述，伝播の領域と関係しています。情報の転化は，生命情報から社会情報へ，さらに社会情報から機械情報へと進む形を基本としますが，これらの情報は相互にフィードバックし合い，密接に関連しながらそれぞれが生起消滅を繰り返しています。

3.1.5 情報に関する学術学問

大学で学ぶ情報に関する学術学問は，図 3.1 のように情報工学（Information Engineering），応

用情報学（Applied Information Studies），社会情報学（Socio-Information Studies）の３つに分類
されます。

　情報工学では，主にコンピュータによる情報処理を中心に，ICT に関する理系の学問体系を学
び，機械情報と強い関連性をもちます。応用情報学では，PC や Web の操作技術の習得，インター
ネットや SNS などの利活用など，コンピュータを諸学問間で活用するための文理横断的な広範な
分野を学びます。社会情報学は，情報社会のあり方などを人文・社会科学的に論じる文系の学問分
野であり，メディア論，情報法学，情報経済学，情報文化論などが含まれます。

3.2　アナログからディジタルへ

　コンピュータで処理される２進数は機械情報の一つであり，効率的なメッセージの交換や，高速
な計算処理ができ，データ圧縮も可能というメリットを有しています。アナログ（Analog）は，
アナログ水銀棒状温度計のような連続的な値をもつ体系であり，いわゆる真偽値すなわち0/1 の２
値だけでなく，それ以上の多数の値を含む論理体系です。連続体のアナログデータを２進数のディ
ジタルデータで表現することで，あらゆる種類の情報をシンプルかつ正確に伝えることが可能にな
り，その応用には無限の可能性があります。

　「ディジタル」という言葉は，もともと「Digit」という言葉に由来します。Digit は0 から9 ま
での10 個の記号を使って表現する10 進記数法（Base-ten 記数法）を意味するとともに，人間の
10 本の指をも意味しています。「お正月を指折り数えて待つ」という表現にあるように，Digit，つ
まりディジタルデータは整数値を取り扱うことが基本となっています。一方，アナログは連続体で
あるため，実数として表現され取り扱われます。本節では，アナログとディジタル，アナログ-
ディジタル変換，そして符号化と符号体系について学習します。

3.2.1　アナログとディジタル

　アナログとは，連続的に変化するデータを目に見える量で表したものを指します。つまり，ある
連続量を別の連続量で置き換えた値がアナログといえます。例えば，実験室でよく見られる水銀棒
状温度計では，水銀が連続的に移動することで温度をアナログとして表示しています。

　一方，ディジタルとは，コンピュータで扱われるデータを指し，対象となる量を離散的な（とび
とびの）値で表したものです。街中で見かけるディジタル温湿度計表示板では，温度を表示する際
に25.0 度，25.1 度というように数値で表示します。25.0 から25.1 は一見連続しているように思え
ますが，実際には25.0 から25.00...1 の間には無限の値が存在しており，ディジタルでは完全な連
続性を表せません。

　歴史的な例として，太古の昔から人間は物を燃やすことによって煙を立ち上らせ，狼煙を上げて
合図を送っていました。特に中国では，主に戦時中の連絡手段として，狼煙に狼の糞を燃やし立ち
上がる煙を活用し，狼煙の有無や色，または上げる順番などで情報を伝達していました。しかし，
この方法には風の影響による正確性の問題がありました。例えば，狼煙を２本上げる場合，無風状
態のときには狼煙が明確に２本立ち上がるため，正確に情報を伝達することができますが，強風状
態のときには，狼煙が流されて１本に見えてしまい，誤った情報が伝えられる可能性がありまし

た。また，色味も風の影響でぼやけてしまう可能性もありました。このように，煙のような連続体の性質をもつ物質は，その境目が曖昧で明確な区別が困難です。この狼煙の煙の例は，アナログの一例といえます。

　この問題を解決するため，1本の狼煙だけを使用する方法が考案されました。風に流されたとしても，色味が薄まったとしても，狼煙が上がっている，または上がっていないという2通りの状態のみを使用することで，風の影響を受けても明確に情報伝達が可能となります。「狼煙が上がっている＝敵の攻撃あり」，「狼煙が上がっていない＝敵なし」という定義をすることで，より確実な情報伝達が実現しました。このように，太古から人間は，2つの異なるものがあればあらゆる種類の情報をシンプルかつ正確に伝えられることを経験上知っており，この考え方は，コンピュータの世界で使用される2進数（0/1）の概念に通じています。

　コンピュータでは，数値・文字・画像・音声などのデータを処理しますが，これらのデータはすべて，0と1の組み合わせで表現されています。これらは電気信号の電圧の高低によって表現されます。例えば，あるしきい値より高い電圧を1，低い電圧を0として扱うことができます。

　0または1がデータとして扱われる最小単位となり，ビット（bit）という単位で呼ばれます。しかし，1 bitでは，2種類のものしか表現できないため，さまざまなデータを表現するには不十分です。複数のbitを組み合わせることで，表現できる種類を増やすことが可能です。例えば，2桁の2進数では，00，01，10，11と4種類のものを表現することができます。図3.2に示すように，1 bit増えるごとに2倍の種類のものを表現することができ，n bitで，2^n種類のものを表現できます。一般的に，コンピュータでは8 bitを1単位としてまとめ，これをバイト（Byte）と呼びます。

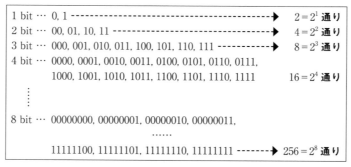

図3.2 bit数と表現できるデータの数

3.2.2　アナログ－ディジタル変換

　アナログデータをディジタルデータで表現するには，標本化（Sampling），量子化（Quantization），符号化（Encoding）の3つの技術を用いて，アナログ－ディジタル（AD：Analog to Digital）変換を行います。ここでは，信号発生器で生成された振幅が1 V，周期が1 sのアナログの正弦波を例に説明します。図3.3（a）は，横軸に時間（s），縦軸に電圧（V）をとり，実線でアナログの正弦波を示しています。このアナログの正弦波の電圧（V）と時間（s）は，アナログデータであり実数の値をもちます。AD変換は，生成されたアナログ電圧値を最も近いディジタル値に置き換えることに相当します。

図 3.3 (b) と (c) では，実線で示される元のアナログデータの電圧値を読み取るため，横軸の時間軸と縦軸の電圧軸を一定の間隔に区切っています。時間軸に対して，ある一定の時間間隔でディジタルデータを取得することを標本化といいます。時間と電圧の区切り線の交点に着目し，アナログデータの電圧値に最も近い交点の電圧値をディジタルの数値として取得することを量子化といいます。ここでは，得られたディジタルの数値を点で表示しており，各点が示すようにディジタルデータは離散的な整数値となります。図 3.3 (b) は高い分解能，図 3.3 (c) は低い分解能での標本化と量子化の例を示しています。

図 3.3 (a) の元のアナログデータでは，電圧値の最大値は 1 V，最小値は -1 V でした。図 3.3 (b) では，標本化と量子化が高い分解能のため，ほぼ同値の電圧値が取得されています。一方，図 3.3 (c) では，標本化と量子化が低い分解能のため，量子化誤差が生じ，電圧の最大値がより低値で，最小値がより高値で取得されています。このように，AD 変換には常に誤差が存在する特徴があり，この誤差を小さくするためには，標本化と量子化を十分に高い分解能で行うことが重要となります。

さらに，量子化されたディジタルの数値を，元の数値に戻せるような別の符号に変換することを符号化といいます。ここでの符号とは，情報を伝達するためのルールや体系を意味します。

AD 変換における符号化で重要なのは，ディジタルの数値と符号の間で双方向の変換ができることです。つまり，変換できるルールに従った一意の符号体系を割り当てる必要があります。AD 変

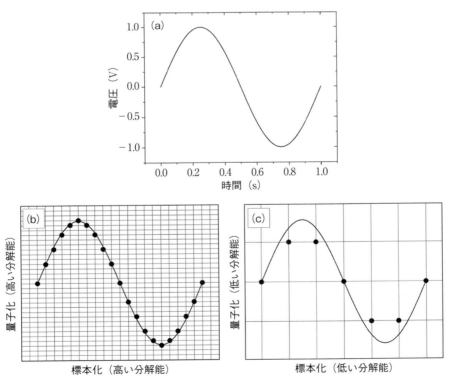

図 3.3　正弦波のアナログ-ディジタル変換

(a) はアナログの正弦波，(b) は高い分解能の標本化と量子化，(c) は低い分解能の標本化と量子化
(実線は元のアナログデータ，各点はディジタルデータを示す)

換の場合，コンピュータという機械情報を取り扱うマシンと人間との間で相互に情報を伝達するための最適な符号として，2進数が用いられます。

図 3.3 (b) の例では，高い分解能で量子化された離散的なディジタルの数値を，適切な bit 長の2進数で表す符号に変換します。つまり，1 V から −1 V を含む量子化された範囲のディジタル値を 2^n (n は bit) の 2 進数に対応させます。この場合，量子化された区切り線の数に対して，符号化を 5 bit（32 通り）の 2 進数に変換すれば十分な分解能が得られます。

3.2.3 符号化と符号体系

これまで符号化については，コンピュータの情報処理と関係性が深い 2 進数を中心に説明してきましたが，ほかにも後述する 8 進数や 16 進数という符号化の符号（コード，Code）体系を採用することも可能です。コードのルール体系を明確に定義すれば，さまざまな種類の文字の記号を用いた符号化も実現できます。

コードと呼ばれるルールや体系にはさまざまな種類があり，コンピュータでは前述の 2 進数以外にも 8 進数，10 進数，16 進数などのコード体系が併用されています。また，図 3.4 に示すように，私たちの身のまわりには情報伝達の手段としてさまざまなコードが使われています。

(a) モールスコード（電信で用いられる可変長の文字コード，大文字と小文字の区別がない）
(b) 点字コード（指先の触覚によって読み取る，視覚障害者用の文字コード）
(c) JAN，EAN，UPC コード（一般的な商品識別用のバーコード，POS システムで利用される）
(d) ISBN-13 コード（世界の書籍を識別するための番号）
(e) QR コード（マトリックス型二次元コード，漢字も可能）
(f) データマトリックスコード（マトリックス型二次元コード，英数字のみ）
(g) Code128（アスキーコード，128 文字が可能）

図 3.4 身のまわりのさまざまなコード

3.3 基数変換

　数を数字といわれる文字を用いて書き表すことを，記数法と呼びます。また，ある基数すなわち，n 進数の n で表記された数値を，別の基数による表記に変換することを基数変換といいます。コンピュータの内部データは 0/1 の 2 進法で表現されますが，桁数が長くなると扱いづらくなる場合があります。そのため，2 進法だけでなく，10 進記数法（10 進法），8 進記数法（8 進法），16 進記数法（16 進法）を状況に応じて併用しています。本節では，さまざまな記数法や基数変換について学習します。

3.3.1 基数と重み

　位取り記数法とは，数字を並べて数を表す方法です。私たちが日常生活で使用している 10 進法は，位取り記数法の一つです。数字の並びが位を示すため，どのような数も 0 から 9 までの 10 個の記号を用いて表現できます。特に，ゼロという概念が確立していることが，位取り記数法を支える重要な要素となっています。例えば，512 を各桁で分解すると次のようになります。

$$512 = 500 + 10 + 2$$
$$= 5 \times 100 + 1 \times 10 + 2 \times 1$$
$$= 5 \times 10^2 + 1 \times 10^1 + 2 \times 10^0$$

ここで 10^0，10^1，10^2 は，それぞれ 1 の位，10 の位，100 の位を表し，重みと呼ばれます。重みを 10 の乗数で表すため，10 を基数と呼んでいます。コンピュータでは 10 進法以外に 2 進法，8 進法，16 進法なども使用されますが，これらの違いは基数の数値にあります。

　表 3.1 の進数変換表に示すように，10 進法，2 進法，8 進法，16 進法にはそれぞれ特徴があります。10 進法の加算では各桁が 9 を超えると位が上がります。このことは，繰り上がりともいわれます。2 進法は 2 を基数とした表記法であり，記号は 0 と 1 のみを使用します。これは電気信号の ON/OFF や電圧の高低などの 2 値の状態を表現するのに適しています。2 進法の加算では各桁が 1 を超えると位が上がります。

　10 進法と同様に，2 進法も 2 を基数とする重みによって分解できます。例えば 2 進数 110101（イチイチ ゼロ イチ ゼロ イチ，と発音）は，次のように表現されます。なお，2 進数と 10 進数など異なる表記法を併記する場合，$(110101)_2$，$(53)_{10}$ のように丸括弧の右下に下付き文字で表します。海外では 110101_{TWO} や 53_{TEN} という表記も見られます。

$$(110101)_2 = 1 \times 2^5 + 1 \times 2^4 + 0 \times 2^3 + 1 \times 2^2 + 0 \times 2^1 + 1 \times 2^0$$
$$= 32 + 16 + 0 + 4 + 0 + 1$$
$$= (53)_{10}$$

　8 進法は 8 を基数にした表記法であり，2 進数を下位から 3 桁ずつ区切り，0 から 7 までの 8 個の記号で表します。2 進数の桁数が 3 の倍数でない場合は，上位の桁に 0 を加えて 3 桁に調整しま

表 3.1 進数変換表

10 進数	2 進数	8 進数	16 進数
0	00000	00	00
1	00001	01	01
2	00010	02	02
3	00011	03	03
4	00100	04	04
5	00101	05	05
6	00110	06	06
7	00111	07	07
8	01000	10	08
9	01001	11	09
10	01010	12	0A
11	01011	13	0B
12	01100	14	0C
13	01101	15	0D
14	01110	16	0E
15	01111	17	0F
16	10000	20	10
17	10001	21	11
18	10010	22	12

す。また，各桁が7を超えると位上がりが行われます。例えば，2進数の $(10110011)_2$ を8進数に変換する場合，$(263)_8$（ニ ロク サン，と発音）になります。

$$(10110011)_2 = (010)_2 (110)_2 (011)_2$$
$$= (263)_8$$

　上記の例では，下位から3桁ずつ区切ると，$(10)_2$，$(110)_2$，$(011)_2$ となりますが，$(010)_2$，$(110)_2$，$(011)_2$ として考えます。次に，8進数 $(512)_8$ を重みで分解すると

$$(512)_8 = 5 \times 8^2 + 1 \times 8^1 + 2 \times 8^0$$
$$= 5 \times 64 + 1 \times 8 + 2 \times 1$$
$$= (330)_{10}$$

と表せます。

　コンピュータの内部で扱われる2進法では，大きな数を扱うと桁が長くなり扱いづらくなることがあります。そのような場合，16進数を用いて2進数の下位から4桁ずつ1個の数値に置き換え

る表現法がよく用いられます。この表記法は16を基数とした表現法で，0から15までに相当する16個の記号を1桁で表し，16で位上がりを行います。ただし，10進数で用いる表記法（0から9までの記号）は10種類しかないため，16進数では，追加の記号としてアルファベットのA，B，C，D，E，Fを用いることが一般的です。例えば，2進数の $(1011011)_2$ を16進数に変換すると，$(5B)_{16}$（ゴ ビィー，と発音）となります。

$$(1011011)_2 = (0101)_2 (1011)_2$$
$$= (5)_{10} (11)_{10}$$
$$= (5B)_{16}$$

上記の例では，下位から4桁ずつ区切ると，$(101)_2$，$(1011)_2$ となりますが，$(0101)_2$，$(1011)_2$ として考えます。

3.3.2 整数の2進数への基数変換

日常生活で使用されている10進数が，コンピュータの内部でどのように表現されているのかを理解するため，10進数から2進数への変換方法について説明します。この方法は基数変換と呼ばれます。ここでは，整数の2進数への基数変換について説明します。

2進数への変換は，10進数を基数である2で割り，その余り（剰余）を求めます。次に，2で割った商に対して2の剰余を求めます。この計算を商が0になるまで続け，得られた余りを逆順に並べることで10進数から変換された2進数が得られます。例として，10進数の $(30)_{10}$ を2進数に変換してみます。まず $(30)_{10}$ を基数2で割り，商 $(15)_{10}$，余り $(0)_{10}$ となります。次に商 $(15)_{10}$ に対して，再び基数2で割り，商 $(7)_{10}$，余り $(1)_{10}$ となります。この計算を最終的に商が0になるまで行い，2進数 $(11110)_2$ を得ます。

$$(30)_{10} = (1110)_2$$

3.3.3 小数を含む実数の2進数への基数変換

10進数が小数を含む実数の場合，整数部と小数部を分けてそれぞれ2進数に変換します。整数部の変換は前項で示した通りです。小数部の変換は，小数点以下の数値に基数2を掛けます。その解の小数点以下に再び基数2を掛け，その計算を小数が0になるまで繰り返します。2進数は，基数2を掛けて得られた解の整数部を順番に並べることで得られます。例として，10進数 $(30.375)_{10}$ を2進数に変換してみます。まず，整数部の $(30)_{10}$ と小数部 $(0.375)_{10}$ に分けます。整数部 $(30)_{10}$ は前述の方法で $(11110)_2$ となります。小数部の変換は以下のように続け，2進数 $(0.011)_2$ を得ま

す。最後に，整数部分の2進数と小数部の2進数を合わせることで，$(30.375)_{10}$ の2進数 $(11110.011)_2$ が得られます。

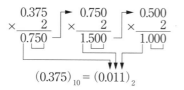

$$(0.375)_{10} = (0.011)_2$$

ただし，すべての小数が有限回の計算で2進数に変換できるわけではありません。有限の2進数で表現できる小数は $2^{-1}=0.5$, $2^{-2}=0.25$, $2^{-3}=0.125$, ..., 2^{-i}, ... のような，特別な無限級数の和に限られます。よって，それ以外の小数は無限小数となります。下記に10進数 $(0.318)_{10}$ を小数点5桁までの2進数に変換してみます。

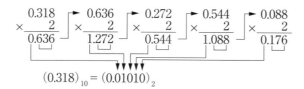

$$(0.318)_{10} = (0.01010)_2$$

得られた小数点5桁までの2進数 $(0.01010)_2$ を10進数に変換してみると

$$\begin{aligned}(0.01010)_2 &= 0\times 2^{-1}+1\times 2^{-2}+0\times 2^{-3}+1\times 2^{-4}+0\times 2^{-5}\\ &= 0.25+0.0625\\ &= (0.3125)_{10}\end{aligned}$$

となります。最初の数値 $(0.318)_{10}$ と，小数点5桁までの2進数を用いて逆換算した $(0.3125)_{10}$ との間には誤差が生じています。これは無限小数を有限の2進数の桁数によって表現しようとしたことに起因しています。コンピュータの内部でも，2進数の数値を保存するメモリの大きさに制限があり，ある一定の有限の桁数しか2進数を保存できない可能性があり，同様の数値誤差が生じている可能性を知ることが情報処理においては重要な点となります。なお，10進数から8進数，10進数から16進数への変換も，基数をそれぞれ8，16に変更するだけで同様の方法で計算可能です。

3.4　論理回路と論理演算

人は行動を決定する際，いくつかの条件を判断しています。例えば猫を飼うときには，動物が好きかどうか，自宅で育てることができるか，希望する猫との相性がいいか，ペットアレルギーの有無などの条件を判断して結論を導き出します。このように複数の条件から結論を導き出す過程を，論理と呼びます。猫を飼うときの例では，4つの条件すべてが「はい（Yes）」の場合，問題なく飼うという結論になります。ただし，人によっては，希望する猫に思い入れがあって相性は重視しな

い人や，ペットの飼育が制限される集合住宅でも飼育する人など，すべての条件を満たさなくても一部の条件を満たせばよい場合もあります。このような判断の基本である，「はい / いいえ」，「Yes/No」または「1/0」といった論理的な判断を記号で表現する方法の一つに，ブール代数があります。本節では，論理とブール代数，論理回路の回路記号と真理値表，半加算器と全加算器，数値の表現方法について学習します。

── 3.4.1　論理とブール代数

　ブール代数は，1847 年にイギリスの数学者ジョージ・ブール（George Boole）によって考案された真と偽（1 と 0）のみを対象とした数学です。真（Yes）/ 偽（No）の 2 つの条件を論理変数として，論理を数学的に表現したものです。ブール代数では，真 / 偽の論理変数を 1/0 という数字で表し，数学の定理を確立しています。表 3.2 にブール代数のさまざまな定理を示します。ここで A，B，C には，0 または 1 の数字が入ります。

　ブール代数がコンピュータの基礎学問として認識されるまでには長い時間を要しました。その転機となったのは，誕生から約 90 年後，クロード・シャノン（Claude Shannon）による 1938 年の修士論文でした。シャノンは，ブール代数とコンピュータの基礎となる電気回路が同等の役割を果たすことを発見し発表しました。さらに，この論文の中で，2 進数を表す単位として「bit」という用語を初めて書き記しました。これを契機として，コンピュータの誕生につながる技術が急速に発展していきました。

表 3.2　ブール代数の定理

定理	論理式
対合律	$\overline{\overline{A}} = A$
べき等律	$A \cdot A = A,\ \ A + A = A$
交換律	$A \cdot B = B \cdot A,\ \ A + B = B + A$
結合律	$(A + B) + C = A + (B + C),\ \ A + (B \cdot C) = (A + B) \cdot (A + C)$
分配律	$(A \cdot B) \cdot C = A \cdot (B \cdot C)$
吸収律	$A \cdot (A + B) = A,\ \ A + (A \cdot B) = A$
補元律	$\overline{0} = 1,\ \ \overline{1} = 0,\ \ A \cdot \overline{A} = 0,\ \ A + \overline{A} = 1$
同一律	$A \cdot 1 = A,\ \ A + 0 = A$
有界律	$A \cdot 0 = 0,\ \ A + 1 = 1$
ド・モルガンの定理	$\overline{A \cdot B} = \overline{A} + \overline{B},\ \ \overline{A + B} = \overline{A} \cdot \overline{B}$

── 3.4.2　論理回路の回路記号と真理値表

　ブール代数と電気回路や論理回路の関係について説明します。コンピュータのハードウェアにおいて最も中核となる電気回路は，CPU（第 4 章参照）内の，算術論理演算回路（ALU：Arithmetic Logic Unit）です。ALU は，0/1 のディジタル信号を使って算術演算と論理演算を行う中枢部分であり，ブール代数の論理（Logic）が電気回路の形で具現化された論理回路となっています。

　論理回路では，入力信号を受けとり，論理演算後の出力信号を生成します。このとき，2 つ以上

の入力信号を特定のルールにもとづいて変換して出力する素子を，一般的にゲートと呼びます。論理回路を回路記号で表す場合は，米国の軍事規格に由来する MIL（ミル，Military）記号として定められた MIL–806 を使用します。代表的回路記号として，1つの反転回路と5つの論理ゲート回路，すなわち NOT（ノット）回路，AND（アンド）ゲート，OR（オア）ゲート，NAND（ナンド）ゲート，NOR（ノア）ゲート，XOR（エックスオア）ゲートが用意されています。図 3.5 にそれぞれの回路記号と真理値表を示します。

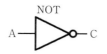

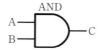

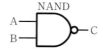

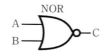

図 3.5 論理回路記号と真理値表

3.4.3 半加算器と全加算器

コンピュータの ALU の中で行われている処理は，5つの論理ゲートの組み合わせによって行われる足し算と比較だけといっても過言ではありません。加減乗除の計算もすべて加算にまとめることができ，数値の大小の比較も加算処理によって導き出されます。これらの計算は 0/1 の2進法を用いており，ブール論理の体系を直接利用しています。ここでは，加算するための論理回路や構成要素をブロックで表したブロック図で示し，加算のしくみについて説明します。

まず，2つの 1 bit 2 進数の入力 A と入力 B を加えることを考えてみます。図 3.6 に示すように，A と B の組み合わせには4通りがあります。例えば，左から2番目の 0+1 を例にとると，加算の結果 S（Sum Out）は 1 となり，上位の bit への桁上げ CO（Carry Out）は 0 となります。これに対して，1+1 の場合は，そのビットの値 S は 0 になり，同時に上位の bit CO への桁上げ 1 が生じます。つまり，入力の A，B はそれぞれ 0 か 1 ですが，出力はその bit 位置に残る値 S と，上位 bit への桁上がり CO の 2 bit となります。

```
  0     0     1     1  ← A
+ 0   + 1   + 0   + 1  ← B
─── ─── ─── ───
 0 0   0 1   0 1   1 0
                   ↑ ↑
                   CO S
```

図 3.6 半加算器の入出力の関係

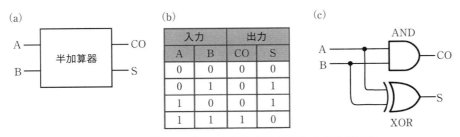

図 3.7 半加算器のブロック図と真理値表および論理回路
(a) ブロック図，(b) 真理値表，(c) 論理回路

　これらの入出力の関係を表したブロック図が，図 3.7 (a) です。その入出力の関係は，図 3.6 の 4 つの場合に応じて，図 3.7 (b) の真理値表で表すことができます。この真理値表から前述の手順に従って導かれる論理回路を図 3.7 (c) に示します。CO は A と B の AND ゲートによって，S は A と B の XOR ゲートによって表されます（図 3.5）。

　このような回路を，半加算器と呼びます。「半分」と呼ばれる理由は，上位の bit への桁上がりは考慮していますが，下位の bit からの桁上がりを考慮していないためです。

　では，任意の bit 長のデータを加算するにはどうしたらよいか考えてみましょう。まず，具体的に 4 bit の加算を行ってみます。図 3.8 は，4 bit で 3+3 を行い，結果の 6 を得る様子を示しています。

　この計算結果からわかることは，まず，最下位 bit の A+B で，1+1 を行って，その bit の値 S で 0 を決め，同時に上位 bit への桁上げ CO で 1 を出力することです。次の bit の A+B では，この桁上げ CO の 1 を CI (Carry In) として加えて，1+1+1 を計算し，その bit S の値を 1 とするとともに，さらに上位 bit への桁上げ CI の 1 を生じさせます。

　つまり，それぞれの 1 bit 加算器は，下位の桁からの桁上がりを含めて 3 つの 1 bit 数の加算，すなわち A+B+CI を計算できなければなりません。このような加算器を全加算器（FA：Full Ad-

```
    0 0 1 1 (3)₁₀
  + 0 0 1 1 (3)₁₀
  ─────────────
    0 1 1 0 (6)₁₀
```

図 3.8 全加算器の入出力の関係

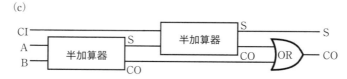

図 3.9 全加算器のブロック図と真理値表および半加算器のブロック図を含んだ論理回路

(a) ブロック図, (b) 真理値表, (c) 論理回路

der) と呼び，必要な bit 数だけ全加算器を並べることで，任意の bit 長のデータを加算することができます。

図 3.8 の入出力の関係を表したブロック図が，図 3.9 (a) です．その入出力の関係は，図 3.8 の計算結果に応じて，図 3.9 (b) の真理値表で表すことができます．この真理値表から半加算器の手順を加えて導かれる論理回路を図 3.9 (c) に示します．S は 2 つの半加算器の組み合わせによって，さらに CO は OR ゲートを加えることによって表わせます（図 3.7）．

図 3.8 の 4 bit の加算では，4 つの全加算器が必要です．ただし，最下位 bit の CI の入力は 0 です．

他の減算，乗算，除算においては，簡単に説明すると以下のような加算処理により計算が行われています．

(1) **減算**

2 の補数（後述）という数の表現法を用いて 2 進数の負の値をつくり出し，加算処理に変換しています．

(2) **乗算**

2 進数の bit パターンを，右または左にずらすシフト演算と加算処理を組み合わせています．

(3) **除算**

2 進数の bit パターンを，右または左にずらすシフト演算と加算処理を組み合わせています．

3.5　数値の表現方法

前節では，加減乗除の計算もすべて加算にまとめることができると説明しましたが，本節では減算について詳しく説明します．コンピュータの内部で行われる減算のしくみを学ぶことは，2 進数

を使用し負のディジタル数値をどのようにコード化して表現するのか，また，減算の計算をいかに加算に転換して ALU の中で単純な足し算に切り替えているのかを理解することにつながります。2 進数というコードの性質を熟知することは，コンピュータのハードウェアとソフトウェアの内部構造を深く理解することに役立ちます。

3.5.1　負の数の表現

10 進表示に対する 2 進符号の負の数の表現方法には，表 3.3 に示すように，符号と絶対値表示，1 の補数，2 の補数などがあります。これらの方法により，減算の計算がどのように加算に転換され，単純な足し算として処理されているのかを，具体的な計算例とともに説明します。

3.5.2　符号と絶対値表示とその特徴

負の数を表現するには，表 3.3 に示したように，最上位 bit を符号 bit とし，残りの bit で値を表すのが自然な考え方です。符号 bit では，正のときは 0，負のときは 1 を割り当てます。このとき，値を表す bit に絶対値を置くことで，直感的な表現になります。例えば，4 bit であれば，（+1）は 0001，（−2）は 1010 のように表されます。このような負の数の表現方法を，符号と絶対値表示と呼びます。

符号と絶対値表示は，直感的にはわかりやすい表現方法ですが，実際の計算では扱いにくい性質

表 3.3　いろいろな負の数の表示法

10 進表示	2 進符号		
	絶対値	1 の補数	2 の補数
+7	0111	0111	0111
+6	0110	0110	0110
+5	0101	0101	0101
+4	0100	0100	0100
+3	0011	0011	0011
+2	0010	0010	0010
+1	0001	0001	0001
+0	0000	0000	0000
−0	1000	1111	
−1	1001	1110	1111
−2	1010	1101	1110
−3	1011	1100	1101
−4	1100	1011	1100
−5	1101	1010	1011
−6	1110	1001	1010
−7	1111	1000	1001
−8	----*	----*	1000

＊ 4bit では表示できない

$$
\begin{array}{ccc}
& 0001 & (+1) \\
+ & 1010 & (-2) \\
\hline
& 1011 & (-3\ ?)
\end{array}
$$

図 3.10 符号と絶対値表示での加算

があります。例えば，図 3.10 に示すように，（＋1）＋（－2）の計算を行おうとすると，どんなことが起こるでしょうか。

　まず，この計算で求められているのは足し算の結果ですが，符号が違うため，実際には引き算を行う必要があります。ここで問題になるのは，どちらの数からどちらを引くかの判断です。この場合，絶対値で比較すると 2 ＞ 1 であるため，010 － 001 という減算をやらなければなりません。その結果として 001 を得られますが，さらにその符号は，絶対値が大きいほうの数 1010 の先頭の符号 bit の負である 1 を付加する必要があります。このような手順を経て，ようやく答えの 1001，すなわち（－1）が求められます。

　このように，符号と絶対値表示は，計算過程が面倒なため，負の数の表現法として適していないことがわかります。

3.5.3　補数による表現法

　符号と絶対値表示は直感的にわかりやすいですが，計算の際に符号と絶対値をそれぞれ確認しなければ処理ができないという欠点があります。

　このため，符号を特別扱いせずに演算が行える表現法として，2 の補数という表現法が使用されます。この方法では，負の数 $-x$ を，2^n-x で表現します。ここで，n は bit 数です。表 3.3 に，4 bit での 2 の補数表現を示しています。この表からわかるように，2^4-x によって $-x$ を表現します。すなわち，－1 の場合は $2^4-x=(16-1)_{10}=(15)_{10}=(1111)_2$，－2 の場合は $2^4-x=(16-2)_{10}=(14)_{10}=(1110)_2$ となります。このため，符号と絶対値表示とは異なり，絶対値としてみると－1 の $(1111)_2$ が，－2 の $(1110)_2$ よりも大きい値をもつという特徴があります。

　2 の補数表示と似た表現に 1 の補数があります。1 の補数の定義は，2^n-x-1 です。ここで，2^n-1 は，1 を n bit 並べたものなので，4 bit の場合，$2^4-1=(16-1)_{10}=(15)_{10}=(1111)_2$ となります。そのため，実は 1 の補数 2^n-x-1 は，x の 0 と 1 を反転したものとなります。すなわち，正の数＋2 の $(0010)_2$ に対して，負の数－2 の 1 の補数 2^n-x-1 は，$(2^4-2-1)_{10}=(13)_{10}=(1101)_2$ となり，0 と 1 が反転した表現法となります。表 3.3 の 1 の補数では，正の数に対して，負の数は 0 と 1 が反転していることに気をつけてください。

　2 の補数と 1 の補数の定義を比較すると，2 の補数＝1 の補数＋1 であることがわかります。したがって，ある数の 2 の補数を求めるには，まず 0 と 1 を反転して 1 の補数を求め，それに 1 を加えればよいことになります。

　さらに，表 3.3 からわかるように，0 の表現が，符号と絶対値と 1 の補数では，2 通りずつ存在しますが，2 の補数はすべて 0 の 1 通りしかありません。このため，0 であることの判定も容易です。また，2 の補数は表現可能な範囲も符号と絶対値，1 の補数と比べて 1 つ広くなります。

—— 3.5.4 2の補数による計算

　ここで，符号と絶対値表示で行った（+1）+（−2）の計算を使い，2の補数の加算を行ってみます。図3.11に示すように，これは0001+1110を計算することになります。このとき，符号bitの値を何も気にせずに加算すると，1111が得られます。これは−1を表しており，正しい結果であることがわかります。

　この根拠は，図3.11の右のように示すことができます。2の補数の場合，表現形式から実際には，（+1）+（−2）を$1+(2^4-2)$という計算を行っています。この結果，表現上は，(2^4-1)となり，これは−1を表す2の補数となります。すなわち，$2^4-1=(15)_{10}=(1111)_2$です。

　図3.12では，さまざまなケースでの具体的な計算例を確認できます。

　基本的には，負の数同士の加算も含め，符号bitも通常のbitとして加算して，符号bitからの桁上げを無視することで正しい結果が得られることが証明できます。すなわち，4bitの加算で符号bitからの桁上げとなる2^4を無視することで，正しい結果を得ることができます。ただし，注意すべき点として，同じ符号の数を加えて符号bitの値が変化した場合は，「オーバフロー」と呼ばれる，扱える数値範囲を超えてしまう状態となります。例えば，0111（+7）+0001（+1）=1000（+8）の計算の場合，表現できる範囲を超えてしまい，オーバフローとなります（表3.3参照）。

$$
\begin{array}{rl}
  & 0001 \quad (+1) \\
+ & 1110 \quad (-2) \\
\hline
  & 1111 \quad (-1)
\end{array}
\qquad
\begin{array}{rl}
  & 1 \\
+ & 2^4-2 \\
\hline
  & 2^4-1
\end{array}
$$

図 3.11　2の補数表示による加算

$$
\begin{array}{rl}
  & 1111 \quad (-1) \\
+ & 1110 \quad (-2) \\
\hline
  & 11101 \quad (-3) \\
  & \downarrow \\
  & (無視)
\end{array}
\qquad
\begin{array}{rl}
  & 2^4-1 \quad (-1) \\
+ & 2^4-2 \quad (-2) \\
\hline
  & 2^4+2^4-3 \quad (-3) \\
  & \downarrow \\
  & (無視)
\end{array}
$$

$$
\begin{array}{rl}
  & 1111 \quad (-1) \\
+ & 0010 \quad (+2) \\
\hline
  & 10001 \quad (+1) \\
  & \downarrow \\
  & (無視)
\end{array}
\qquad
\begin{array}{rl}
  & 2^4-1 \quad (-1) \\
+ & 2 \quad (+2) \\
\hline
  & 2^4+1 \quad (+1) \\
  & \downarrow \\
  & (無視)
\end{array}
$$

図 3.12　2の補数表示による加算の例

3.6　文字の表現方法

　文字やテキストは，人間にとって読みやすく理解しやすい情報伝達のコードといえます。テキストをディジタル形式で表現するには，各文字が一意のコードに対応するようなコード体系をつくる必要があります。本節では，文字コードの歴史的変遷や，7bitの文字コード表であるアスキーコード表，さらに日本語のカタカナも表現可能にしたJIS7単位コード表について説明します。

─ 3.6.1 文字コードの歴史的変遷

表3.4 は，文字コードが電信技術の発達とともに変化してきた歴史を示しています。1824年の点字コードの発明から20年後，トン・ツーで言い表されるモールスコードが発明され，1800年代中旬以降はこのモールスコードを積極的に用いた電報がやりとりされるようになりました。特に，この時代の電信を用いた文字の配達サービスを支える機器の一つが，テレプリンタ（Teleprinter）です。テレプリンタは印刷電信機とも呼ばれ，テレタイプライタ（TTY：Teletypewriter, Teletype）ともいいます。「TTY」という言葉は，現在でも基本ソフトウェアの UNIX において，標準入出力の端末デバイスを示す用語として使用されています。

モールスコードは2進数のコードであり非常にシンプルでしたが，トン・ツーの2bitでつくり

表 3.4　文字コードの歴史的変遷

西暦	コードの種類	bit 数	基底コード数	大文字小文字区別	入力（装置）／出力（装置）	備考
1824	点字コード	6	64 コード	×	点字用タイプライタ（9 キー）／紙の凹凸	前置記号（数符，外字符，大文字符，つなぎ符，小文字符，二重大文字符）を使ってモード切り替え，$2^6 = 64$ コード
1844	モールスコード	可変	可変	×	電鍵／紙テープ	トン・ツーの発音
1846	モールスコード	可変	可変	×	ピアノ状キーボード（28 キー）／紙テープ，用紙印字	テレプリンタの誕生（ワシントン D.C. とニューヨーク間）シフトキーを使って 28×2＝56 キー相当 1849 年本格運用（フィラデルフィアとニューヨーク間）
1874	ボドーコード	5	64 コード	×	ピアノ状キーボード（5 キー）／紙テープ，用紙印字	テレプリンタのコード変更 Figure キー，Letter キーで入力モード切り替え，$2^5 \times 2 = 32 \times 2 = 64$ コード
1901	マレーコード	5	64 コード	×	タイプライタ式キーボード（30 キー）／紙テープ，用紙印字	テレプリンタのコード変更 CR/LF 導入，NULL，BLANK，DEL もコード割り当て，$2^5 \times 2 = 32 \times 2 = 64$ コード
1910	―	―	96 コード	○	タイプライタ式キーボード（48-54 キー）／用紙印字	手動または機械式のタイプライタのキーデザインが標準化 1つのキーに2文字割り当て，Shift キーでモード切り替え，48×2＝96 コード以上
1931	マレーコード	5	64 コード	×	―	マレーコードが国際標準化，国際電信アルファベット No.2（International Telegraph Alphabet No.2, ITA2）
1963	ASCII コード	7	128 コード	○	―	1963 年 ASCII コードを策定
1963	ASCII コード	7	128 コード	○	タイプライタ式キーボード（53 キー）／紙テープ，用紙印字	テレプリンタ（Teletype 社 Model 33 発売）一般のタイプライタと同等のキーボード この端末が後にコンピュータ端末として接続，多用される

出す可変長のコード体系には課題がありました。例えば，1 文字のテキストを送信する場合，アルファベットの E はトンを 1 回打つことで電信できますが，数字の 5 はトンを 5 回打つ必要がありました。より効率的に電信を行うため，固定長の文字コード体系が切望され，そのニーズに応える形で誕生したのが，1874 年に発明されたボドーコード（Baudot Code）です。ボドーコードは，5 bit のコード体系で 32 個の文字記号を表現することができます。また Figure キーと，現在の Shift キーの起源である Letter キーを備えており，電信入力のモードをこれらのキーを使って切り替えることで，32 個の 2 倍，合計 64 個の文字記号を表現して電信で活用しました。1901 年にボドーコードは改良され，マレーコード（Murray Code）に進化しました。マレーコードは，ボドーコードと同じ 5 bit のコードでしたが，現在のコンピュータのテキストファイルでも使われる改行を意味する制御文字コード，CR（キャリッジリターン，Carriage Return）と LF（ラインフィード，Line Feed）が誕生しコード化されていました。CR は，印字位置を行末から行頭に戻すための復帰コード，LF は紙を必要な行だけ上に送り出し，印字位置を下に移動させるための改行コードを意味しています。1931 年にマレーコードは国際標準化され，ITA2 という規格になりました。

　1930 年以降，マレーコードを中心に電信技術が発達しましたが，より人間にとって読みやすく，入出力しやすい情報伝達のための文字コードが時代のニーズとして高まりました。例えば，それまでのモールスコード，ボドーコード，マレーコードはすべてにおいてアルファベットの大文字と小文字を区別して電信することができず，また手動のタイプライターで入力する文字も電信では使えませんでした。そこで，ANSI（米国国家規格協会，American National Standards Institute）の前身である ASA（米国規格協会，American Standards Association）は，新しい 7 bit の文字コードを策定し，電信で表現できるコードの数を 128 個まで増やしたアスキー（ASCII，American Standard Code for Information Interchange）を発明しました。この ASCII コードは，英語やラテン文字を中心とした文字コード体系として確立されました。

3.6.2　7 bit の文字コード表とコード体系

　表 3.5 に，7 bit の文字コード表を示します。上側に一般的な ASCII コード表（ASCII または ISO（国際標準化機構，International Organization for Standardization）646），下側に SO（後述）コードを入力し日本語のカタカナも表現できるようにした JIS（日本産業規格，Japanese Industrial Standards）7 単位コード表（7 bit 構造の JIS X 0201）を示しています。ASCII コードは 128 個の記号を表現でき，そのうちの 95 個は目に見える形のグラフィック文字，33 個は目に見えない制御文字から構成されています。

　例えば，アルファベットの大文字の T の文字コードは上位 bit（b7 − b6 − b5）と下位 bit（b4 − b3 − b2 − b1）を合わせて，$(1010100)_2$ と表現でき，16 進数ならば $(54)_{16}$ となります。アルファベットの大文字と小文字は $32 = (20)_{16}$ ずつずれて配置されており，大文字と小文字の相互変換もプログラムなどで容易に行えるように工夫されています。表中の 12 個のコード（#，$，@，[，\，]，^，_，{，|，}，～）は各国で独自の文字に置き換え可能な領域として定められています。何も制御しない基底状態では，ASCII コードの標準の英数字や記号を入力できます。JIS7 単位コードの半角カタカナを入力したい場合は，$(0E)_{16}$ に定義された制御文字 SO（Shift Out）コードを入力することで，半角カタカナを打ち込めるモードに切り替えることができます。一方，$(0F)_{16}$ に定

表 3.5　7bit の文字コード表

ASCII コード表（上側）と SO コードを入力した JIS7 単位コード表（下側）

b4	b3	b2	b1	Hex	0	1	2	3	4	5	6	7
				b7	0	0	0	0	1	1	1	1
				b6	0	0	1	1	0	0	1	1
				b5	0	1	0	1	0	1	0	1
0	0	0	0	0	NULL	DLE	SP	0	@	P	`	p
0	0	0	1	1	SOH	DC1	!	1	A	Q	a	q
0	0	1	0	2	STX	DC2	"	2	B	R	b	r
0	0	1	1	3	ETX	DC3	#	3	C	S	c	s
0	1	0	0	4	EOT	DC4	$	4	D	T	d	t
0	1	0	1	5	ENQ	NAK	%	5	E	U	e	u
0	1	1	0	6	ACK	SYN	&	6	F	V	f	v
0	1	1	1	7	BEL	ETB		7	G	W	g	w
1	0	0	0	8	BS	CAN	(	8	H	X	h	x
1	0	0	1	9	HT	EM	)	9	I	Y	i	y
1	0	1	0	A	LF	SUB	*	:	J	Z	j	z
1	0	1	1	B	VT	ESC	+	;	K	[	k	{
1	1	0	0	C	FF	FS	,	<	L	\	l	|
1	1	0	1	D	CR	GS	-	=	M	]	m	}
1	1	1	0	E	SO	RS	.	>	N	^	n	~
1	1	1	1	F	SI	US	/	?	O		o	DEL

b4	b3	b2	b1	Hex	0	1	2	3	4	5	6	7
				b7	0	0	0	0	1	1	1	1
				b6	0	0	1	1	0	0	1	1
				b5	0	1	0	1	0	1	0	1
0	0	0	0	0	NULL	DLE	SP	―	タ	ミ		
0	0	0	1	1	SOH	DC1	。	ア	チ	ム		
0	0	1	0	2	STX	DC2	「	イ	ツ	メ		
0	0	1	1	3	ETX	DC3	」	ウ	テ	モ		
0	1	0	0	4	EOT	DC4	、	エ	ト	ヤ		
0	1	0	1	5	ENQ	NAK	・	オ	ナ	ユ		
0	1	1	0	6	ACK	SYN	ヲ	カ	ニ	ヨ		
0	1	1	1	7	BEL	ETB	ァ	キ	ヌ	ラ		
1	0	0	0	8	BS	CAN	ィ	ク	ネ	リ		
1	0	0	1	9	HT	EM	ゥ	ケ	ノ	ル		
1	0	1	0	A	LF	SUB	ェ	コ	ハ	レ		
1	0	1	1	B	VT	ESC	ォ	サ	ヒ	ロ		
1	1	0	0	C	FF	FS	ャ	シ	フ	ワ		
1	1	0	1	D	CR	GS	ュ	ス	ヘ	ン		
1	1	1	0	E	SO	RS	ョ	セ	ホ	゛		
1	1	1	1	F	SI	US	ッ	ソ	マ	゜		DEL

義されている制御文字 SI（Shift In）コードを入力すると，再び標準の ASCII コードを入力できる
モードに戻ることができます。

　世界の多くの書き言葉は 256 文字未満で表現できますが，日本語は表意文字の一つであり，漢和
辞典に記載されている約 50000 字を表現するには，$2^{16}=65536$ 通りの 16 bit の文字コード体系が必
要となります。アメリカの社会システムに適した 7 bit の ASCII コードでは，残念ながら日本語を
すべて表現することはできません。しかし表 3.5 の SO コードを入力した JIS 単位コード表に示す
ように，ASCII コードの体系を維持しつつ，半角のカタカナを表現できるように工夫されていま
す。

　文字コード体系は各国の文化や社会システムを反映し，時代とともに進化し改良されます。前述
したように，日本語は，16 bit の文字コード体系が必要でした。日本で主に使われている文字コー
ドを表 3.6 に示します。特徴として 1 文字のデータ量を増やすことで，日本語に関わる文字コード

表 3.6　日本語文字コードの種類

コード名	1文字のデータ量	利用・用途	備考
ASCII	1 Byte = 8 bit	英数字，電子メール	アルファベット，数字，記号，制御コードを7 bitで表したもので，アメリカ国家規格協会が策定。ANSIコードとも呼ぶ。
JIS	1 Byte（英数字）2 Byte（日本語）	電子メール	英数字，カタカナ，記号を7 bitまたは8 bit，漢字などを2 Byteで表したもの。電子メールなどはJISコードで送受信されることが多い。
Shift-JIS	1 Byte（英数字）2 Byte（日本語）	Windows 98/Me，mac OS 9 以前	JISコードをもとにすべての文字を2 Byteで表したもの。
EUC	1 Byte（英数字）2-3 Byte（日本語）	UNIX	UNIX環境で使われていた日本語文字コード。
Unicode	1 Byte（英数字）3 Byte（日本語）	Windows XP，mac OS X 以降	日本語だけでなく，多言語を1つの文字コードとして取り扱うもの。エンコード方式によって，UTF-16，UTF-8などが存在する。

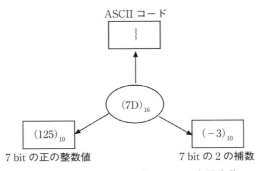

図 3.13　コード体系の違いによる表示変化

体系を構築しています。特に Unicode は，日本語だけでなく多言語も1つの文字コードとして取り扱います。また図3.13には，コード体系の違いによってディジタルデータがさまざまに変化する例を示します。このように $(7D)_{16}$ は異なるコード体系によって変化し，ASCIIコードでは「}」，7 bit の正の整数では「$(125)_{10}$」，7 bit の2の補数（3.5.4項参照）では「$(-3)_{10}$」として解釈されます。このような違いを文字コードに当てはめた場合，文字を正しく表示できない原因となるため，適切な文字コード体系を選ぶ必要があります。

参考文献

馬場敬信，コンピュータのしくみを理解するための10章，技術評論社，pp.60-64，pp.106-126（2005）
和保孝夫，アナログ/ディジタル変換入門：原理と回路実装，コロナ社，pp.1-46（2019）

Chapter 4 情報テクノロジー

　本章では，情報テクノロジーの基盤となるコンピュータについて，その種類と用途，構成要素，特徴を説明します。はじめに，サーバとクライアント，パーソナルコンピュータ，組み込みシステムなど，さまざまな形態のコンピュータについて解説します。また，コンピュータを構成するハードウェアとして，演算装置，制御装置，記憶装置，入力装置，出力装置の機能と役割について解説します。特に，コンピュータ内で重要な働きをする演算装置としてのCPUの構成や性能，主記憶装置と補助記憶装置のアクセス速度と記憶容量の関係に起因する記憶階層，入力装置と出力装置の特徴や取り扱い方法について取り上げます。さらに，内部機器用および外部機器用インターフェースの規格や特徴などについても解説します。

4.1　コンピュータの種類と用途

　コンピュータは，技術の発展とともに小型化と高性能化が急速に進んできました。コンピュータの性能指標として，FLOPS（フロップス，Floating-point Operations Par Second）が用いられます。FLOPSは，コンピュータの処理速度を表す単位の一つで，1秒間に実行できる浮動小数点数演算の回数を示します。1946年に発表されたENIACは幅30 m，高さで4 m，重量27 tという巨大なものでしたが，FLOPSで比較すると，2010年後半の高性能なパーソナルコンピュータは，約100万倍の性能をもっています。また，コンピュータはかつての科学技術計算用途から大きく広がり，第一次・第二次・第三次産業のすべてにおいて大きく活用されています。最近のコンピュータは，提供するサービスにより，サーバとクライアント，パーソナルコンピュータ，組み込みシステムに大別できます。本節では，これらの各種コンピュータが提供するサービスや使用目的，そして特徴について学習します。

4.1.1　サーバとクライアント

　サーバ（Server）は，複数のユーザにサービスを提供することを目的とした，大量の処理を行えるコンピュータです。これに対しクライアント（Client）は，そのサービスを受け取るコンピュータであり，複数のユーザが主にネットワークを経由して利用します。
　サーバは，提供するサービスによって規模や処理能力が多岐にわたります。その時代で最も大規模で高速なコンピュータはスーパーコンピュータといい，最先端の研究における科学技術計算を主目的としています。また，中規模で比較的高速なコンピュータは，メインフレーム（汎用コンピュータ）といい，企業の基幹業務などに利用されています。

これらの大型機は，かつては専用設計の回路と装置で構成されていましたが，現在では数千個以上の一般的な CPU（4.3 節で後述）をクラスタ化し，並列処理によって高速化を実現してサービスを提供しています。

4.1.2 パーソナルコンピュータ

パーソナルコンピュータ（PC, Personal Computer）は，パソコンとも呼ばれ，文字通り個人ユーザが利用するコンピュータで，主にオフィスでの業務・ソフトウェア開発・デザインなどの用途に使用されています。形状はデスクトップ型やノート型などがあり，比較的小規模なものが一般的です。現在のパソコンは，オペレーションシステム（第 5 章参照）に Windows や mac OS などを採用しているものが多く，個人ユーザが比較的簡単に操作できます。

4.1.3 組み込みシステム

組み込みシステム（Embedded System）は，手のひらサイズ以下の極小規模なコンピュータシステムで，家電製品などの内部に組み込まれて機器の制御を行います。近年では，スマートフォン，タブレット，ウェアラブルデバイスなど，さまざまな形態や機能をもつスマートデバイスが広く普及しています。

4.2 コンピュータの構成

サーバとクライアント，PC，組み込みシステムといったコンピュータは，それぞれの役割を分担しながらネットワークに相互接続され，システム全体として効率的に処理する運用が一般的です。これらのコンピュータは種類が異なっても動作の基本原理は同じであるため，コンピュータを構成する各装置の機能や相互関係を理解することが大切です。本節では，各装置がどのように情報や制御の流れを処理しているのかについて学習します。

4.2.1 ハードウェアとソフトウェア

機械は，人間の活動を便利にするためにつくられた道具です。一般的な機械は肉体労働の代わりに作業をしますが，コンピュータは頭脳労働の代わりに作業をする機械といえます。

現在主流のプログラム内蔵方式（ノイマン型）コンピュータは，人間の脳における機能や情報処理を，電気的な装置や記憶に置き換えて実行します。

コンピュータ用語では，人間の肉体にあたる部分つまり装置を「ハードウェア」，人間の脳の働きに相当する記憶や演算の内容を「ソフトウェア」と呼びます。

4.2.2 ハードウェア構成

ハードウェアは，機能により「コンピュータの 5 大装置」で構成されます（表 4.1）。

各装置は，バス（4.7.2 項で後述）と呼ばれる信号・通信線で相互に接続され，制御装置の指示に従って情報をやりとりしながら動作します。それぞれの装置の関係を，図 4.1 に示します。

現在のコンピュータでは，演算装置と制御装置は 1 つの装置にまとめられており，これを CPU

表 4.1　コンピュータの 5 大装置

装置名	機能
演算装置	計算や操作を行う
制御装置	各装置をコントロールする
記憶装置	情報を記憶する
入力装置	外部からコンピュータへ，情報を取得する
出力装置	コンピュータから外部へ，情報を送り出す

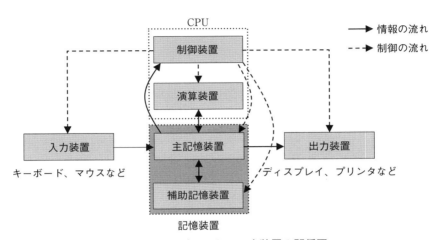

図 4.1　コンピュータの 5 大装置の関係図

表 4.2　記憶装置の分類

	主記憶装置	補助記憶装置
アクセス速度	速い	遅い
記憶容量	小さい	大きい
記憶保持	揮発（電源が必要）	不揮発（電源無しでも可能）
用途	一時的な記憶に利用	ファイルの記憶に利用

（中央処理装置，Central Processing Unit）またはプロセッサ，マイクロプロセッサと呼びます。

　記憶装置は，表 4.2 に示すように主記憶装置（メインメモリ）と補助記憶装置（ストレージ）の二種類に分類されます。現在の技術では，アクセス速度・記憶容量・不揮発性を低コストで両立することが困難なため，それぞれの長所を生かした組み合わせで用いています。

　前述の 5 大装置は概念的な分類であり，実際のコンピュータで中心となる装置は，マザーボード（Mother Board）またはメインボード上に配置されています。

　図 4.2 に示すように，マザーボードは CPU ソケットに CPU が実装され，冷却用のヒートシンクが装備されています。また，周辺機器を制御するチップセットを中心に構成されており，インターフェースを通じて外部機器を接続することで機能の追加が可能となります。マザーボードのサイズ

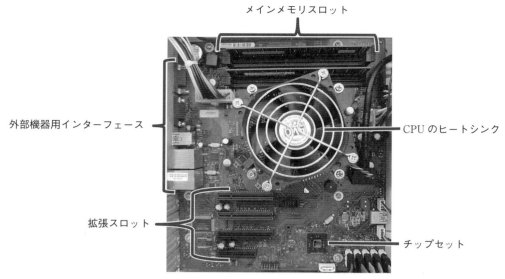

図 4.2　PC 用マザーボードの一例

はコンピュータの種類によって異なり，組み込みシステムでは数 cm 四方，高性能コンピュータでは 30 cm 四方以上になるものもあります。

また，高性能なコンピュータほど消費電力が増加し，発熱量が大きくなります。特に CPU は高温になるため，冷却を行う部品であるヒートシンクが装備され，空冷または液冷によって冷却する必要があります。どの程度の吸熱能力をもたせればよいかを決定するために使われる指標として，熱設計電力（TDP：Thermal Design Power）が用いられます。

4.3　CPU

近年の CPU は，スイッチング制御を行うトランジスタの微細化と集積度の向上により，大規模集積回路として高度な演算処理を行っています。本節では，CPU の構成と性能，CPU 内部の主要な装置の種類，およびその他の演算装置について学習します。

4.3.1　CPU の構成と性能

現在の演算装置は，電気的なスイッチング動作をする素子であるトランジスタの組み合わせで構成されています。高度な半導体技術である LSI（大規模集積回路，Large Scale Integration）により，トランジスタの微細化と集積度は年々向上し，CPU のトランジスタ数は初期の数千個から，2010 年代には数十億個以上まで増大しました。トランジスタ数が多いほど，より高い計算性能を得られます。

CPU の処理能力は，一般に次の項目で示されます。

　　ビット幅：一度に処理できるデータ量（単位：bit）
　　クロック周波数：動作速度を示す値で，1 秒間あたりに繰り返される回数（単位：Hz）

図 4.3 マルチスレッディングに対応した CPU INTEL CORE i7

［https://ja.wikipedia.org/wiki/CPU#/media/%E3%83%95%E3%82%A1%E3%82%A4%E3%83%AB:Intel_CPU_Core_i7_6700K_Skylake_top.jpg］より。

コア数：CPU の中心となる回路部分コア（core）の数

　CPU の誕生以来，クロック周波数と CPU 性能は比例して向上してきましたが，2000 年代に入り，電力と発熱の問題からクロック周波数の向上が難しくなってきました。
　そこで，さらに回路の集積度を上げて，1 チップの中にコアを複数実装（マルチコア）し，並列処理によって性能を向上させるようになりました。この際，複数の命令を同時実行する機能を，マルチスレッディングと呼びます（図 4.3）。
　また，CPU の性能はアーキテクチャ（基本設計概念，Architecture）によっても異なります。CPU の処理能力とサイズ・消費電力は，同時には成立しないトレードオフの関係にあります。
　RISC（リスク，Reduced Instruction Set Computer）は，シンプルな命令を少数用意して，それらを組み合わせて処理を実行します。小サイズ・低消費電力を重視する組み込み機器向けでの採用が多く，2010 年代中盤では，ARM ホールディングス社が開発した ARM アーキテクチャが市場の過半を占めています。また，新たなオープンな規格として，RISC-V（リスク・ファイブ）が注目されています。
　一方，CISC（シスク，Complex Instruction Set Computer）は，複雑な命令を多数用意して，一度に処理を実行します。処理能力を重視する PC 以上の機器での採用が多く，2010 年代中盤では，Intel 社の x86/x64 アーキテクチャが市場の過半を占めています。

表 4.3 CPU 内部の主な装置の種類

種類	機能
演算装置（ALU）	算術演算，論理演算，ビット演算を行う装置
制御装置	各装置をコントロールする装置
デコーダ（解読器）	命令を解読する装置
レジスタ	CPU に内蔵された小容量で高速な記憶装置で，以下の役割別に分かれている。 • 汎用レジスタ：演算に使用するデータを記憶 • 命令レジスタ：命令を記憶 • メモリアドレスレジスタ：操作対象のアドレスを記憶 • プログラムカウンタ：命令が保持する主記憶装置のアドレスを記憶

現在のコンピュータの大半は，記憶装置にデータと命令（プログラム）を区別せずに記憶させ，命令を解読しながら実行する「プログラム内蔵方式（ノイマン型）アーキテクチャ」を採用しています。CPU 内部の主な装置を，表 4.3 に示します。

CPU に，さらに主記憶装置や外部機器コントローラを加えて 1 つにまとめた電子回路を SoC（System on a Chip）と呼び，組み込みシステムで多く使われています。

4.3.2 その他の演算装置

グラフィックス処理や人工知能（AI）処理は，大量の演算を必要とするため，CPU でこれらの処理を行うとコンピュータ全体の速度低下につながります。そのため，専用の演算装置に処理を分けて，並行して実行させることがあります。

グラフィックス処理を専用で行う装置を，GPU（Graphics Processing Unit）と呼びます。高解像度かつ高速描画が必要な場合は，VRAM（Video Random Access Memory，画面処理用の高速な RAM）と合わせて使用することが必須になります（図 4.4）。GPU は並列計算性能が極めて高いため，近年ではグラフィックス処理だけでなく一般的な演算処理にも用いられるようになり，これを GPGPU（General-purpose Computing on Graphics Processing Units，GPU による汎用計算）と呼びます。

また，AI で用いられるニューラルネットワークも大量の演算を必要とするため，その処理に GPGPU を用いる場合や，専用の AI 用演算装置を実装して画像認識などの処理を高速化する例が増えています。

これらの演算装置も集積度の向上により小型化が進み，SoC に含まれつつあります。この結果，スマートデバイスの性能向上が加速しています。

図 4.4 GPU チップ

[https://ja.wikipedia.org/wiki/Graphics_Processing_Unit#/media/%E3%83%95%E3%82%A1%E3%82%A4%E3%83%AB:6600GT_GPU.jpg]より。

4.4　記憶装置

現在主流のコンピュータの記憶装置には，レジスタ，キャッシュメモリ，主記憶装置，ディスクキャッシュ，そして補助記憶装置などがあります。これらはアクセス速度と記憶容量の関係から，記憶階層を形成しています。本節では，主記憶装置や補助記憶装置の分類や性質を理解し，記憶階層との関係について学習します。

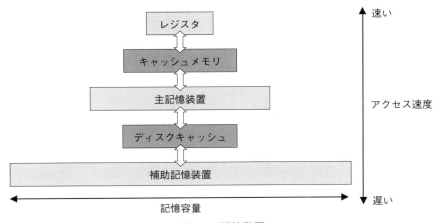

図 4.5　記憶階層

4.4.1　記憶階層

現在の記憶装置は，同じコストの場合，アクセス速度と容量が反比例の関係にあります。そのため，システム全体の性能を向上させるために，用途に応じて記憶装置を階層的に配置しています（図 4.5）。

記憶階層において，上下間の記憶装置はアクセス速度に大きな差があるため，このギャップを埋めるために「キャッシュ」と呼ばれる記憶装置を中間に配置しています。

4.4.2　主記憶装置（半導体メモリ）

現在の主記憶装置には，電気的にデータを記憶する「半導体メモリ」が用いられています。半導体メモリは，次の種類に分類されます。

(1) RAM（ラム，Random Access Memory）

読み書き可能で主記憶装置に用いる DRAM（Dynamic RAM，図 4.6）と，レジスタやキャッシュメモリに用いる SRAM（Static RAM）があります。どちらも記憶保持は，電力の供給が必要となる揮発です。

(2) ROM（ロム，Read Only Memory）

基本的に読み出し専用で製造時に情報が書き込まれ，後では内容変更できないマスク ROM（Mask ROM）と，特定の手順で書き込みが可能な PROM（ピーロム，Programmable ROM）があります。

図 4.6　DIMM（DRAM を複数搭載した主記憶モジュール）

さらに，内容の消去も可能なものを EPROM（イーピーロム，Erasable PROM）と呼び，これは補助記憶装置としても利用可能です。消去方式に紫外線を用いるものを UV-EPROM（Ultra-Violet Erasable Programmable ROM），電気を用いるものを EEPROM（Electrically Erasable Programmable ROM）と呼びます。フラッシュメモリは EEPROM の一種です。

4.4.3 補助記憶装置

補助記憶装置はストレージ（Storage）とも呼ばれ，記録方式やサイズによってさまざまな種類が存在します。現在多く利用されている種類を，表4.4 から表4.6 に示します。

表 4.4　磁気を利用した補助記憶装置

名称	説明
ハードディスクドライブ （HDD，Hard Disk Drive）	磁気ディスクを高速回転させて，磁気ヘッドで読み書きする装置。衝撃や熱に弱いという欠点がある。PC の補助記憶装置として広く採用されてきたが，現在は SSD に移行しつつある。
磁気テープ （MT，Magnetic Tape）	磁性体を塗布したテープ状のフィルムにデータを記録する。ランダムアクセスは遅いが，シーケンシャルアクセスでは比較的高速で，HDD や SSD よりも大容量なため，業務用のデータのバックアップやライブラリ用途に利用される。（写真は LTO カートリッジの内部）

表 4.5　半導体を利用した補助記憶装置

名称	説明
ソリッドステートドライブ （SSD，Solid State Drive）	フラッシュメモリに高性能コントローラを組み合わせた装置。高速アクセス・省電力・低発熱・低騒音・耐衝撃性など多くの利点があり，HDD からの置換が進んでいる。
eMMC （Embedded Multi Media Card）	フラッシュメモリにマルチメディアカード用コントローラを組み合わせた装置。SSD よりアクセス速度は劣るが，安価で小型化しやすいため，小型の端末での採用が多い。
USB フラッシュドライブ （USB Flash Drive）	フラッシュメモリに USB インターフェースを付けた装置。一般に「USB メモリ」と呼ばれることが多い。USB 規格の普及とともに広まった。
フラッシュメモリカード （Flash Memory Card）	フラッシュメモリをカードに内蔵した記録メディア。 主な規格： • SD メモリーカード（SD, SDHC, SDXC）（写真左） 　小サイズの microSD もよく使用される（写真右） • マルチメディアカード（MMC） • コンパクトフラッシュ（CF） • メモリスティック

表 4.6　レーザ光を利用した補助記憶装置

名称	説明
CD (Compact Disc)	CD 規格の光ディスクを利用した記録メディア。 規格： • CD-ROM，CD-R，CD-RW
DVD (Digital Versatile Disc)	DVD 規格の光ディスクを利用した記録メディア。 規格： • DVD-ROM • DVD-R，DVD+R，DVD-R DL，DVD+R DL • DVD-RW，DVD+RW，DVD-RAM
BD (Blu-ray Disc)	Blu-ray 規格の光ディスクを利用した記録メディア。 規格： • BD-ROM，BD-R，BD-RE • BDXL（3〜4 層での記録が可能）

光ディスクには規格が多くありますが，次の三種類に分類するとわかりやすくなります。

(1) 読み込み専用　ROM（Read Only Memory）
(2) 追記可能　R（Recordable）
(3) 書き出しや消去可能　RW（ReWritable），RE（REwritable）

補助記憶装置のメディアは手軽に持ち運びできるため，保管がおろそかになりやすい傾向があります。特に光ディスクは直射日光に弱く，窓際などに放置するとデータ破損が発生する可能性があるため，適切な保管が必要です。

これらの補助記憶装置は，コンピュータと直接ケーブル（USB ケーブルなど）で接続することが一般的ですが，ネットワークの高速化にともない，LAN 経由で接続する NAS（Network Attached Storage）も普及しました（図 4.7）。さらに，補助記憶装置をインターネット経由で接続で

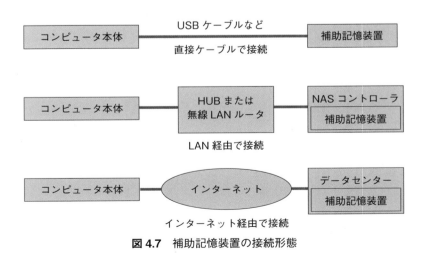

図 4.7　補助記憶装置の接続形態

きるオンラインストレージ（クラウドストレージ）サービスもあります。

4.5 入力装置

利用者がコンピュータに対して指示を行うための装置を入力装置（Input Device）と呼びます。入力する情報の種類によってさまざまな装置が存在します。本節では，ポインティングデバイス，キーボード，センサなどについて学習します。

4.5.1 ポインティングデバイス

GUI（グラフィカルユーザインターフェース，Graphical User Interface）において位置や方向を指示入力する装置を，ポインティングデバイス（Pointing Device）と呼びます。

図 4.8 に示すように，PC で従来から利用されているマウス（Mouse）やトラックボール（Trackball）は，X 方向の位置・Y 方向の位置・ボタンやホイールの状態を入力する装置です。

携帯機器で用いられるタッチパッド（Touchpad）やタッチスクリーン（Touchscreen）は，平面を直接指でタッチするため，より直感的な操作が可能になります。

図 4.9 に示すように，タップ以外の操作を認識するには，複数のタッチを同時に検出するマルチタッチ機能が必要になります。また，指では細かい操作が困難なため，デザイン作業や手書き入力ではスタイラスペンを用いて位置を指定するペンタブレット機能が利用されています。高機能な製

クリック（Click）
ボタンを押してすぐに離す

ドラッグ（Drag）& ドロップ（Drop）
ボタンを押したまま移動し、ボタンを離す

図 4.8 マウスの操作

タップ（Tap）
画面を押してすぐに離す

フリック（Flick）
画面上で指先を素早く移動

スワイプ（Swipe）
画面上で指先をゆっくり移動

ピンチイン/アウト（Pinch In/Out）
画面上で2本の指先の間隔を狭く/広くする

図 4.9 タッチスクリーンの操作

品では，画面を押す圧力値も検出できるものがあります。

4.5.2 キーボード

キーボードは，指でキーを押すことでコンピュータに文字や特定の機能の信号を入力する装置です。一般的なキーボードは100個前後のキーをもち，アルファベットについてはQWERTY配列が多く採用されています。

アルファベット以外のキー配置は国・地域の言語によって異なります。そのため，OS側でキーボードの種類を適切に設定しないと，キー入力と文字が一致しなくなるため，注意が必要です。図4.10に，日本語109キーボードの配置を示します。

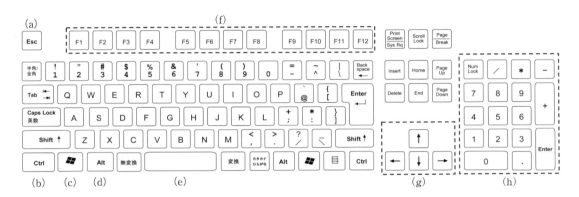

(a) エスケープキー，(b) コントロールキー，(c) Windows キー，(d) オルトキー，
(e) スペースキー，(f) ファンクションキー，(g) カーソルキー，(h) テンキー

図 4.10 日本語109キーボードの配置

4.5.3 センサ

周囲の現象を計測し，その情報を信号として入力する装置をセンサと呼びます。

図4.11に示すように，センサの小型化・省電力化の進展によって，スマートデバイスでは多様なセンサが活用されるようになりました。これらのセンサを用いて，コンピュータ以外の機器や周

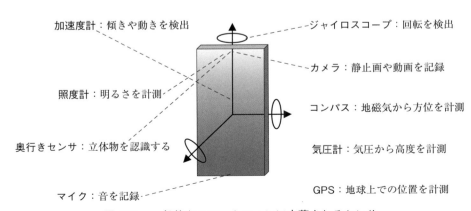

図 4.11 一般的なスマートフォンに内蔵されるセンサ

囲の情報をインターネットに接続することを IoT（Internet of Things）といいます。

4.6 出力装置

コンピュータから利用者へ情報を送出する装置を，出力装置（Output Device）と呼びます。本節では，ディスプレイ，プロジェクタ，3D 立体視装置，プリンタ，3D プリンタなどについて学習します。

4.6.1 ディスプレイ

画像を表示する装置を，ディスプレイ（Display）と呼びます。ディスプレイの方式は技術革新とともに変化してきました。

テレビの登場から長い間，ブラウン管とも呼ばれる CRT（陰極線管，Cathode Ray Tube）が用いられてきましたが，2000 年代頃から液晶ディスプレイ（LCD，Liquid Crystal Display）の低価格化・高性能化・大型化にともない，平面ディスプレイが主流となりました。2010 年代後半からは，薄型で自発光可能な有機 EL ディスプレイ（OLED，Organic Electro-Luminescence Display）が技術革新によって普及し始めました。有機 EL ディスプレイは自発光できるため，発光源が別途必要な液晶ディスプレイよりも薄く，発色もより鮮やかという特徴をもちます。

図 4.12 に示すように，ディスプレイは光の三原色，RGB，すなわち赤（Red），緑（Green），青（Blue）の 3 色を 1 つの画素（ピクセル，pixel）として縦横方向に並べて画面を構成しています。画素を離れた位置から見ると，RGB が混ざり合って一体になって見えます。この原理を利用して，RGB それぞれの輝度を調整することで多色表示を可能にしています。

ディスプレイのサイズは，画面サイズと画面解像度の 2 つの組み合わせで示されます。画面サイズは，画面の対角線の長さを指し，インチ単位（1 インチ＝2.54 cm）で表されます（図 4.13）。

画面サイズだけでは縦横比を示せないため，横と縦のピクセル数による画面解像度もあわせて表示されます（表 4.7）。

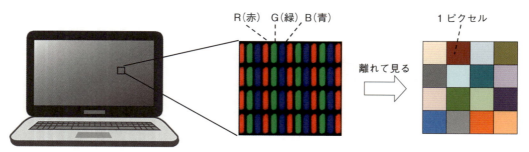

図 4.12 ディスプレイのピクセル

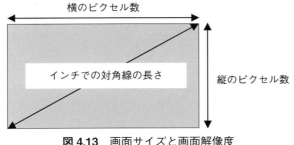

図 4.13 画面サイズと画面解像度

表 4.7 代表的な画面解像度

通称	画面解像度（横×縦）
VGA	640×480
SVGA	800×600
XGA	1024×768
WXGA	1280×800
HD	1366×768
FHD	1920×1080
4K	3840×2160
8K	7680×4320

4.6.2 プロジェクタ

プロジェクタは，図 4.14 に示すように，画像を投影する表示装置です。スクリーンなどへの大画面表示が容易なため，ホームシアター，プレゼンテーション，プロジェクションマッピングなどで利用されています。

市販のプロジェクタでは，液晶型と DLP（ディーエルピー，Digital Light Processing）型が主流となっています。色の再現性は白色の投影面で最も高くなりますが，深い黒を表現するには高輝度で投影するか周囲を暗くして，コントラスト比を高める必要があります。投影面の明るさは lm（ルーメン，国際単位系の単位の一つ）で示され，値が大きいほど明るく表示できます。

投影面に画像をくっきりと表示させるためには，プロジェクタのレンズと投影面の距離を調整して焦点を合わせる必要があります。ズーム機能があれば投影距離を変えずに微調整が可能ですが，この機能が無いものは単焦点と呼ばれます。

また，プロジェクタと投影面を直交して設置しないと，画面が台形に表示されてしまいます。これを長方形に補正する機能を台形補正機能と呼びます。これらの調整を自動的に行える高性能機種もあります。

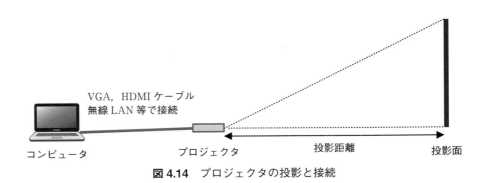

図 4.14 プロジェクタの投影と接続

4.6.3 3D 立体視装置

人間の立体認識は，左右の眼で見た像の差（視差）を脳内で処理することによって生じます。現在の 3D ムービーでのメガネや VR ゴーグル，HMD（ヘッドマウントディスプレイ，Head

図 4.15 3D 立体視の原理

Mounted Display）などは，左右の眼に視差分だけずらした画像を見せることで立体認識させる装置です（図 4.15）。

一般に，映画館での 3D 立体視では，偏光（光の波の振動方向）の違いを利用した「直線偏光式」と「円偏光方式」が採用されています。3D メガネは左右で異なる偏光フィルタを備えているだけで軽量な構造ですが，表示装置やスクリーンには偏光用の特殊な装置や加工が必要になります。

家庭用の 3D 立体視では，アクティブシャッター（液晶シャッター）式が主流です。この方式では，表示装置が高速で左右の画像を交互に表示し，これに同期して 3D メガネが左右を交互に片眼だけ見えるように動作します。常に片眼が閉じた状態になるため，画像が暗くなるという欠点があります。

VR ゴーグルは，左右の眼にそれぞれ独立した画面をゴーグル内に持つ装置です。重量が重くなる代わりに，最も臨場感が得られ，さらにゴーグルの姿勢センサと画面を連動させることで強い没入感を実現できます。

4.6.4　プリンタ

プリンタは，コンピュータからの情報を紙に印刷する装置です。プリンタでの色は，CMYK，すなわちシアン（Cyan），マゼンタ（Magenta），イエロー（Yellow），ブラック（Black）の 4 色の組み合わせで表現されています。階調表現力を高めるために，追加で中間色のインクを用いるこ

表 4.8　主なプリンタの印刷方式と特徴

印刷方式	説明	長所／短所
レーザプリンタ （Laser Printer）	レーザ光と静電気の作用（電子写真方式）でトナーを用紙に付着させて印刷する装置。「ページプリンタ」とも呼ばれる。	・印刷速度が速い ・1 枚あたりのコストが安い ・消費電力が大きい ・交換部品が高価（交換頻度は低い）
インクジェットプリンタ （Inkjet Printer）	微細なインクを用紙に吹き付けて印刷する装置。最近の機種は，美しいカラー印刷が手軽に可能なことから広く普及している。	・さまざまな紙の種類・サイズに対応しやすい ・1 枚あたりのコストが高い ・湿気や水に弱い
サーマルプリンタ （Thermal Printer）	インクリボンまたは感熱紙に，熱を加えて印刷する装置。家庭用フォトプリンタや FAX で利用される。	・機器サイズが小さい ・紙の種類やサイズが限定される
ドットインパクトプリンタ （Dot Matrix Printer）	微小なピンをもつヘッド部と用紙の間にインクリボンを挟んで，叩いて印刷する装置。業務で複写式伝票（宅配伝票など）の印刷に利用される。	・騒音が激しい

図 4.16 プリンタの印字品質

ともあります。

　印刷方式によって，プリンタの印字品質や対応用紙が大きく異なるため，以下の特徴を考慮して使い分ける必要があります（表 4.8）。

　プリンタの印字品質は，dpi（dot per inch，1 インチ（2.54 cm）あたりのドット数）で表されます。図 4.16 に示すように，数値が大きいほど精細な印刷が可能です。ただし，実際の印字品質は紙の種類や印刷設定によって変化するため，テスト印刷による目視確認が推奨されます。

　プリンタの印刷速度は，ppm（page per minute，1 分あたりに印刷できる枚数（ページ数））で表されます。なお，実際の印刷には，電源 ON 時や省電力モードからの復帰など，1 枚目の印刷開始までの待機時間も加わります。

4.6.5　3D プリンタ

　3D プリンタは，3DCAD や 3DCG などのデータをもとに，立体を造形する装置です（図 4.17）。1980 年代から大型で数百万円台の高価な装置は存在していましたが，2009 年頃から 3D プリンタに関する基本特許の保護期間が終了し始めたことで参入企業が増加し，一部の方式では卓上サイズの製品が数万円台で入手可能になるまで急速に低価格化が進みました。

　この技術革新は製造業に大きな変革をもたらしています。従来は市販されていない部品を入手するためには，工場で大量生産されるのを待つか，高額な費用での特注に頼るしかありませんでした。しかし，3D プリンタの普及により，個人でも少量を短時間で製作可能になりました。また，インターネット上で 3D データを共有して，創造の範囲を広げることも可能です。このような変革は，製造業のあり方を変えることから，メイカームーブメント（Maker Movement，メイカー革命）とも呼ばれています。

　比較的安価な 3D プリンタの方式には，光造形法と熱溶解積層法（FDM, Fused Deposition

図 4.17　3D プリンタ

Modeling）があり，いずれも ABS（合成樹脂の一種）やプラスチック等の樹脂を一層ずつ硬化させながら積み重ねて造形を行います。造形の自由度は高いですが，材料が樹脂であるため，完成品の耐久性や耐熱性が低いことが課題となっています。

4.7 インターフェース

ハードウェアにおけるインターフェースとは，複数の装置を接続する際に使用するしくみを指します。各インターフェースでは，コネクタ形状やケーブルの規格，通信方法などが種類ごとに定められています。本節では，信号方式，バス，内部機器を接続するインターフェース，外部機器を接続するインターフェースについて学習します。

4.7.1 信号方式

信号方式には，アナログ信号方式とディジタル信号方式があります。アナログ信号方式は，コンピュータ内部のデータを出力する際に，アナログ信号に変換してから伝送する方式です。アナログ信号の処理回路は比較的単純な構造で実現できるため，かつての周辺機器で多く採用されており，現在も一部の機器で使われています。

ディジタル信号方式は，コンピュータ内部のデータをディジタル信号のまま周辺機器へ伝送する方式です。技術の進歩により，ディジタル信号の処理回路が小型化・低コスト化し，現在では，広く普及しています。

4.7.2 バス

バス（Bus）は，各装置間でのデータ交換用の共通経路であり，シリアルバスとパラレルバスがあります（図 4.18）。

シリアルバスは，実際には他の用途の線も同一ケーブル内に入っていますが，データを 1 bit ずつ 1 本の信号線で送受信する方式です。長所は，扱いがシンプルでケーブルを細く，長くしやすい点です。短所は，一度に伝送できるデータ量が少ない点ですが，信号周波数を高めることで高速化が可能です。

パラレルバスは，データを複数ビット同時に複数の信号線で送受信する方式です。長所は，一度に伝送できるデータ量が多い点です。短所は，同期処理などを行う必要があるため扱いが複雑で，

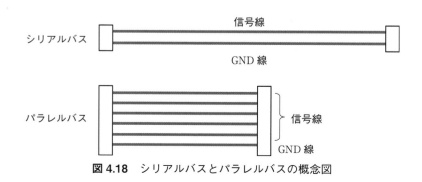

図 4.18 シリアルバスとパラレルバスの概念図

ケーブルが太く，短い距離しか送れない点です。

近年では，回路技術やケーブル品質の向上により，ディジタル信号方式のシリアルバスでの高速伝送が可能になり，主流となっています。

—— 4.7.3 内部機器を接続するインターフェース

PC における代表的な内部機器接続インターフェースを，表 4.9 に示します。

これらは主にコンピュータ内部で使われているため，デスクトップ PC で内蔵機器を取り扱う際に触れることになります。

表 4.9 主な内部機器用インターフェース

規格名	説明
PCI	拡張カード用のスロット規格。
PCI Express (PCIe)	高速な拡張カード（グラフィックカード等）のスロット規格。 SSD 用新規格の NVM Express がある。
ATA	PC 本体と補助記憶装置を接続するパラレルバス規格のインターフェース。 IDE（EIDE）とも呼ばれ，ケーブルがリボン状で幅があり，取り回しが困難。
SATA （シリアル ATA）	PC 本体と補助記憶装置を接続するシリアルバス規格のインターフェース。 ATA（EIDE）の後継として広く普及。
M.2 （エムドットツー）	小型の内蔵拡張カード用の規格。 主にノート PC やタブレットの補助記憶装置や通信機器の接続に使用。

—— 4.7.4 外部機器を接続するインターフェース

（1）USB

USB（ユーエスビー，Universal Serial Bus）は，PC 本体と周辺機器を接続するシリアルバス規格のインターフェースです。信号伝送だけでなく周辺機器への給電も可能ですが，規格によって性能が異なります（表 4.10）。汎用性が高く，さまざまな周辺機器の接続に利用されています。

USB は規格に合わないケーブルを使用すると，伝送速度が低下したり，接続エラーが発生したりします。図 4.19 に示すように，コネクタの形状も多様なため，購入・使用時には注意する必要があります。

Type-C は USB 3.0 で登場した規格で，USB4 でも採用されています。小型で裏表の区別がなく，高速かつ大容量給電が可能なため，スマートフォンやノート PC での採用が増えています。

表 4.10 USB の主な規格

規格名	最大データ転送速度	用途
USB 1.1	12 Mbps	キーボード，マウス，プリンタなど。
USB 2.0	480 Mbps	補助記憶装置など。給電可能（500 mA）
USB 3.0	5 Gbps	大容量・高速の補助記憶装置など。給電可能（900 mA）
USB 3.1	10 Gbps	大容量・高速の補助記憶装置など。給電可能（1000 mA）*
USB4	40 Gbps	大容量・高速の補助記憶装置など。給電可能（5000 mA）

*USB Power Delivery（USB PD）への対応でさらに大容量の給電が可能

図 4.19　USB コネクタの種類と形状

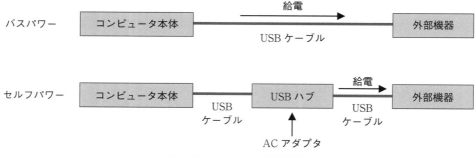

図 4.20　USB での給電形態

　USB4 は，Intel 社と Apple 社が共同開発したデータ転送技術「Thunderbolt 3」をベースとしており，最大 40Gbps のデータ転送速度を可能としました。そのため，USB4 と Thunderbolt 3 には互換性があります。

　USB での給電には，コンピュータ本体から直接給電するバスパワーと，USB ハブに接続したACアダプタから給電するセルフパワーがあります。バスパワーは給電能力が低いため，大きな電力が必要な外部機器は，セルフパワー接続するか外部機器に直接電源を接続する必要があります（図 4.20）。

(2) さまざまな外部機器向けインターフェース

　多部機器の接続には，用途に応じてさまざまな規格が存在します。表 4.11 に，代表的な外部機器向けインターフェース規格を示します。

　RS232C は，PC とモデムなどを接続するためのシリアル通信用インターフェース規格の一つです。現在も，工場などで使用される計測機器との通信や，通信機器の設定・メンテナンスなどに使用されています。

(3) ディスプレイ用インターフェース

　ディスプレイを接続するインターフェースには，さまざまな種類があります（表 4.12）。

　一般の利用ではディジタル規格のインターフェースが普及していますが，サーバやプロジェクタへの接続では，依然としてアナログ規格の VGA が多く使われています。

　薄型のノート PC やスマートフォン，タブレットにはこれらのディスプレイ用インターフェースが搭載されていないことが多く，接続には変換ケーブルが必要となる場合があるため注意が必要です。

表 4.11　さまざまな外部機器向けのインターフェース規格

規格名	説明
IEEE1394 （FireWire, i.LINK）	主に AV 機器や補助記憶装置を接続するシリアルバス規格のインターフェース。USB 規格の高速化・高機能化にともない，利用が減少。 （画像左は標準端子，画像右はミニ端子）
SCSI （スカジー）	PC 本体と補助記憶装置を接続するパラレルバス規格（一部にシリアルバス規格あり）のインターフェース。信頼性が高く，サーバ用途で多く使われてきたが，現在はシリアルバスの SAS 規格に移行。
RS232C （シリアルポート）	PC 本体と通信機器を接続するシリアルバス規格のアナログ信号インターフェース。現在でもネットワーク機器，計測機器などで広く使用。 （画像は，D サブ 9 ピンの一般的な端子）
Thunderbolt （サンダーボルト）	PC 本体と周辺機器と接続するシリアルバス規格のインターフェース。新しい技術を用いて幅広い周辺機器と高速通信が可能。同世代の USB 規格と比べて高速で高機能である。 Thunderbolt 2 は，ミニ DisplayPort 端子（表 4.12 参照），Thunderbolt 3 は，USB type-C を採用（図 4.19 参照）。
マイク端子	PC 用のマイク端子は，オーディオ機器でもよく使われているミニプラグだが，モノラル音声（ステレオ音声ではない）対応のため，注意が必要。

表 4.12　ディスプレイを接続するインターフェース

規格名	説明
VGA （アナログ RGB） （D-Sub15pin）	長年 PC 本体とディスプレイの接続で使われてきたアナログ信号のインターフェース。安価で動作が安定しているため，サーバやプロジェクタでは現在も主流。
DVI	アナログの VGA に代わって普及したディジタル規格のディスプレイ用インターフェース。端子が大きいためノート PC ではほとんど採用されず，DisplayPort や HDMI の普及により減少傾向。
DisplayPort （ディスプレイポート）	ディジタル規格のディスプレイ用インターフェース。DVI より端子が小型で，超高解像度やマルチディスプレイ環境に対応しやすい。 端子には，標準（画像上）・ミニ（画像下）がある。
HDMI	主に家電テレビやレコーダーで普及しているディジタル規格の端子。PC 用ディスプレイやプロジェクタでも採用されている。 端子には標準・ミニ・マイクロサイズがあり（画像は標準規格），バージョンにより，PIXEL CLOCK，帯域幅，伝送速度などの規格が異なる。

参考文献

馬場敬信，コンピュータアーキテクチャ（改訂 3 版），オーム社，pp.1-13（2011）

Chapter 5 ソフトウェア

　本章では，コンピュータを動作させる命令や処理手順のまとまりである「ソフトウェア」について学びます。まず，PCやスマートフォンなどコンピュータを動かすために必要なソフトウェアの概要とプログラムの作成手順について示します。次に，ソフトウェアのうち，オペレーティングシステムと呼ばれる基本ソフトウェアと文章作成や表計算，ゲームなど特定の目的をもったアプリケーションソフトウェアについて詳しく説明します。また，文章や音楽と同様に，ソフトウェアも知的財産権によって保護される著作物の一つです。そのため，本章の最後では，ソフトウェアライセンスについても解説します。

5.1　プログラムとソフトウェア

　ソフトウェアとは，コンピュータを動作させる命令や処理手順のまとまり（コンピュータ・プログラムともいう）を意味し，処理の対象となるデータや処理に必要な補助的なデータも，ソフトウェアの一部として見なされています。「プログラム」という言葉は，本来は「手順を正確に記した文章」を指し，古代ギリシア語の $πρόγραμμα$（prógramma）に由来します。古代ギリシアでは，この言葉は，1）催事の時系列順のスケジュール，2）催事の具体的な内容，3）近い将来開かれる催事や劇場のカレンダーなどを表していました。現代のソフトウェアやプログラムは，情報処理の手順をあらかじめ順序立てて規定し，ある条件が満たされたときや何らかのタイミングで取るべき処理を定めた，ハードウェアに対する命令手順書といえます。

　私たちの身のまわりには数多くのソフトウェアが存在します。例えば，仕事や学校で使用するPCやタブレット端末，スマートフォンはソフトウェアによって制御されて動作し，テレビ，炊飯器，電子レンジ，エアコン，自動車，信号機などにもソフトウェアが組み込まれています。このように，身のまわりのあらゆる場面でソフトウェアが活用されており，コンピュータシステムの正常な動作と社会システムの維持を支えているのです。

　世界で初めて「ソフトウェア」という言葉が使われたのは，1958年の米国数学月報に掲載された論文とされています。物理的な形を有し，電子回路などの装置から成り立つ「ハードウェア」という言葉は以前から存在しましたが，それと対比する形で「ソフトウェア」という言葉が誕生したと考えられています。論文では，ソフトウェアは「注意深く練られた解釈ルーチン群，翻訳プログラム，そして自動プログラミング」から成り立つと記されています。当時はまだ現在のような高機能なコンピュータは存在せず，電子計算機のことをコンピュータと捉え，ハードウェアの一つとして認識されていました。この電子計算機は，手動の機械式計算機と対比させて「自動計算機」とも

呼ばれ，計算が開始されると処理が進み，人の手を掛けなくても計算終了まで自動で終わる汎用型の計算機でした。文字処理や四則演算の単純な計算だけでなく，情報処理や複雑な数値計算にも使用され，その制御を司る命令群が「ソフトウェア」と定義されていました。

ソフトウェアの大きな特徴は，物理的な実体をもたない抽象的な存在であることです。家電製品に組み込まれたソフトウェアは主に ROM（Read Only Memory）という IC チップの中に格納され，デスクトップ PC やノート PC など汎用型コンピュータの場合，ソフトウェアはハードディスクドライブや SSD，USB フラッシュメモリ，CD，DVD，BD などの補助記憶装置に保存されています。ソフトウェアは実体がないために，経年的な劣化はせず，ハードウェアのようなメンテナンスや保守といった作業を必要としません。

最後に，プログラムの作成手順について概説します。プログラムはハードウェアを制御する命令列の集まりであり，特に CPU を制御することに重きを置いて作成されています。CPU の種類が異なれば，CPU の設計構造に合わせてプログラムをつくり直す必要があります。CPU を直接動作させることができる命令群は，0/1 の 2 進数で記述されたマシンコード（Machine Code）のみです。人間が直接 0/1 を使って CPU のマシンコードを書き出すことは困難であるため，まずソースコード（Source Code）と呼ばれる，人間でも可読なテキストの文字列を使ってプログラムの源を作成します。かつてはこのテキストの文字列は，マシンコードに近いアセンブリ言語を用いて記述されることが一般的でした。CPU に特化したアセンブラというプログラムを使ってアセンブリ言語のソースコードをオブジェクトコード（Object Code）に翻訳し，複数のオブジェクトコードをリンカというプログラムを使って結合し，ようやく CPU に最適化された 0/1 から成り立つマシンコードが完成します。このマシンコードは，CPU で即実行可能にするプログラムであり，プログラムコード（Program Code）またはコンピュータコード（Computer Code）と呼ばれ，これらを包含する言葉が，「ソフトウェア」です。

5.2　オペレーティングシステム

オペレーティングシステム（OS：Operating System）は，コンピュータのさまざまな資源を適切に活用するためのソフトウェアであり，「基本ソフトウェア」と呼ぶこともあります。ここでいう「資源」とは，ハードウェアである CPU，記憶装置，入出力装置を介して接続される各種デバイス，そしてソフトウェアであるデータやプログラムなどを指します。

オペレーティングシステムは，ユーザもしくはアプリケーションソフトウェアとハードウェアの橋渡しを行うソフトウェアです。そのため，コンピュータシステムを容易に操作するために，ほとんどのコンピュータシステムにはオペレーティングシステムが導入されています（図 5.1）。

コンピュータでは，さまざまなプログラム，データ，デバイスを扱います。プログラムを実行する際には，必要なデータを主記憶上に配置して CPU で計算処理を実施し，補助記憶装置に適切なデータを記憶するなどの処理が必要です。これらの処理を，ユーザやアプリケーションソフトウェアの代わりにオペレーティングシステムが行っています。代表的なオペレーティングシステムとしては，主に PC 用途の Microsoft 社の Windows，Apple 社の mac OS，Unix 系のオペレーティングシステムとして Linux があります。また，スマートフォンのオペレーティングシステムとして

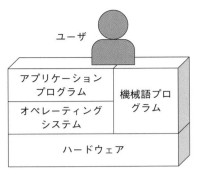

図 5.1 オペレーティングシステムとコンピュータシステム

は，Apple 社の iOS や Google 社の Android が有名です。私たちの身近なところでは，コンビニエンスストアやスーパーマーケットのキャッシュレジスタ，駅に設置されている自動改札機，テレビやビデオレコーダーなど，さまざまな機器にもオペレーティングシステムが導入されています。

5.2.1　世界初の本格的な商用オペレーティングシステム

OS/360 は，世界初の本格的な商用オペレーティングシステムです。1964 年に米 IBM 社より，メインフレームコンピュータである System/360 用のオペレーティングシステムとして発表されました。360 という命名は，「360 度全方位，何にでも使える」という意味をもち，バッチ処理，リモートバッチ，オンラインリアルタイム，TSS などの多様な処理形態を実現しました。処理内容も特定の分野だけでなく，事務計算，科学技術計算など，あらゆる分野の問題に対応できました。

OS/360 で実現された代表的な機能として，マルチプログラミング，ジョブ制御言語，スプーリング，バッファリング，システムコールが挙げられます。これらの機能は，いずれも現在のオペレーティングシステムを形成する重要なものとなっています。

5.2.2　オペレーティングシステムの位置づけと役割

オペレーティングシステムは，ハードウェアとアプリケーションソフトウェアやユーザの間に位置し，プログラミングやハードウェアの処理をより簡単にして提供するシステムです。アプリケーションソフトウェアもしくはユーザがハードウェアのもつ固有の機能を容易に効率よく使用できるサービスを提供するため，現在のほとんどのコンピュータにオペレーティングシステムが導入されています。

オペレーティングシステムにはさまざまな役割がありますが，その主要な役割は次の通りです。第一に，ハードウェア資源の有効活用を図るため，多くのプログラムを同時かつ平行的に高速で実行させるための基本的なしくみを提供しています。第二に，ハードウェアの中でも演算処理を担う高速の CPU や主記憶装置を有効的に活用することで，多くのプログラムを高速に実行させ，複数のプログラムを同時に実行するマルチプログラミングを効率的に実現しています。

マルチプログラミングを実現するために，オペレーティングシステムはCPUや主記憶装置，入出力装置などのハードウェア資源の使用権を調整し，各プログラムにできるだけ公平に資源を割り当てるとともに，システム全体としての効率向上を目指しています。さらに，オペレーティングシステムの役割として，ユーザにコンピュータのハードウェアに対して使いやすい環境を提供することや，プログラムやデータなどの重要な資源を保護することなども挙げられます。

5.2.3 オペレーティングシステムの基本的な機能

オペレーティングシステムの基本的な機能について説明します。オペレーティングシステムのサービスの中心は，アプリケーションソフトウェアへの対応です。アプリケーションソフトウェアは作業を進めるために各種ハードウェア資源を必要としますが，これらの資源を使用する際には必ずオペレーティングシステムが介入します。さらに，アプリケーションソフトウェア同士の連絡や，コンピュータ同士の通信においても，オペレーティングシステムが必要となります。

（1）プロセスの制御

オペレーティングシステムがアプリケーションソフトウェアを制御するときの基本的な単位を，プロセスといいます。複数のプロセスが並行して仕事を進める際には，さまざまな機能が必要となります。プロセスの制御は，これらの機能をアプリケーションソフトウェアに提供します。

（2）プロセスのスケジューリング

プロセスが作業を進める上で必要なCPUは，通常，コンピュータシステムに多くても数十個しか搭載されていません。そのため，数百程度存在するプロセスに対して，公平かつ平等にCPUを割り合てる必要があります。その役割を担うのが，プロセスのスケジューリングです。

（3）割込みの制御

アプリケーションソフトウェアの実行中，コンピュータシステムでは通常の作業とは異なる特別な対応が必要な事象が頻繁に発生しています。これらの現象に関する情報は「割込み」としてCPUに伝えられます。この割込みの発生に迅速に対応することも，オペレーティングシステムの重要な役割の一つです。

（4）仮想記憶システム

アプリケーションソフトウェアを実行するためには，そのソフトウェアを主記憶装置上に配置する必要があります。しかし，主記憶装置の容量には限りがあるため，複数のアプリケーションソフトウェアへの記憶領域の割り振りが重要な課題となります。現在のオペレーティングシステムでは，実装されている機能が主記憶装置の記憶領域サイズとは別に仮想的な記憶領域を設定する「仮想記憶システム」を実装しています。

（5）入出力の制御

複雑な機構をもつ入出力装置に対して，アプリケーションプログラムが簡単にアクセスできるよ

うにオペレーティングシステムに専用の処理方法が用意されています。入出力の制御は，オペレーティングシステムの歴史の中で最も古くから実現されている機能の一つです。

5.3　ファイルシステム

　基本ソフトウェアには，ユーザに使いやすい操作性を提供する機能の一つとして，ファイルの保存や操作に関する機能が標準的に備わっています。基本ソフトウェアが扱うデータのまとまりの最小単位が「ファイル」です。ファイルを統合的に管理する「ファイルシステム」は，ストレージと呼ばれるデータを記憶・保管する装置を制御し，各ファイルを名前で識別します。基本ソフトウェアが異なると，そのファイルシステムが管理できるストレージの容量や，ファイル名の付け方にも違いが生じます。表 5.1 に，主な基本ソフトウェアの歴史的変遷と，各基本ソフトウェアが採用していたファイルシステムを示します。

　世界で初めてファイルシステムによる管理が行われた記録が残っているのは，1964 年に DEC 社で開発された磁気テープ用の DECtape（デックテープ）です。基本ソフトウェアは PDP-6 Monitor であり，磁気テープには最大 256 kbyte のデータを保存することができました。

　次に重要な転機となったのは，1974 年に開発された CP/M file system です。前述したように，Intel 社の 8080 というマイクロプロセッサ用の基本ソフトウェア CP/M が有するファイルシステムであり，このときに，ファイル名は 8 文字まで，ファイルタイプ（後の拡張子）は 3 文字まで，ファイル名とファイルタイプはピリオドで区切る，というルールが確立されました。このファイル名の付け方は「8.3 形式」と呼ばれ，その後の基本ソフトウェアでもその名残が引き継がれています。当時，ファイル名に使われるアルファベットは大文字と小文字の区別がなく，すべて大文字として扱われていました。CP/M では，最大 720 kbyte の容量のフロッピーディスクにファイルが保存されていました。1983 年に開発された MS-DOS 2.0 は，UNIX で活用されていたファイルの階

表 5.1　基本ソフトウェアがサポートするファイルシステム

西暦	ファイルシステム	基本ソフトウェア	備考
1964	DECtape	PDP-6 Monitor	磁気テープ用
1964	DASD	OS/360	IBM 社
1972	Version 6 Unix file system（V6FS）	Versiton 6 Unix	Bell Labs
1974	CP/M file system	CP/M	Digital Research 社
1977	FAT（8-bit）	Disk BASIC-80	Microsoft 社
1978	DOS 3.x	Apple DOS	Apple 社
1983	FAT12	PC DOS 2.0，MS-DOS 2.0	IBM 社，Microsoft 社，階層構造
1984	FAT16	PC DOS 3.0，MS-DOS 3.0	IBM 社，Microsoft 社
1993	NTFS	Windows NT 3.1	Microsoft 社
1994	XFS	IRIX Linux	SGI，高性能ジャーナリング
2006	ext4	Linux	
2016	APFS	macOS High Sierra，iOS 10.3	Apple 社

層構造のしくみを取り入れ，現在では一般的となっているディレクトリ（フォルダとも呼ばれる）やサブディレクトリ（サブフォルダ）を初めて扱えるようになりました。

次に，主要な基本ソフトウェアのファイルシステムについて説明します。最新のWindowsは，1993年に開発されたNTFSを使用しています。1ファイルあたり256 TiB（テビバイト＝テラバイト）までのサイズを管理することができ，最大のファイル名の長さは255文字です。Linux系の多くのシステムでは，1994年のXFSと2006年に登場したext4というファイルシステムを使用しています。ext4が管理できる最大ファイルサイズは16 TiB，最大のファイル名の長さは255文字です。Apple社の基本ソフトウェアは2016年に登場したAPFS（Apple File System）を使用し，最大ファイルサイズは8 EiB（エクスビバイト＝TiBの約100万倍），最大のファイル名の長さは255文字です。

ファイルには大きく分けて2種類があります。一つは，ソースコードに代表されるようなテキストファイルで，ASCIIファイルまたはテキストオンリーファイルとも呼ばれます。もう一つは，テキストファイルでないファイルで，バイナリファイルといいます。いずれもファイルシステムによってファイル名で識別され，ストレージ内につくられたディレクトリ（フォルダ）の中に，階層構造を形成するように保存されています。

UnixやLinux系のオペレーティングシステムにおけるファイルシステムは，ルートディレクトリ（記号で / と表現する）を頂点とする木構造であり，ディレクトリは，その中に保存された全ファイルの名前と，ファイルの読み込み・書き込み・実行に関わる重要情報を管理しています。使用する記号は若干異なる場合もありますが，階層ファイルシステムは現在のほぼすべてのオペレーティングシステムで採用されています。図5.2に，Linux系のオペレーティング内のファイルの階層構造と，コンピュータ上のファイルの位置を示す絶対パスを示します。

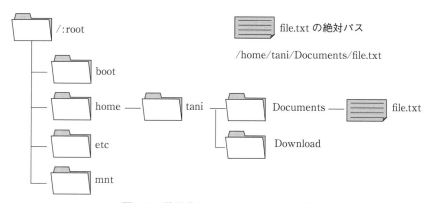

図 5.2 階層化ファイルシステムの例

5.4 アプリケーションソフトウェア

アプリケーションソフトウェアは，特定の目的や情報処理のためにつくられたソフトウェアです。スマートフォンでは略して「アプリ」と呼ばれます。表5.2に，主なアプリケーションソフトウェアを示します。表中には，広く利用されている代表的なソフトウェア名を記載していますが，

表 5.2 アプリケーションソフトウェアの分類

アプリケーションソフトウェア	使用目的	ソフトウェア名称
日本語入力ソフトウェア	日本語の入力	IME，ATOK
ワープロソフトウェア	文章作成	Microsoft Word，Pages，LibreOffice Writer
表計算ソフトウェア	表作成，計算	Microsoft Excel，Numbers，LibreOffice Calc
プレゼンテーションソフトウェア	スライド作成	Microsoft PowerPoint，Keynotes，LibreOffice Impress
ネットワークソフトウェア	Web サイトの閲覧	Microsoft Edge，Google Chrome，Mozilla Firefox，Safari，
	データの送受信	OpenSSH，Tera Term，WinSCP，FileZilla
コンテンツ作成ソフトウェア	静止画・動画作成，編集	Adobe Photoshop，Adobe Illustrator，Adobe Premiere，Adobe After Effects，GIMP，Inkscape
ユーティリティソフトウェア	さまざまなジャンルあり	ファイル圧縮解凍ソフトウェア，ファイル変換ソフトウェア，セキュリティソフトウェア
プログラム開発ソフトウェア	ソフトウェア開発	Microsoft Visual Studio，Eclipse，NetBeans，Xcode
データベースソフトウェア	データベース管理	Microsoft Access，FileMaker，LibreOffice Base

これ以外にも世界中には優れたアプリケーションソフトウェアが存在します。時代とともにソフトウェアのジャンルや流行も変化するため，インターネットなどを通じて最新の情報を収集することが望ましいでしょう。

　特によく使用されるアプリケーションソフトウェアや，使用用途が関連するソフトウェアのまとまりを「ソフトウェアスイート」と呼びます。例えば，表 5.2 のワープロ，表計算，プレゼンテーションなどのソフトウェア群は，オフィス業務などで必須のソフトウェアであることから，「オフィススイート」と呼ばれています。特に Microsoft Office は世界で最も利用されているオフィススイートであり，ワープロソフトの Word，表計算ソフトの Excel，プレゼンテーションソフトのPowerPoint，データベースソフトの Access をはじめ，メール機能を備えた個人情報管理ソフトのOutlook，メモ管理ソフトの OneNote なども含まれます。さらに Microsoft 社は，OneDrive というオンラインストレージ，Web ブラウザを通じて協働作業やドキュメント管理を行う SharePointなどのインターネットを経由したサービスも提供しており，オフィススイートと連携して使用することができます。

　アプリケーションソフトウェアを利用するためには，PC に基本ソフトウェアがインストールされていることが必須条件となります。アプリケーションソフトウェアの中には，古い基本ソフトウェア上でしか動作しないものもありますが，基本ソフトウェアの中のプログラムの不具合やセキュリティの不具合が改善された最新の基本ソフトウェアを導入することが基本です。各アプリケーションソフトウェアには，それぞれに「ライセンス」と呼ばれる利用規約があり，それに従ってコンピュータにアプリケーションソフトウェアをインストールし利用します。現在，アプリケーションソフトウェアのインストール方法にはさまざまな形態がありますが，Microsoft Office を例

にとると，PC 購入時に基本ソフトウェアとともに Word, Excel, PowerPoint などが事前にインストールされている場合があります。これはバンドルプリインストール版です。インターネットからダウンロードして PC にインストールする場合は「インストール版の Office」，さらにインストールを行わず Web ブラウザを通じて Microsoft Office を利用する場合は「クラウドサービス版」のオフィススイートとなります。近年では，利用者とソフトウェア会社が月単位や年単位で契約を結び，料金を支払うことで対象のソフトウェアを利用できる「サブスクリプションライセンス」も増えてきています。

表 5.2 内のユーティリティソフトウェアの一部やデータベースのアプリケーションソフトウェアは，「ミドルウェア」と位置付けられます。ミドルウェアは基本ソフトウェアとアプリケーションソフトウェアに挟まれた部分に位置し，主にアプリケーションソフトウェアにサービスを提供する機能を有しています。ミドルウェアは，基本ソフトウェアよりもアプリケーションソフトウェア側に近い位置にあります。

データベースのような特定の情報処理でしか使用しないデータ操作や複雑な計算機能は，基本ソフトウェアにも属さず，特殊であるがためにアプリケーションソフトウェアにも組み込まず，中間領域のソフトウェアとして独立させることがあります。ユーザがデータベースにアクセスする窓口がアプリケーションソフトウェアであり，ユーザからのアクセス要求を一括管理し，データベースにアクセスする手順を制御し，リクエストに沿った情報処理を行うソフトウェアが，データベースのミドルウェアです。具体的には，Microsoft SQL Server, Oracle Database, MySQL, PostgreSQL, Firebird, Redis, SQLite など，数多くのデータベースに関するミドルウェアが存在します。

5.5　ソフトウェアライセンス

ソフトウェアは，特許権や著作権などの知的財産権と密接な関係があります。ここでは特に，ソフトウェアと著作権について説明します。

5.5.1　著作権

プログラムは，プログラム作成者が構想したコンピュータの処理をソフトウェアという形で表現したもので著作物であり，著作権法による保護の対象になります。

（1）ソフトウェアの著作者について

著作物の著作者は，その著作物を創作した者となりますが，著作者が企業等に所属する従業員である場合，以下の要件をすべて満たすと，その企業が著作者となります。これを「法人著作」と呼びます。

- 著作物が企業の発意にもとづいてつくられたもの（企業等の決定による）
- 企業等の業務に従事する者が作成したもの（その企業等の従業者である）
- このような従業者が職務上作成したもの（業務指示による）

- 企業等が自己の著作の名義のもとに公表するもの（著作者が企業名になっているもの）
- 著作物作成時の契約・勤務規則等において，従業者の著作物とするという別段の定めがない場合

(2) 著作権の行使について

複製権

　ハードディスク，ブルーレイディスクなどの外部記憶媒体への保管用バックアップ，ソースプログラムからオブジェクトプログラムへの変換時のコピー，Web ページ閲覧時のコンピュータ上のメモリへのコピーなど，コンピュータ処理に必要な複製については，複製権が制限されています。これらの複製が認められるのは，所有者自身がコンピュータ上で使用する場合に限られ，この複製物を借用した人には認められません。

公衆送信権

　有線・無線通信により公衆に対して直接送信する際に公衆送信権が発生します。ただし，有線通信の場合，通信設備が同一構内にあり，その範囲で行う送信については公衆送信とはなりません。TV 放送やインターネットを通してソフトウェアを配信，あるいは閲覧できるようにする場合には，公衆送信権が適用されます。例えば，ソフトウェアを同一事務所内で 1 セット購入してサーバに格納し，LAN 配下のすべてのコンピュータで使用する場合は，著作者の利益を著しく損なうため，この例外規定は適用されません。

頒布権

　頒布権は本来映画の著作物をその複製物により頒布する権利ですが，ゲームソフトウェアは著作権法第 2 条第 3 項における「映画の効果に類似する視覚的又は視覚的効果を生じさせる方法で表現され，かつ物に固定されていること」に相当するため，著作権法上，映画として扱われます。そのため，有償，無償を問わず，譲渡，貸与する際には頒布権が適用されます。ただし，現在ゲームソフトウェアは一般家庭に広く普及しており，一度購入したゲームソフトウェアの転売・再譲渡は頻繁に起きることが考えられるため，その都度ゲームメーカーに許諾を得るのは現実的でないとして，頒布権が適用されません。

翻案権

　ソフトウェアは機能拡充や品質・性能向上のために改訂版が作成されることが多くあります。その際，もととなるソフトウェアに対して，創作性のある新たなソフトウェアが追加されれば，ソフトウェアを翻案したことになり，翻案権が適用されます。この場合，作成されたソフトウェアは，元のソフトウェアの二次的著作物となります。

著作者人格権

　ソフトウェアも著作物として，著作者人格権の同一性保持権「著作物がその著作者の意に反して変更，切除その他の改変を受けないもの」という著作権法第 20 条の適用を受けます。ただし，ソ

フトウェアに含まれるバグの修正，機能や性能向上のための修正，あるいは翻案権で示したような機種の異なるコンピュータで動作させるためのソフトウェアの修正などについては，著作者の名誉・声望を害することがほとんどないと思われるため，同一性保持権の適用を除外されています。

5.6　オープンソースソフトウェア

オープンソフトウェア（OSS：Open Source Software）は，特別な利用許諾契約（ライセンス）を要求するソフトウェアとして，その利用が広がっています。オープンソースソフトウェアは通常の商業用ソフトウェアにはないメリットがあり，著作物の利用許諾権を独占するのではなく，著作物を可能な限り自由に利用してもらいたいと考える著作者がその意思表示をする方法として使われています。以下では，オープンソースソフトウェアの利用許諾契約と，著作物の自由利用に関する意思表示の方法について説明します。

5.6.1　オープンソースソフトウェアの広がり

独立行政法人情報処理推進機構（IPA）のWebサイトには，多種多様なオープンソースソフトウェアが主要なソフトウェアとして紹介されています。代表的なものとして，デスクトップ用途，業務アプリケーション用途，Webサイト構築用途，セキュリティ用途などがあります。

オープンソースソフトウェアが広く普及した理由の一つとして，知的財産権によるソフトウェアの保護が挙げられます。また，特有の利用許諾契約を有するオープンソースソフトウェアは，ソフトウェアの研究開発や利用を促進し，結果として市場におけるソフトウェアの普及と標準化を加速させると考えられています。

5.6.2　オープンソースソフトウェアについて

オープンソースソフトウェアは，利用者に対して一定の要件を満たす内容の利用許諾契約を結ぶことを要求するソフトウェアです。ソフトウェア自体に特別な仕様が要求されているわけではありません。オープンソースソフトウェアの定義の管理と認証を行う非営利団体であるオープンソースソフトウェアイニシアティブ（OSI：Open Source Initiative）によると，OSD（Open Source Definition）と呼ばれる，次の10の要件を満たすソフトウェアがオープンソースソフトウェアとされています。

(1) 再頒布の自由
(2) ソースコードへのアクセスができること
(3) ソースコードの改変と翻案ができること
(4) 著作者のソースコードの完全性（インテグリティ）
(5) 利用する個人・集団の無差別
(6) 利用する分野・用途の無差別
(7) 利用許諾契約の分配
(8) 利用許諾契約は特定製品に限定されない

(9) 利用許諾契約は他のソフトウェアに制約を与えない

(10) 利用許諾契約は技術中立的でなければならない

OSIによれば，OSDに準拠しない利用許諾契約によって配布されるソフトウェアは，OSSと名乗ることはできないとされています。

5.6.3 オープンソースソフトウェア以外の利用許諾契約をもつソフトウェア

OSS以外にも，さまざまな利用許諾契約を有するソフトウェアが存在します。

(1) フリーソフトウェア

オープンソースソフトウェアと類似していますが，フリーソフトウェアはソフトウェア利用者の自由を保護することを目的に，以下の4つの要件が含まれます。

- プログラムを実行する自由
- ソースコードが利用者に提供され自由に変更・改良できる自由
- 再配布の自由
- 改変したプログラムを他に配布する自由

(2) シェアウェア

もともとは開発費用の共同負担（シェア）を利用者に求めるソフトウェアという意味で使われ始めました。個人やベンチャー企業などが，インターネットを通じて配布するソフトウェアでよく採用される利用許諾形態です。

(3) フリーウェア

一般に，無料配布されるソフトウェアを指します。開発者への寄付を歓迎することも多くあります。フリーソフトウェアに対して，フリーウェアは無料配布を意味し，一般的に著作権は保持されたまま，再配布は許可しても改変を制限する場合があります。また，ソースコードが公開されるとは限りません。

(4) パブリックドメインソフトウェア

著作権が放棄されたソフトウェアです。ソースコードの公開は必須ではありません。なお，日本の著作権法上，著作権放棄はできないため，日本国民が作成，もしくは国内で発表されたソフトウェアではPDSは存在しないものとされています。

(5) プロプライエタリソフトウェア

一般的なオフィス系のソフトウェアなどの商用ソフトウェアが該当します。再配布や改変，改変版のプログラムの再配布などを制限する利用許諾契約を有するソフトウェアです。

── 5.6.4 OSS の利益／不利益について

OSS の採用を検討する際には，提供者と利用者のそれぞれの立場から，利益・不利益を十分に理解しておく必要があります。以下では，両者の視点から具体的に解説します。

（1）利益について

・OSS の提供者に対して

OSS として複製を自由にすることで，市場に急速に広がり，そのソフトウェアの仕様が事実上の標準になることが期待できます。また，開発コミュニティの人的資源の投入が期待でき，開発費用を抑えながらソフトウェアの品質向上や宣伝効果も期待できます。

・OSS の利用者に対して

技術力が高い利用者は，提供元のサポートがなくてもソフトウェアの改良・改善が可能です。ソースコードが公開されているため，バックドアなどの仕込みも確認でき，セキュリティを向上させることができます。また，ゼロからの開発が不要となるため，ソフトウェア開発費用を低減できます。

（2）不利益について

・OSS の提供者に対して

OSS のライセンスを正しく理解せずに OSS を乱用するユーザが現れ，意図した効果が得られない場合があります。また，OSS を提供することで，それを利用する同種・類似の製品が乱立する可能性もあります。

・OSS の利用者に対して

自分でソースコードを理解し改良できないユーザは，必要なサポートが受けられない可能性があります。ソースコードが公開されているため，悪意のあるユーザによってセキュリティ上の脅威が増大する危険性もあります。

参考文献

オープンソースの定義（日本語版）　https://opensource.jp/osd/osd19/（2025/1/28 閲覧）
可知豊，ソフトウェアライセンスの基礎知識，ソフトバンククリエイティブ（2008）
岸知二，野田夏子，ソフトウェア工学，近代科学社（2016）
小泉寿男，辻秀一，吉田幸二，中島毅，IT Text ソフトウェア開発（改訂 2 版），オーム社（2015）
菅野政孝，大谷卓史，山本順一，メディアと ICT の知的財産権　第 2 版，共立出版（2018）
寺田雄一，図解入門ビジネス 最新オープンソースがよ〜くわかる本，秀和システム（2016）
古市栄治，オペレーティングシステム入門（新版），オーム社（2022）
平山雅之，鵜林尚靖，IT Text ソフトウェア工学，オーム社（2017）

Chapter 6 プログラミング

本章では，コンピュータに人間の意図した処理を行わせるためのプログラミングについて取り上げます。はじめに，代表的なプログラミング言語について説明し，人間が作成したプログラムをコンピュータが理解できるプログラムに翻訳する言語プロセッサについて紹介します。次に，プログラムの重要な構成要素である変数，配列，制御構造について解説し，プログラムの処理の流れを図示化したフローチャートを説明します。最後に，ビジュアルプログラミング言語の一つである「Scratch」を用いたプログラミングの例題を示します。

6.1 プログラミングについて

ソフトウェア開発では，専用の言語を使ってプログラムを作成します。人間の意図した処理を行うためのプログラムを作成し，コンピュータに指示を与えます。この専用の言語を用いてプログラムを作成する作業をプログラミング（Programming），あるいはコーディング（Coding）と呼びます。また，ソフトウェア開発に用いられる言語のうち，ソフトウェアの動作を記述するものを，プログラミング言語と呼びます。本章では，プログラミング言語の種類や特徴を理解し，プログラムをコンピュータ上で実行する際に，どのような処理の過程を経て，実行可能なプログラムとなるのかを学習します。

6.2 プログラミング言語

プログラムを作成するための専用の言語をプログラミング言語，またはプログラム言語といいます。プログラミング言語には，さまざまな種類や特徴があります。コンピュータが直接理解できるプログラミング言語を低水準言語（低級言語），人間が理解しやすい自然言語的なプログラミング

表 6.1 低水準言語

種類	特徴
機械語（マシン語）	コンピュータが理解できる2進数によって記述されている。メモリにロードされた機械語のプログラムが，CPUによって解釈・実行され，コンピュータのシステム全体の制御やデータの演算が行われる。
アセンブリ言語	機械語の命令を人間にもわかりやすいように記号（操作コード，Operation Code）を割り当てた言語で，命令は原則1対1で機械語に翻訳される。

表 6.2 高水準言語

種類	特徴
COBOL （コボル）	金額計算などの事務処理用に開発された言語。
Fortran （フォートラン）	科学技術計算用に開発された言語。
C 言語	UNIX の OS を記述するために開発された言語。ソフトウェア開発に適している。
BASIC （ベーシック）	Fortran をもとに初心者向けに開発された言語。
Pascal （パスカル）	学生の教育目的として開発された言語。
C++ （シープラスプラス）	C 言語の拡張として開発されたオブジェクト指向型言語。オブジェクト指向とは，データと処理を変数，データ構造，手続きが一体になったもの（オブジェクト）として管理し，それらのオブジェクトを組み合わせて開発する技法である。
Java （ジャバ）	C 言語と C++ の構文を引き継いだオブジェクト指向型言語。JVM（Java 仮想マシン）により異なる OS 環境でも動作が可能。Web アプリケーションソフトの開発などに使われている。Web アプリケーションは，Web サーバ上で動作するソフトウェア。
C# （シーシャープ）	Microsoft 社が開発した汎用的なプログラミング言語。
SQL （エスキューエル）	データの操作や定義を行うためのデータベース言語。
Python （パイソン）	インタプリタ型の汎用的なプログラミング言語。他のプログラミング言語に比べて人工知能の計算処理に必要なライブラリや枠組みが充実している。
JavaScript （ジャバスクリプト）	動的な Web ページを閲覧する際に，クライアント側のコンピュータで実行されるスクリプト型のプログラミング言語（ここで，スクリプト型とは，簡易的なプログラミング言語を指す）

言語を高水準言語（高級言語）といいます。表 6.1 に低水準言語の種類と特徴，表 6.2 に代表的な高水準言語の種類と特徴を示します。

6.2.1 プログラミングパラダイムにおける分類

ここでは，プログラミングの規範（プログラミングパラダイム）としての分類を説明します。

（1）手続き型プログラム言語

C，FORTRAN，BASIC などは，コンピュータで処理する作業を順に記載していく手続き型プログラム言語（Procedual Program Language）と呼ばれています。読みやすく，保守しやすいプログラムを作成するために，以下の点を考慮することが望ましいとされています。

- ジャンプ文などでプログラムの構造が複雑になるのを避けて，なるべく構造化する
- 機能を分解し，適切な大きさのモジュール（サブルーチン）に分離する
- グローバル変数を多用しない
- モジュール内で値を変更する場合，その変更が戻り値などに反映しないように記述する

（2）オブジェクト指向プログラム言語

　人に作業を依頼するような形式でプログラミングを行うのが，オブジェクト指向プログラム言語（Objectoriented Program Language）です。人などに対応するものが「オブジェクト（Object）」にあたり，このようなプログラムのことをオブジェクト指向プログラムと呼びます。代表的な言語には，C++，Java，Python，Ruby，Perl などがあります。近年開発されたプログラム言語の多くは，手続き型でもオブジェクト指向型でも記述可能となっています。

（3）関数型プログラム言語

　関数型プログラム言語は，次の3つの要件を満たす言語です。第一に，戻り値が引数のみから一意に決まる参照透明性が確保されていること，第二に，サブルーチンが自身の戻り値以外に，ほかのサブルーチンやメインプログラムに影響を与えないこと（副作用がない）こと，第三に，第1級関数をもつことです。プログラム言語において，生成，代入，演算，引数と戻り値の受け渡しといった，その言語における基本的な操作を制限なしで行える第1級オブジェクトとして関数を扱えれば，第1級関数であるといえます。代表的な関数型プログラム言語には，LISP，F# があります。

（4）論理プログラム言語

　数理論理学にもとづくプログラム言語です。手続き型プログラム言語との大きな違いは，処理の手順（How）ではなく，対象となるデータ間に成り立つべき関係（What）を記述する点です。そのため，詳細な処理手続きなどを記述する必要はなく，事実とその間のルールのみを記述することでプログラミングが可能です。代表的な言語には Prolog があり，これは 1970 年代にアラン・カルメラウアー（Alain Colmerauer）らによって開発された述語論理を基礎としたプログラム言語です。数理論理学にもとづく人工知能システムの開発には，論理プログラム言語の一つである Prolog が使われる場合があります。

（5）問い合わせ型言語

　データベースからデータを読み込み，更新などの操作を行うためのプログラミング言語です。代表的な言語として SQL（Structured Query Language）があります。データを行と列からなる表の形で管理し，表どうしを組み合わせて連携するリレーショナルデータベース管理システム（RDBMS）に対して，データにアクセスするために使用します。主な SQL として，オープンソースソフトウェアの MySQL，PostgreSQL，Oracle 社の Oracle Database などがあります。

（6）スクリプト型言語

　スクリプト型言語は，プログラム作成者が簡易に理解できる形でプログラムとして記述できるプログラミング言語です。多くのスクリプト言語は C 言語や C++ 言語のように後述するコンパイルによって実行プログラムに一括変換した後に実行される方式ではなく，インタプリタによって遂次変換しながらプログラムが実行されます。一般的にスクリプト型言語は，コンパイルを行うプログラミング言語と比べて，エラー修正が容易な一方，プログラムの実行速度が低速である場合があります。代表的なスクリプト型言語としては，Web 開発用途として，JavaScript，PHP，Perl が

あります。また，人工知能のプログラム開発ではPythonが有名です。

6.3 言語プロセッサ

　コンピュータは，機械語で記述されたプログラムしか理解できません。人間が記述したプログラムであるソースプログラム（原始プログラム）は機械語でないため，そのままではコンピュータ上で実行できません。そこで，翻訳（変換）を行うプログラムである言語プロセッサを用いて，ソースプログラムを機械語のプログラムである目的プログラムに翻訳する必要があります。図6.1に，言語プロセッサの役割を示します。

　言語プロセッサは，翻訳のしかたによって，アセンブラ，コンパイラ，ジェネレータ，インタプリタに分類されます。表6.3に，言語プロセッサの種類と特徴を示します。

　ソースプログラムをコンパイル後，目的プログラムが生成され，どのような処理過程を経て，コンピュータ上で実行可能なプログラムであるロードモジュールとなるのかについて説明します。図6.2に，その言語処理の過程を示します。

　ライブラリモジュールとは，ある特定の機能をもったプログラムを他のプログラムから利用できるように部品化したプログラムの集まりをいいます。実行可能なプログラム，すなわちロードモジュールを作成する際，コンパイルをしただけの目的プログラム単体では実行できません。そのため，目的プログラムからライブラリモジュールのプログラムの呼び出しや，他のソースプログラム

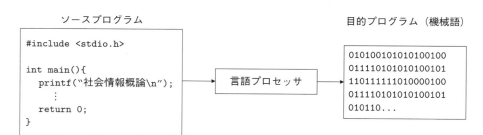

図6.1　言語プロセッサの役割

表6.3　言語プロセッサ

種類	特徴
アセンブラ	アセンブリ言語で記述されたソースプログラムを，目的プログラムに翻訳する。アセンブリ言語をアセンブラで翻訳することをアセンブルという。
コンパイラ	高水準言語で記述されたソースプログラムを一括して目的プログラムに翻訳する。コンパイラで翻訳することをコンパイルという。コンパイルでは，ソースプログラムを解析し，実行時の処理効率を高めるための最適化が行われる。
ジェネレータ	オブジェクト指向型言語などで記述されたソースプログラムを機械語に翻訳する。入力・処理・出力などの必要な条件に対する設定値（パラメータ）を指定するだけで，処理の目的に応じた目的プログラムを自動的に生成する。
インタプリタ	高水準言語で書かれたソースプログラムを1行ずつ解釈し，実行する。機械語の目的プログラムは作成されないため，実行するたびに解釈が必要でプログラムの実行速度は遅くなる。対話的に実行できるため，ソースプログラムの途中で文法ミスなどがあっても，その直前まで行える。

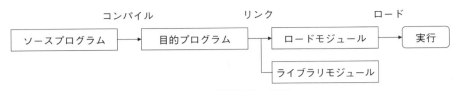

図 6.2 言語処理の過程

に記述された処理の呼び出しが必要となります。次に，目的プログラムに必要なライブラリモジュールなどを付け加えてロードモジュールを生成する「リンク」と呼ばれる作業を行います。なお，リンクを行うプログラムを「リンカ」といいます。さらに，ロードモジュールを主記憶装置（以下，メモリ）上に格納する「ロード」と呼ばれる作業を行います。また，ロードを行うプログラムを「ローダ」といい，これによりロードモジュールは実行可能になります。

6.4 変数と配列

コンピュータでは，プログラムを実行する際にメモリからデータを取り出し，処理を行います。プログラムにおいては，計算方法や手順を効率的に行うため，データの表現形式が必要となります。扱うデータに対し，メモリ上に保持した適切な表現形式を「データ構造」といいます。また，メモリでは処理するデータの種類（整数，実数，文字など）によって占有するサイズ（バイト数）やビット列の配置方法などが異なり，このようなデータサイズの規定を「データ型」といいます。

6.4.1 変数と定数

整数や実数，文字などのデータ型からつくられ，データを一時的に格納（メモリに記録）する性質をもつ入れ物のようなデータ構造を「変数」といいます。また，変数と同様にデータ型からつくられますが，データを一度格納すると変更できないデータ構造を「定数」といいます。変数や定数には適切に名前を付けて変数名や定数名を与え，例えば変数名を「I」，定数名を「PI」などで表して，それぞれの変数や定数を区別します。

プログラムでデータを処理する際には，変数名や定数名を指定して，数値や文字などのデータを格納する必要があります。このようにデータを格納することを「代入」といいます。図 6.3 で示すように，代入を示す記号を「→」で表すとすると，次のように表現できます。変数 I（整数型）に整数 10 を代入する場合，「10 → I」，変数 R（実数型）に実数 5.0 を代入する場合，「5.0 → R」，定数 PI に実数 3.14 を代入する場合，「3.14 → PI」と表現します。また，変数名 M（文字型）に文字 a そのものを代入する場合，文字 a を他の変数や定数と区別するため，ダブルクォーテーション（" "）あるいは，シングルクォーテーション（' '）で囲み，「"a" → M」と表現します。ここで，各データ型の変数や定数は，データサイズ（入れ物の大きさ）に対応しています。

さらに，変数では，変数自身の計算結果を更新することや，他の変数や定数から得られた計算結果を代入することができます。図 6.4 に示すように，前述の数値を代入された変数を用いた場合，次のような計算が可能となります。変数 I（10）自身に整数 2 を加算して計算結果を代入する場合，「I+2 → I」と表現し，変数 I は 12 に更新されます。変数 CIRCLE（実数型）に変数 R（5.0）

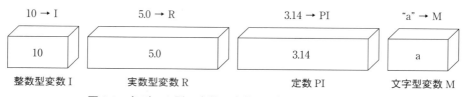

図 6.3 各データ型の変数や定数に数値や文字を代入する

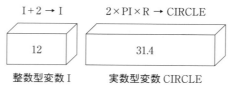

図 6.4 変数の更新や計算結果の代入

と定数 PI（3.14）から得られた円周の計算結果を代入する場合，「2×PI×R → CIRCLE」と表現し，変数 CIRCLE は 31.4 になります．

6.4.2 配列

複数の同じデータ型，すなわち整数なら整数だけ，実数なら実数だけ，文字なら文字だけなどの集まりを順番に並べたデータ構造を「配列」といいます．例えば下駄箱のように，一つひとつ同じ型のデータが格納される場所が用意されていて，番号を指定することで目的のデータを取り出すことができます．そのため，配列はデータを探索したり，整列したりするときに用いられます．配列の名前を「配列名」，データの場所を表す番号を「添え字（インデックス）」，配列中の各変数を「要素」，その数を「要素数」といいます．添え字の始まりは，プログラミング言語により表現が異なるため注意が必要です．C 言語や Java などでは，添え字は 0 から始まりますが，COBOL 言語などのように 1 から始まるものもあります．なお，添え字を要素番号と呼ぶ場合もあります．

配列には，添え字を 1 種類使い，要素を 1 つの方向に［添え字］の順で並べる 1 次元配列や，添え字を 2 種類使い，すなわち行方向と列方向にそれぞれ指定し，要素を［行番号］［列番号］の順で表す 2 次元配列があります．

図 6.5 に示すように，1 次元配列 M1 では要素数が 5 で，添え字 2 の要素には 3 が代入されてい

1 [0]	5 [1]	3 [2]	4 [3]	2 [4]

1 次元配列 M1

→ 列方向

1 [0][0]	5 [0][1]	3 [0][2]	4 [0][3]	2 [0][4]
6 [1][0]	10 [1][1]	8 [1][2]	9 [1][3]	7 [1][4]
11 [2][0]	15 [2][1]	13 [2][2]	14 [2][3]	12 [2][4]

↓ 行方向

2 次元配列 M2

図 6.5 1 次元配列と 2 次元配列

ます。2次元配列 M2 では要素数が15 で，行番号 0，列番号 0 の要素には 1 が，行番号 2，列番号 4 の要素には 12 が代入されています。

6.5 制御構文

プログラムは通常，上から下に処理を進める順次処理を基本としていますが，さまざまな制御構文を用いることで，特定の条件で処理の選択や，複数回処理を繰り返すなど，処理の流れを制御し，より複雑なアルゴリズムを表現できます。以下では，制御構文の中でも，条件判断と繰り返し処理について説明します。ここで，アルゴリズムとはプログラムにおける処理の手順のことであり，最も基本的なアルゴリズムは，記述したプログラムの上から順に処理を進めていく順次処理です。

6.5.1 条件判断

プログラム中の処理を条件によって異なる処理を行わせる場合，条件判断を利用します。図 6.6 は，代表的な条件判断をフローチャートで示しています。

図 6.6 の左では，上からの情報が菱形の条件ブロックに到達した後，信号の情報が条件に満足する場合，Yes の線をたどり，命令と記載された処理を実施します。信号の情報が条件に満足しない場合は No の線をたどるのみで，処理を行わないことを示しています。

図 6.6 の右は，成績評価を行う場合を示しています。上からの情報が菱形の条件ブロックを満足する場合は Yes の線をたどり，直下の命令 A を処理します。条件を満足しない場合は，No の線をたどり，右側の命令 B を処理します。図 6.6 は，条件判断を表現するフローチャートの最小表現であり，これらのフローチャートを組み合わせることで，複雑な条件判断を実現することができます。

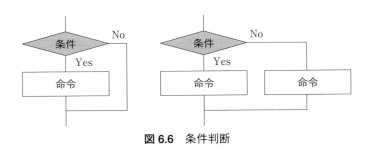

図 6.6　条件判断

6.5.2 繰り返し処理

特定の条件のもと，一定の処理を繰り返す制御構文を，繰り返し処理もしくは，ループ処理と呼びます。図 6.7 は，繰り返し処理の例を示しています。図中の菱形の条件ブロックには，繰り返し処理回数を条件とする場合と，任意の条件を記載する場合があります。

条件判断は図 6.6 のフローチャートを複数使用することで，複雑な条件判断を実現できますが，繰り返し処理については，図 6.7 の処理ブロックに繰り返し処理自身を内挿することで多重ループ

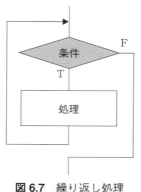

図 6.7　繰り返し処理

を実現できます。

6.6　フローチャート

　プログラムにおける処理の手順であるアルゴリズムを頭の中のイメージだけで処理すると，予期せぬ結果を招きやすくなります。そこで本節では，一連の手順を視覚化し，手順の追跡や問題の発見・修正を容易とするための表現技法の一つである「フローチャート（流れ図）」を紹介します。フローチャートは処理の手順を示したものであるため，プログラミング言語に依存することが少なく，処理手順の検討や分析にも活用されています。

6.6.1　フローチャートの表現

　フローチャートは，表 6.4 に示すように，各工程の処理を表す記号，すなわちフローチャート記号により構成され，それらの記号を組み合わせることで，流れを一工程ずつ上から下に並べ，処理を図式で示して視覚的に表現します。フローチャート記号は，日本工業規格（JIS）の「JIS X 0121:1986」として定義されています。

6.7　Scratch によるプログラミング

　本節では，子ども向けのプログラミング言語である「Scratch（スクラッチ）」を用いたプログラミング例を説明します。Scratch は，マサチューセッツ工科大学（MIT）Media Lab のミッチェル・レズニック（Mitchel Resnick）が代表を務める Lifelong Kidergarten 研究グループで開発された，ブロック型のビジュアルプログラミング言語です。

　テキストベースのプログラミング言語である C 言語，Java，Python などは，プログラミングの初学者にとってテキストの入力ミスによるプログラミングエラーが発生しやすく，プログラム処理の流れを把握できるようになるまでには時間を要する場合があります。一方，Scratch ではプログラムの要素であるブロックを接続することでプログラミングを行うため，テキストの入力ミスによるプログラミングエラーが少なく，プログラミングの初学者でもプログラム処理の流れに集中する

表6.4　フローチャート記号

記号	名称	意味
	端子（Terminator）	処理の始まりと終わりを表す。
	データ（Data）	データの入力や出力を表す。
	処理（Process）	変数への代入や計算などの処理を表す。
	線（Line）	データまたは制御の流れを表す。必要に応じて矢印を付ける。
	判断（Decision）	条件に従い流れを分岐させる処理を表す。
	ループ端（Loop Limit）	繰り返し処理（ループ）で，上がループの始まり，下がループの終わりを表す。
	定義済み処理 （Predefined Process）	別の場所で定義された1つ以上の演算または命令群からなる処理を表す（関数やサブルーチン）。
	結合子（Connecter）	同じフローチャートの中の他への出口または入口を表す。
	手操作入力（Manual Input）	手で操作して入力するデータを表す（データの記号で代用される）。
	準備（Preparation）	変数の宣言や初期値の設定を表す（処理の記号で代用される）。
	表示（Display）	情報を表示する装置を表す（データの記号で代用される）。
	書類（Document）	紙媒体への出力を表す（データの記号で代用される）。

ことができます。

6.7.1　Scratch の基本的な使い方

Scratch は特別なソフトウェアを必要とせず，Microsoft Edge，Safari，Mozilla Firefox，Google Chrome などの Web ブラウザ上で Web アプリケーションとして実行可能です。

Google などの検索エンジンで，「Scratch」や「スクラッチ」と検索し，表示されたリンクをクリックすると，図6.8のトップページが表示されます。このページ上部の○の中にある「作る」をクリックしてプログラムを作成します。なお，ページ上部にある「Scratch に参加しよう」や「サインイン」からのユーザ登録は，プログラムの作成と実行には必要ありません。

図6.9は，Scratch のプログラム作成と実行画面を表示した開発環境を示しています。図中の①はプログラムに登場するキャラクタであり，Scratch ではスプライトと呼びます。初期設定ではネコのスプライトが表示されていますが，⑤のネコのアイコンをクリックすることで多数のスプライトの中から好みのスプライトを選択できます。

図中の②は「ステージ」と呼ばれ，スプライトを配置する舞台です。③は「コードエリア」で，

6.7 Scratch によるプログラミング

図 6.8 Scratch トップページ

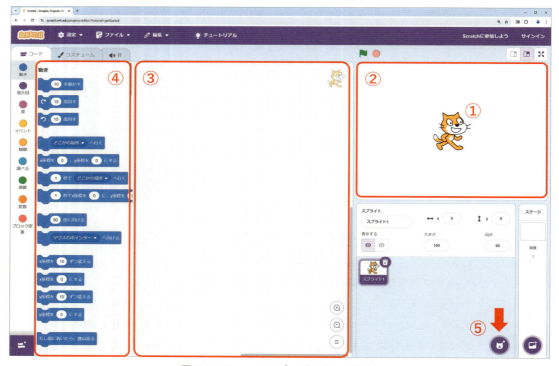

図 6.9 Scratch のプログラミング環境

④はプログラムの部品である「コード」を表示しています。Scratch ではこれらのコードをブロックのように縦方向に接続することでプログラムを作成します。③のエリアに④のコードをドラッグして移動することで，コードを組み合わせることができます。

── 6.7.2 プログラミング例

Scratch を用いて，主に英語圏で行われる言葉遊びの一つである「FizzBuzz」のプログラミングを行います。FizzBuzz の遊びでは，複数人で 1 人ずつ順番に数字を発言します。数字が 3 の倍数のときは数字の代わりに「Fizz」と発言し，同様に数字が 5 の倍数のときは「Buzz」，3 の倍数かつ 5 の倍数のときは「FizzBuzz」と発言します。「Fizz」や「Buzz」を発言すべき順番で数字を発言した人，または発言のタイミングが遅れた人は 1 人ずつ脱落していく遊びです。

以下では，3 の倍数のときにネコのスプライトが「Fizz」と発言し，3 の倍数以外の数字の場合は数字を発言するプログラムを作成します。ネコのスプライトによる「Fizz」もしくは数字の発言は，漫画のように吹き出し内に文字を表示させることで実現します。

以下の点に着目して，プログラムを作成します。

(1) 変数
(2) 繰り返し処理
(3) 条件判断

以下では，(1) から順にプログラムを作成していきます。

(1) 数を扱う（変数）

プログラムで数字，文字などを扱う場合，いったん主記憶装置であるメモリに記憶する必要があります。Scratch を含めた多くのプログラミング言語では，数字や文字を扱うために 6.4.1 項で触れた変数を用います。

図 6.10 は，変数の設定画面を示しています。変数を使用するために，図中の左端のタブである「コード」を選び，オレンジ色の「変数」をクリックします（図中の①）。

次に，②の「変数を作る」をクリックすると「新しい変数」のウィンドウが表示されます。③で示している空欄に変数名を記載します。ここでは「数える数」を記載しています。新しい変数ウィンドウの「すべてのスプライト用」，「このスプライトのみ」のラジオボタンで，この変数がすべてのスプライトもしくは特定のスプライトのみで通用するか設定できます。今回は，ネコのスプライトのみを使用するため，標準設定である「すべてのスプライト用」でかまいません。変数の設定が終わったら「OK」ボタンを押すと，図 6.11 のようにステージ上に作成した変数名と変数に格納されている数値 0 が表示されます。

(2) 数を数える（繰り返し処理）

ここでは，スプライトが 1 から 100 までの数字を言う処理を行います。ただし，前述のように数字を言う処理は音声ではなく，漫画のように吹き出しを表示させる処理です。図 6.12 は，数字を言う処理を示しています。

図 6.12 の①で「変数」を選択し，(数える数) をコードエリアにドラッグします。②の「見た目」から紫色の「(　) と言う」をコードエリアにドラッグします。③で示すように「(　) と言う」の空欄に，(数える数) のコードを入れます。その後，紫色の「(数える数) と言う」のコードをク

104 6.7 Scratchによるプログラミング

図 6.10　変数の設定

図 6.11　変数設定後のステージ

リックすると，④のようにネコのスプライトが吹き出しで0と言うことが確認できます。

図6.13では，ネコのスプライトが1から100まで言うプログラムを示しています。図中のコードエリアのプログラムを上から見ていくと，次のコードで構成しています。

- 「イベント」のコード「旗が押されたとき」
- 「変数」のコード「数える数を0にする」
- 「制御」のコード「100回繰り返す」

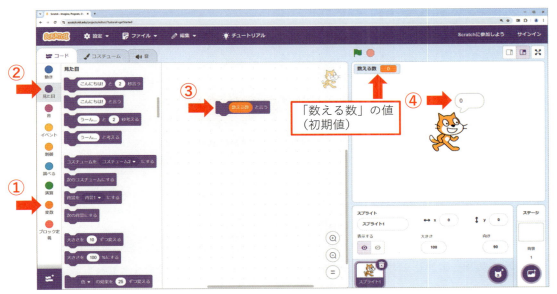

図 6.12　数字を言う処理

図 6.13　100 まで数を言う処理

- 「変数」のコード「数える数を（1）ずつ変える」
- 先ほど作成したコード「（数える数）と言う」
- 「制御」のコード「（1）秒待つ」

「旗が押されたとき」のコードは，ワンクリックでプログラム実行を行うためのものです。図中の上部にある緑色の旗をクリックすることでプログラムを実行し，プログラムを停止する場合は右

隣の赤丸をクリックします。

「数える数を 0 にする」のコードは，プログラム開始時に変数の値を 0 に初期化しています。Scratch の変数の値は，初回プログラム実行時は 0，プログラムを再度実行する場合は直前のプログラム終了時の数字を保持しています。プログラム作成の際には，複数回プログラムを実行するため，プログラム開始時に変数の値を 0 に初期化する必要があります。

「数える数を（1）ずつ変える」，「（数える数）と言う」と「（1）秒待つ」のコードを「100 回繰り返す」のコードで挟むことで，1 から 100 までの数字を吹き出しで表示されます。なお，Scratch 全般で共通している注意点として，数字は半角文字で入力する必要があります。全角文字の数字は数字として認識しません。

（3）3 の倍数のとき「Fizz」と言う（条件判断）

1 から 100 まで数字を表示するプログラムに，数字が 3 の倍数のときに，数字は表示せず「Fizz」と表示する処理を追加します。3 の倍数を判定する方法として，割算の余りを計算する「剰余」を用います。

剰余は日常的に使用している時間や角度の表記にも用いられています。例えば 24 時間表記で 15 時のときは，12 時間表記では 3 時に，角度表記として 540 度の場合，0 度以上 360 度未満の表記に置き換えると 180 度になります。時間の場合は 15 を 12 で割った余りが 3 になり，角度の場合は 540 を 360 で割った余りが 180 になります。この計算が剰余です。なお，時間の例からも明らかなように，24 時間表記で 8 時の場合は，12 時間表記でも 8 時になることから，8 を 12 で割った余りは 8 と考えます。

今回は剰余を数字が 3 の倍数かどうかの判定に用います。1 から 9 までの数字を 3 で割ったときの余りを，表 6.5 に示します。この表から 3 の倍数である 3，6，9 のとき，余りが 0 になることがわかります。

表 6.5

数字	1	2	3	4	5	6	7	8	9
3 で割った余り	1	2	0	1	2	0	1	2	0

数字が 3 の倍数か判定する計算処理として剰余を用います。Scratch のプログラムでは，剰余の計算処理と図 6.6 で触れた条件判断を組み合わせて，次のようにプログラムを作成します。

```
もし＜数字を 3 で割った余りが 0 ＞なら
    （Fizz）と言う
でなければ
    （数える数）を言う
```

図 6.14 の「もし＜　＞なら，でなければ」のコードで条件判断の処理を行います。このコードは図 6.6 のフローチャートのうち，右側の条件判断に該当します。

図 6.14 条件判断のコード

図 6.15 剰余のコード作成

　図 6.15 に，変数「数える数」を 3 で割った余りである剰余を計算するコードを示しています。緑色の「演算」から「（ ）を（ ）で割った余り」のコードをコードエリアにドラッグして使用します。はじめの（ ）には，「変数」から「数える数」をはめ込み，次の（ ）には 3 を入力します。

　3 で割った余りが 0 であることを表現するために，図 6.16 で示すように六角形のコードである

図 6.16 剰余の値が 0 であることを表したコード

図 6.17 剰余による条件判断

「＜ (　) = (　) ＞」を「演算」からドラッグして使用します。

図 6.17 では，図 6.14 で示した条件判断のコードに，図 6.16 で作成した剰余が 0 であることを表現したコードを入れ込み，剰余が 0 の場合は「(Fizz) と言う」，それ以外は「(数える数) を言う」を配置します。

図 6.18 は，FizzBuzz のプログラムのうち，3 の倍数のときに「Fizz を言う」までの処理を完成

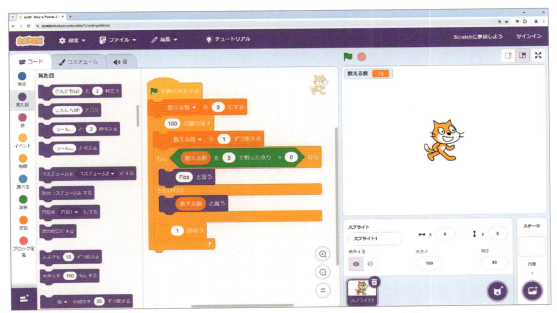

図 6.18 FizzBuzz のプログラムのうち，Fizz まで完成

させたプログラムです。

このプログラムに適切なコードを追加することで，FizzBuzz のプログラムを完成させることができます。

参考文献

五十嵐 順子・ラーニング編集部，かんたん合格基本情報技術者教科書〈平成 29 年度〉，インプレス（2016）
石原正雄，ゲームで遊ぶな，ゲームを作ろう！スクラッチ 2.0 アイデアブック：ゼロから学ぶスクラッチプログラミング，カットシステム（2014）
坂下夕里・ラーニング編集部，かんたん合格ＩＴパスポート教科書〈平成 29 年度〉，インプレス（2016）
月江伸弘，徹底攻略基本情報技術者教科書〈平成 29 年度〉，インプレス（2016）
データ型とデータ構造，電気情報通信学会「知識の森」，https://www.ieice-hbkb.org/files/ad_base/view_pdf.html?p=/files/06/06gun_03hen_02.pdf（2025/1/28 閲覧）
福嶋宏訓，福嶋先生の基本情報技術者集中ゼミ 午後・アルゴリズム編〈2013 年版〉，日本経済新聞出版（2012）
矢沢久雄，プログラムはなぜ動くのか―知っておきたいプログラミングの基礎知識（第 3 版），日経 BP（2021）

Chapter 7 マルチメディア

本章では，マルチメディアコンテンツをコンピュータ上でどのように表現・実現しているかについて理解を深めていきます。まず7.1節でマルチメディアの定義を行ったうえで，続く7.2節ではディジタル文書の表現方法を学びます。次に，7.3節では音の表現，7.4節から7.5節では画像の表現，そして7.6節から7.7節では動画の表現について，それぞれ学びます。さらに最後の7.8節では，新たな情報表現として活用が広がっているバーチャルリアリティ（VR）や拡張現実（AR）について取り上げます。

7.1 マルチメディアとは

メディア（Media）とは，情報をやりとりする媒体を意味し，新聞・雑誌・テレビ・SNSなどの情報伝達の媒体（情報発信元），USBメモリ・光ディスク等の情報記憶の媒体など，分野や文脈によってさまざまな捉え方がなされる言葉です。本章では，情報伝達のための表現，つまりデータの種類として「メディア」という言葉を使います。例えば，数値・文字・画像・音声・動画などがメディアの例です。初期のコンピュータが扱えるメディアは数値と文字だけでしたが，ディジタル技術の進歩にともない，画像や音声，動画などの多様なメディアをコンピュータ上に取り込み，組み合わせて扱うことが可能となりました。これを「マルチメディア（Multimedia）」と呼びます。現代においてマルチメディアはコンピュータ上における情報表現の常識となり，企業活動から個人の創作活動に至るまで，さまざまな分野で活用されています。

第3章で学んだように，コンピュータ上においてすべてのデータは「0」と「1」で表されるディジタルデータとして取り扱われます。マルチメディアデータも当然ディジタルデータのため，加工や複製，蓄積が容易であり，ほぼ永久的に保存が可能です。一方，数値・文字・画像・音声など，伝えるべき元の情報は本来アナログデータが主であり，情報を受け取る人間もアナログデータとして知覚します。そのため，マルチメディアを用いた情報伝達では，アナログからディジタルへの変換（AD変換），そしてディジタルからアナログへの復元（DA変換）というプロセスが必要となります。次節以降では，マルチメディアを構成する代表的なコンテンツである文書，音声や音楽，画像，動画をディジタルデータとしてどのように表現するかについて学びます。またあわせて，マルチメディアコンテンツの作り手として，より良い情報伝達のために意識すべきことについても理解を深めていきます。

7.2 文書

7.2.1 文書作成に必要な技術

ワープロ登場以前の文書作成では，手書きの原稿をもとに，活字（個々の文字を表す小さなスタンプのようなもの）・写植（個々の文字を光学的に投影する技術）を用いて文字を並べ，文章を形成していました。もともと1文字ずつ「組」み合わせて，印刷用の「版」を作ることを「組み版」と呼んでいたことから，活字や写植が使われなくなった現在でも，本格的な文書作成のことを「組版（くみはん）」と呼ぶことは少なくありません。

かつて，このような文書作成は専門の技術者の手に頼るしかありませんでしたが，ディジタル技術の進歩により，現在は個人レベルでもワープロアプリを用いたディジタル文書の作成や，より本格的なDTP（Desk Top Publishing，7.2.5項で後述）ができるようになりました。しかし，相手に情報や意図が正しく伝わる文書を作成するには，アプリケーションの使い方だけでなく，見出しや箇条書き，ヘッダー・フッターなどを用いて内容の構造化を図る技法のほか，文章や図表のレイアウト，文字形状（フォント）や配色の選択などに関する理解が必要不可欠です。例えば，フォントの選び方ひとつで文書のイメージは大きく変わります。また，ディジタル文書には，ネットワークとの親和性が高いものも含め，さまざまなフォーマット（ファイル形式）があります。情報の発信者としては，その目的に応じて適切なフォーマットを選択できるようになることが求められます。

7.2.2 フォント

活版印刷の時代，文章表現を豊かにするために，さまざまなデザインの活字を使い分けていました。もともと「フォント（Font）」という言葉は，同じサイズとデザインによる，ひと揃いの活字のセットを意味するものです。今日において，フォントは文字のデザインという意味になっており，文字情報に対して特定のフォントを指定することにより，文字の見た目（形状）が変化するしくみとなっています。

フォントはディスプレイモニタへの表示用およびプリンタでの印刷用にディジタル化されており，「ビットマップフォント」と「アウトラインフォント」の2つがあります。ビットマップフォントは，点の集まりで文字形状を表現しています。初期のディスプレイモニタやドットマトリックスプリンタなどに用いられていました。一方，アウトラインフォントは，座標を直線や曲線で結んだ輪郭線で文字形状を表現しています。拡大してもその美しさが保たれ，大きさ・形状などを自由に変更することができ，現在のディジタル文書では主流となっています。なお，この2つの違いは，7.5節で学ぶラスタ形式とベクタ方式の違いにも通底するものがあります。

日本語のフォントの代表格が「ゴシック体」と「明朝体」です。**ゴシック体**は文字の線（ストローク）を等幅にしたもの，「明朝体」は縦横で太さを変えたものです。欧文のフォントとしては「Times New Roman」「Helvetica」などがあり，「Times New Roman」のようにストロークの端の部分に飾りを付けたセリフ系と，「Helvetica」のように飾りをもたないサンセリフ系に大きく分類できます。加えて，同じ形状でも，ストロークを太くしたボールドや，全体を傾斜させたイタリックなどがあり，これをあわせて「フォントファミリー（Font-family）」と呼んでいます（図7.1）。

Arial Font Family

Arial Regular	***Arial Bold Italic***	*Arial Narrow Italic*
Arial Italic	**Arial Black**	**Arial Narrow Bold**
Arial Bold	Arial Narrow	***Arial Narrow Bold italic***

図 7.1 フォントファミリーの例（サンセリフ系）

── 7.2.3　ディジタル文書のフォーマット

　ディジタルデータをきちんと表示したり保存したりするためのルールを，フォーマット（または ファイル形式）と呼びます。ディジタル文書のフォーマットでは，文書の構造や内容をどのように 記述するかが定められています。Microsoft Word の「docx」のように，特定のアプリケーション でしか使えないフォーマットもあれば，PostScript や PDF のように，アプリケーションを問わず に使用できる汎用性の高いフォーマットもあります。PostScript は，出力されるページの内容やレ イアウトを記述するための言語（ページ記述言語）の代表格であり，どのデバイスでも同じ印刷イ メージを保つことが可能です。その後継として開発された PDF は，PostScript をさらに使いやす くしたもので，ディジタル文書の共有と印刷に適したフォーマットとして広く活用されています。 代表的な文書記述形式を，表 7.1 に示します。

表 7.1　代表的なディジタル文書のフォーマット

形式	拡張子	特徴
PostScript	ps	PostScript（ポストスクリプト）は，アドビシステムズ社が開発し，1984 年に発表し たページ記述言語。印刷処理用の命令セットであり，ページレイアウト，フォントの 選択，グラフィックの描画をサポートしています。ポストスクリプトを開発する過程 で，活字サイズを，72 分の 1 インチと定め，ポイントの標準寸法となっています。
PDF	pdf	PDF（Portable Document Format）は PostScript をベースに開発された文書フォー マット。レイアウトやフォントの情報を完全に再現できる上，ハイパーリンクや見出 しによるインデックスも実現できます。パスワードによるセキュリティ対策もでき， 出版物やカタログなどの電子ファイルとして配布するのに使用されています。
Microsoft Word	docx	Microsoft Word のファイル形式は，Microsoft Office 2007 から，ファイルの仕様を 変更しました。具体的には，Office Open XML Formats を採用し，XML で記述した ものを ZIP で圧縮した形式となっています。
TeX	tex	TeX（テック，テフ）はアメリカ合衆国の数学者・計算機科学者であるドナルド・ク ヌース（Donald Ervin Knuth）により開発された組版処理言語です。技術論文の記 述によく用いらいます。特に数式の記述に優れています。

── 7.2.4　マークアップ言語

　コンピュータで扱う情報を表現するための言語の一つに「マークアップ言語（Markup Lan-guage)」があります。マークアップ言語では，「< >」で囲んだタグなどによって文書の構造を表 現します。Web ページによく用いられるマークアップ言語 HTML での記述例を，図 7.2 に示しま す。なお，Web ページの場合，ページのタイトルや段落の区切りなどのページの論理構造につい ては HTML を，文字の大きさや色，行間などのデザインについては CSS（Cascading Style

```
<!DOCTYPE html>
<html lang="ja">
    <head>
        <meta charset="UTF-8">
        <title>お知らせ</title>
    </head>
    <body>
        <h3>東海大学 理系教育センターからのお知らせ</h3>
        <strong>○○募集</strong>
        <p>詳しくは<a href = "https://www.stem.u-tokai.ac.jp/">Web サイト</a>をご覧下さい。</p>
    </body>
</html>
```

図 7.2 マークアップ言語の例

表 7.2 マークアップ言語の種類と特徴

種類	特徴
HTML	HTML（HyperText Markup Language）は，Web ページを記述するための言語です。タグを使用して Web ページのレイアウトや論理構造を指定します。CSS を使用すると，Web サイト全体のデザインに統一性をもたせることができます。
XML	XML（Extensible Markup Language）は，Web ページを記述するほか，異なるシステム同士でのデータ交換などにも使用されます。HTML とは異なり，利用者が独自にタグを作成して，文書の属性情報や論理構造を定義できます。
SGML	SGML（Standard Generalized Markup Language）は，文書構造を記述するための標準記述言語です。ISO によって規格化されており，HTML や XML のもととなった言語で，書き方やタグの種類を定義します。
HTML5	HTML5（HyperText Markup Language version 5）は，HTML において 5 回目の改訂版となる言語です。文章を記述する機能の改良のほか，Web アプリケーション作成に役立つ各種 API の追加が行われています。

Sheets）という言語を用いることが一般的です。表 7.2 に，代表的なマークアップ言語の種類と特徴を示します。

7.2.5 DTP

DTP の起源は，Apple 社の PC「Macintosh」とレーザープリンタ「LaserWriter」，そして，レイアウトソフト「Aldus PageMaker」が出揃った 1985 年 1 月の Apple 社の株主総会において，当時のアルダス（Aldus）社のポール・ブレイナード（Paul Brainerd）社長が，初めて「Desk Top Publishing」という言葉を公の場で用いたことによります。DTP は，PC とレーザープリンタで（つまり机の上だけで）出版できるということよりも，「デスクトップ思想」にもとづくパブリシング・システムという意味が強くありました。「デスクトップ思想」とは，ディスプレイ画面を机（の上）に見立て，アイコンで示された作業対象をポインティングデバイス（マウス）で操作することで処理するという，GUI（Graphical User Interface）に込められた考え方です。直感的に使えるようにと考案された DTP は，誰もが本格的な出版活動ができるシステムとして発展してきまし

た。

現在の DTP ソフトウェアでは，組版の基本要素である，書体選択，組み方向，並びモード，字間（字送り），行長，行揃え，行間（行送り）のすべての項目において詳細に設定することができます。書体選択では，使用書体を選ぶだけではなく，合成フォントとして複数の書体を組み合わせて使うことができるようになりました。代表的な DTP アプリケーションとしては，Adobe 社の「Adobe InDesign」，Quark 社の「QuarkXPress」などがあります。

7.3 音声と音響

7.3.1 音の基礎知識

音は波の一種で，空気を振動させることで音波が発生します。音は進む方向と空気が振動する方向が平行であるので「縦波」と呼ばれ，空気の圧力の変化が伝わっていきます。この圧力の高低の変化で耳の鼓膜が振動することで，音を聞くことができます。音の大きさは，圧力の高低差が大きいほど，大きな音として感じられます。この圧力の高低差の 1/2 を「振幅」と呼びます。つまり，振幅が大きいほど大きな音として感じます。ただし，音の高さによって，同じ振幅でも聞こえ方が変わってきます。一定の時間内での圧力の高低の変化を「振動数」といい，この振動数が大きいほど高い音として感じます。人間が耳で聞くことができる周波数には個人差がありますが，20〜20,000 Hz といわれています。

7.3.2 音声のディジタル化

音をディジタル化するには，圧力変化を電圧変化に変換する必要があります。最初に，マイクを用いて電気信号に変換します。マイクは空気の圧力変化を電圧に変換する装置であり，マイクを通すことで音が連続した電圧値をもつ時間的，数値的に連続なアナログ信号に変換することができます。このアナログ信号をディジタルデータに変換するために，標本化と量子化を行います（第3章参照）。

ディジタル化するサンプリング周波数（標本を採る間隔）は，電話の場合が 8 kHz，CD の場合が 44.1 kHz です。CD 品質で 80 分の音声なら 800 MB にも達する大きなデータ量となります。そこで目的に応じて圧縮をかけ，データ量を削減することが行われています。

人間に聞こえる音はおよそ 20 kHz までですが，実際は 20 kHz の音を聞けることも稀であり，高周波数の音を落としてもそんなに聞こえ具合には変わりはありません。そこで人間の耳が認識できない程度にデータを削り，データ量を削減することが行われます。また，ある音が大きい音量で聞こえるときは他の音はさほど感じられなくなるというような心理的な効果を利用して，人間が感じにくいデータも削除できます。このような非可逆圧縮を行うファイル形式の代表は MP3 であり，音質をさほど損なうことなくデータ量を減らせるため，携帯プレイヤーやインターネット上での音楽のやりとりなどに広く利用されています。

7.3.3 ディジタル音声のフォーマット

ディジタル音声ファイルのフォーマットについて，表 7.3 に示します。

表 7.3 代表的な音声のフォーマット

形式	拡張子	説明
WAV (WAVE)	wav	WAV（ワブ，ウェブ，ウェーブ，Waveform Audio File Format）は，Windows で使用される標準的なサウンドデータです。音声波形を PCM によってコード化しています。サンプリング周波数は 44.1 kHz，量子化ビット数 16 bit が標準的です。
AIFF	aiff, aif	AIFF（Audio Interchange File Format）は，Apple 社により開発された音声ファイルフォーマットです。オーディオデータの交換に利用されるフォーマットであり，OS X では標準となっています。
MP3	mp3	MP3（MPEG-1 Audio Layer-3）は，サウンドデータの圧縮フォーマットであり，サンプリング周波数は 44.1 kHz，量子化ビット数 16 bit ステレオの CD 品質のサウンドなら約 1/10 まで圧縮できます。
MIDI	mid, smf	MIDI（ミディ，Musical Instrument Digital Interface）は，音の高さ，強さや音色などの演奏情報や操作情報のデータを伝送するための規格です。MIDI 音源というシンセサイザーをコントロールするためのフォーマットです。

　最後の MIDI 形式は，前述の音の圧縮を行うファイル形式とはまったく別のファイル形式です。MIDI 形式では「楽譜のデータ」のみを符号化します。また，MIDI ファイルを再生する際には，「MIDI 音源」という，いわゆるディジタルシンセサイザーで，MIDI ファイルに入っている楽譜を MIDI 音源によって順次演奏するという方法で音楽を再生します。この方法では，やりとりされるのが楽譜データだけなので，ファイルサイズ自体は小さくなるという利点があります。

7.3.4　DTM

　MIDI 形式のデータとディジタル音声の結合により，コンピュータ上で音楽を入力し，編集を行い，演奏できる「DTM」というシステムが利用されるようになってきました。

　DTM とは「Desk Top Music（デスクトップミュージック）」の略で，コンピュータを使用して音楽を作成・編集する技術の総称です。DTP をもじってつくられた和製英語で，英語圏では同一の技術を「Computer Music（コンピューターミュージック）」と呼んでいます。DTM システムは，コンピュータと DTM ソフトウェア，音声の入出力を行うオーディオインターフェース，そして音階データ（楽譜）を入力するキーボード（MIDI キーボードコントローラ）などで構成されています（図 7.3）。

　DTM ソフトの機能には，入力した音声データを編集し自動演奏する「シーケンサ機能」，複数の楽器の音を調整する「ミキサ機能」，音を加工し変化をつける「エフェクタ機能」，そして楽器の音色を再現できる音源モジュールにより音声を出力する「シンセサイザー機能」があり，個人レベルでの作曲，編集，演奏が可能となりました。

7.3.5　コミュニケーションとしての音声

　人間の発生する音である音声は，コミュニケーションの手段として重要な役割を果たしてきました。音声の特性を理解することによって，音声認識や音声合成等のシステムが開発されてきました。音声は基本的に母音と子音を組み合わせて表現されます。

　母音は気流の妨げが少なく，持続する共鳴音であり，子音は気流が妨げられ，持続しにくい音

DTM ソフトウェア（Apple 社 Logic Pro）

MIDI キーボードコントローラ（Roland 社 Roland A-49）

図 7.3 DTM システムの例

で，閉鎖音と摩擦音などがあります。母音は声帯でつくられた空気の振動（ピッチ周波数と呼ぶ）を舌の位置と唇の丸め方でフィルタリングして特徴づけられます。ピッチ周波数の差で声の高さが決まり，日本人の成人男性の平均値は約 125 Hz，成人女性の平均値は約 230 Hz です。

また，子音は母音の前に付加された気流の変化で形づくられます。音声の構造を波形で見てみると，子音部，過渡部，定常母音部で構成されていることがわかります。子音部は子音の種類によって異なり，例えば，サ行音は摩擦音，カ行音は破裂音，ナ行音は鼻音です。音声はこれらに加え

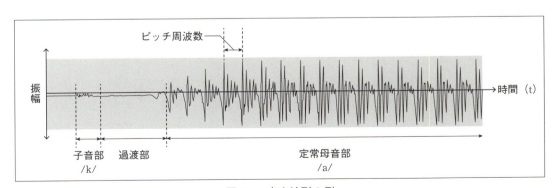

図 7.4 音声波形の例

（「かー」と発声）

て，過渡部での継続や変化によって構成されています（図7.4）。

　子音部，過渡部，定常母音部をそれぞれ切り出したものを音声素片（音素）と呼び，音声認識や音声合成のデータとして用いられています。

7.3.6　音声認識

　音声認識システムは，音声分析，音響モデル，言語モデル，探索過程の4つの部分で構成されています。音声分析では，入力した音声を音声認識に有効な特徴量である音素に分解します。音響モデルとは，大量の音声データ（音素）と音声データを書き起こしたテキストから構成されており，各音素の特徴のモデル化により作成された，ある種のデータベースといえます。言語モデルは，語彙，文法あるいは言語統計などにより，発声内容を規定するモデルです。探索過程では，規定された言語モデルの中で，入力音声に最も近い音響モデルの列を探し出す処理を行います。その過程を経て，音声認識システムは，入力された音声特徴の時系列データに最も合致する音素列を選び出し，テキストとして出力します。

7.3.7　音声合成

　ひらがなと漢字が混在する通常の文章を音声データに変換することを「テキスト音声合成」といいます。処理は大きく分けて，入力したテキストを解析して漢字に対する読みやアクセント，ポーズを付与する「テキスト解析処理」と，それらの情報にもとづいて音声を生成する「音声合成処理」から構成されています。

（1）テキスト解析処理

　音声にするための文章を指定すると，まず，その文章に対して最も適した読みやアクセントが決定されます。この処理を「テキスト解析処理」と呼びます。具体的には，例えば「音声」を「オンセイ」と読むということと，アクセントが「オン」の位置にあるということを特定することです。テキスト解析処理に誤りがあった場合は，合成音声の明瞭性や自然性に大きな影響を及ぼすことになるため，高い精度が要求されます。正しい読みやアクセントを得るためには前後の文脈なども考慮する必要があるため，単語辞書を用いて，連接する単語の文法的接続関係を手がかりに，高精度な読み・アクセント・ポーズ付与を実現します。

（2）音声合成処理

　テキスト解析処理の結果を実際の音声データに変換する処理を「音声合成処理」といいます。最初に，実際のアナウンサーなどによる音声を録音します。合成に必要な音素が網羅できるように子音，母音の組み合わせ，鼻音などさまざまな発音を収録します。収録音声データは音素に分解され，スムーズな合成ができるように調整・編集されてデータベース化されています。このデータベースから音素や音節などのデータを結合し，自然なアクセントやイントネーションを付加するのが，音声合成処理です。

7.4 色表現

マルチメディアコンテンツを作成するときの重要な要素に，色の表現があります。色彩の表現，その性質を示す指針として，色相，彩度，明度があり，これらを色の三属性といいます。色を作成する方法には，加法混色（RGB形式）と減法混色（CMY形式）の2種類があります（図7.5）。

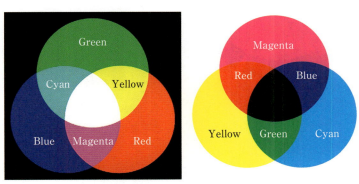

図 7.5　RGB 光の三原則の図（左）と CMY 色の三原色の図（右）

RGB形式は，光の三原色であるレッド（R）・グリーン（G）・ブルー（B）で表現したカラーモードであり，パソコンのモニターなどの液晶画面は色光で発色しているため，モニター表示での色の指定や確認は，後述のCMY形式よりRGB形式のほうが適しています。通常，RGB形式は各色を8 bit，10進法で0～255までの256段階で表記し，輝度は0が最小で255が最大となります（階調：後述）。RGBすべての輝度が最大となる最も明るいのが白（R：255，G：255，B：255）となり，最も暗いのは黒（R：0，G：0，B：0）となります。

CMY形式は，色の三原色であるシアン（C）・マゼンタ（M）・イエロー（Y）の3色でつくられるカラーモードです。各色を混合することによって色を表現します。掛け合わせる色の量を%で表し，0～100%からなります。CMYのすべての色を掛け合わせるとほぼ黒になります。しかし，インクを利用してCMYの3色すべてを掛け合わせても完全な黒を再現するのは困難であるため，実際にはキープレート（Key Plate）として黒インクを追加し，CMYK形式としています。プリンタのトナーがその例です。

ほかにも色表現する空間としては，HSL空間という，色の三属性である色相・彩度・明度を数値化して色を指定するものがあります。これらは，人の色知覚にもとづいたカラーモードであり，グラフィックソフトウェアで色を作成・指定するときに感覚的・直感的に作業を行うことができます。マンセル表色系は，1905年にアメリカの美術教育者で画家でもあったアルバート・マンセル（Albert Henry Munsell）によって考案されたカラーオーダーシステムで，色の三属性によって物体色を表示する典型的な表色体系です（図7.6）。

(1) 色相

色相は，色味の変化や種類を示したもので，赤，黄，緑，青といった色の種類のことです。これを円上にわかりやすく，体系的にまとめたものが「色相環」で，いくつかの「表色系」にもとづい

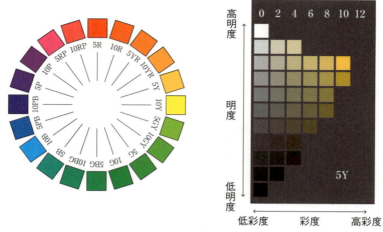

図7.6 マンセルの色相環（左）と明度と彩度の関係（右）

て体型化されています。JIS規格ではマンセル表色系を「マンセルシステム」と定義し，配色調和を考えるのに適した「日本色研配色体型」などがあります。

（2）明度

　明度は，色の明るさの度合いを表します。明度が高くなると色は明るくなり，低くなると暗くなります。同じ色でも明度を高くするとやわらかさや爽やかさなどの軽さが生まれるのに対し，明度を低くすると力強さや重厚さを表現することができます。異なる色同士の明度差を大きくすると活力や力強さが生まれ，逆に小さくすると穏やかさや上品さを生み出すことができます。

（3）彩度

　彩度は，色の鮮やかさの度合いを表します。彩度が高くなると色の純度は高くなり鮮やかな色となります。色のもっている特性を強調するには彩度を高くします。逆に彩度が低い場合はグレー色が増していくので色が濁り，個性が薄くなり馴染んで落ち着いた色になります。

7.5　画像と図形

7.5.1　ラスタ形式とベクタ形式

　コンピュータ上で図や画像を扱う際の考え方には，大きく分けてラスタグラフィクス（Raster Graphics）とベクタグラフィクス（Vector Graphics）の二種類があります。これらはラスタ形式やベクタ形式ともいいます。ラスタグラフィクスは，図を縦横に並んだ点の集まりとして捉え，図の編集は各点ごとに色合いや明暗を変化させることで行います。図を構成する個々の点を画素，またはピクセル（pixel）といい，pixelは「Picture Element」に由来します。また，点の集まりとして構成された図をビットマップイメージ，または略してビットマップと呼んでいます。

　一方，ベクタグラフィクスは図を線と座標で表現し，円・長方形・三角形，そして，曲線といった基本的な図形の集まりとして捉え，図形単位で処理をします。図の編集は，その図に新たな図形

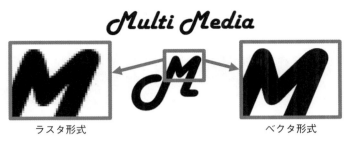

図 7.7　ラスタ形式（左）とベクタ形式（右）

を追加したり，含まれている図形を変形したり消去したりすることで行います（図 7.7）。

7.5.2　画像のディジタル化

　画像は 2 次元平面上で連続した濃淡をもったアナログデータといえます。コンピュータで取り扱うには，アナログ画像をディジタル画像に変換する必要があります。音声のディジタル化で説明したように，標本化と量子化を行う必要があります。一般にアナログ画像では濃淡値は実数値で表され，ディジタル画像は整数値として表されます。画像のディジタル化は，画像の平面上をある大きさで区切り，その区画内の色や濃淡の平均値をディジタル値として変換することです（図 7.8）。

元画像　　　　　　　標本化　　　　　　　量子化
　　　　　　　ピラミッドの頂上部分を拡大　8 bit：グレースケール画像

図 7.8　画像のディジタル化（標本化と量子化）

7.5.3　ディジタル画像の階調と解像度

　解像度とは，標本化するとき，画像や画面，紙面などを構成する画素（ピクセル／ドット）の密度を指します。画素の細かさ，すなわち単位長さあたりの密度のことを一般に解像度といいます。解像度が高いほど点は微細になり，より精細な表現が可能となります。しかし，解像度が高いとデータ量が増加し，解像度が低くなると次第に個々の点や格子が視認できるようになり，モザイク状のぼやけた表現となります（図 7.9）。ディスプレイやプリンタなどの出力装置の場合には，画面表示する像や紙面へ印刷する像の微細さを表し，イメージスキャナなどの入力装置の場合には読み取り面を画素に分解する細かさを表します。解像度の単位は一般に幅 1 インチ（約 2.54 cm）あたりに並ぶ点の個数である「ピクセル毎インチ」（ppi：pixel per inch）あるいは「ドット毎インチ」（dpi：dot per inch）が用いられます。例えば，100 ppi なら 1 インチを 100 の点に分解して扱うこ

元画像
(3.25 cm×3.25 cm の写真)

200 dpi (2倍に拡大)　　100 dpi (2倍に拡大)　　50 dpi (2倍に拡大)

図 7.9 解像度の違いの例

とを意味し，1つの画素は直径約 0.254 mm の円か幅 0.254 mm の格子となります。ディスプレイの画面解像度では，本来の解像度の意味である画素密度（ppi）のほかに，慣用的に画面の構成画素数（総画素数）のことを解像度ということがあります。この場合，横方向の画素数と縦方向の画素数をかけ合わせ，1920×1080 のように記述します。

階調とは，量子化する際に色の濃さや明るさを何段階で表現することができるかを表す数です。この数が大きいほど細かな色や明るさの違いを表現できることになります（図 7.10）。

画素あたりのデータ量は階調数によって変化します。最も単純な階調は白黒画像（モノクロ2階調）であり，すべての画素が白と黒のいずれかで表現されます。一般に，モノクロ画像あるいはグレースケール画像と呼ばれるものは，白と黒の中間に濃さの異なる複数の灰色を用いて表現します。よく用いられる 256 階調（各画素の情報量は 8 bit）のモノクロ画像では，白から黒の間を 254 段階の灰色で表現し，256 色を表現できます。カラー画像の場合は色を三原色に分解し，各色の階調の組み合わせで表現できる色の数が決まります。一般的なディスプレイモニタの表示に使用する

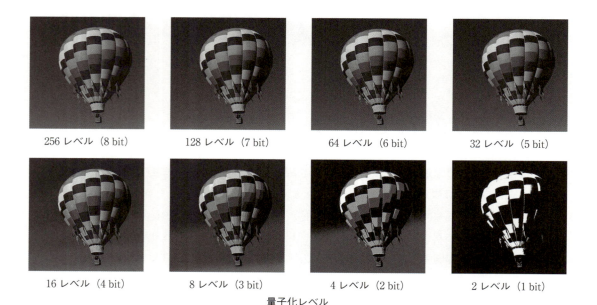

256 レベル (8 bit)　　128 レベル (7 bit)　　64 レベル (6 bit)　　32 レベル (5 bit)

16 レベル (4 bit)　　8 レベル (3 bit)　　4 レベル (2 bit)　　2 レベル (1 bit)

量子化レベル

図 7.10 階調の違いの例

RGB 系では，色をレッド（R）・グリーン（G），ブルー（B）の 3 色に分解し，それぞれを同じ階調で表現することが一般的です。この各色について 256 段階（8 bit）の階調を扱う場合は「フルカラー」（Full Color）あるいは「トゥルーカラー」（True Color）と呼び，1677 万 7216 色を表現することができます。

7.5.4 ディジタル画像のフォーマット

ディジタル画像のフォーマットは，画像データを効率的に保存・管理・表示するための規格です。画像の品質，ファイルサイズ，圧縮方法などフォーマットによって異なるため，用途に応じて適切なフォーマットを選択することが重要です。

表 7.4 代表的な画像のフォーマット

形式	拡張子	説明
PNG	png	PNG（ピング，ピン，Portable Network Graphics）は，WEB ブラウザでの使用を目的に開発されたビットマップ画像を扱うフォーマットです。圧縮アルゴリズムとして Deflate を採用しており，圧縮による画質の劣化のない可逆圧縮の画像ファイルフォーマットです。背景を透明にした画像も取り扱えます。
JPEG	jpg，jpeg	JPEG（ジェイペグ，Joint Photographic Experts Group）は，コンピュータなどで扱われる静止画像のディジタルデータを圧縮する方式の一つであり，それをつくった組織の略称です。一般的に DCT を用いた非可逆圧縮の画像フォーマットですが，可逆圧縮形式もサポートしています。自然画像に有効であり，高い圧縮率を実現できます。
BMP	bmp	BMP（ビーエムピー，ビットマップ，Microsoft Windows Bitmap Image）。Microsoft Windows における標準的な画像フォーマットです。Windows の標準では無圧縮のファイルを生成します。そのため画質の劣化がありません。ただし無圧縮であるためデータ容量が膨大になる難点もあります。そこで，色数を削減して，データ容量を圧縮したうえで保存することも可能です。白と黒のモノクロ 2 値から，16 色，256 色，1677 万 7216 色（フルカラー）までを設定することが可能です。
GIF	gif	GIF（ジフ，Graphics Interchange Format）は，256 色以下の画像を扱うことができる可逆圧縮形式の画像フォーマットです。圧縮形式の特性上，同一色が連続する画像の圧縮率が高くなるため，イラストやボタン画像など，使用色数の少ない画像への使用に適しています。特定色を透明化し，画像の背景を透過表示する透過 GIF 機能，複数画像を 1 つのファイルに収録してアニメーション表示する GIF アニメーション機能，ファイル読み込みの進捗に合わせて段階的に画像を表示するインターレース GIF 機能などが利用されています。
TIFF	tif，tiff	TIFF（ティフ，Tagged Image File Format）は，高密度の画像データファイルを保存するための画像フォーマットです。TIFF ファイルでは，画像データの先頭部分に記録形式についての属性情報（タグ）が記録されます。これに依拠してデータの再生方式が決定され，保存の際には解像度や色数，符号化の方式などのさまざまな形式に対応できるため，自由度が高いです。なお TIFF ファイルは，通常無圧縮ですが，LZW 方式を用いた圧縮も行えます。
EPS	eps	EPS（Encapsulated PostScript）は，PostScript をベースとし，バウンディングボックスやプレビュー画像等の他のメディアに埋め込む際に必要な情報を補った画像フォーマットです。ベクトルデータとビットマップデータの両方を含むことができ，ベクトルデータのみを含む EPS ファイルは，画像を拡大しても画質が落ちることはないですが，同じ EPS でもビットマップデータを含む EPS ファイルに関しては，画像を拡大するとビットマップ部分の画質が落ちることがあります。

ディジタル画像のフォーマットについて表7.4に示します。

7.5.5 ディジタル画像処理

ディジタル画像の利点の一つに，画像処理という画像変換手法があります。画像処理とは，画像を加工し出力する処理を指します。大きく分けて，画像の濃淡の分布に着目したコントラスト変換，空間的情報の変換である鮮鋭化・平滑化，幾何学的情報の変換である画像の回転と変形や画像の再標本化（再配列）と補間などがあります。さらに，画像から特定の情報を抽出する処理や，データの伝送や蓄積のための処理なども含まれます。

7.5.6 図形処理と CG

CAD などの線画を取り扱うベクタ画像では，基本的な図形は線分の座標の集まりで表現できます。円の場合，中心座標と半径，線の太さで形状を指定できます。曲線を表す場合，短い直線の集まりとして近似すると精密な曲線を描くことは困難です。そこで，曲線の両端点（アンカーポイントともいう）と，その間の曲率を与えることにより，曲線をより正確に近似できます。その代表的な手法が，ベジェ曲線やBスプライン曲線です。

ベクタ画像の図形処理には大きく分けて，幾何変換と投影があります。幾何変換は2次元や3次元座標系に定義された図形の位置や形状に変化を与える処理です。投影とは，3次元図形をディスプレイモニタ等の2次元データとして，人間の目の位置に相当する視点から投影する処理であり，3DCGの処理としてよく用いられます。

CGの種類は大きく分けて二つあります。ドローイング（Drawing）は，「コンピュータを使って描く絵」で，主に「ペイント系」，「ドロー系」の二つに分類されます。ペイント系ソフトはラスタ形式のデータを主に扱い，フリーハンド描画や写真修整に適しています。代表的なものとして，Adobe 社「Adobe Photoshop」，Alludo 社の「PaintShop Pro」などがあります。ドロー系ソフトはベクタ形式のデータを主に扱い，ロゴデザインや設計・製図などに適しています。代表的なものとして，Adobe 社の「Adobe Illustrator」，AutoDesk 社の「Autodesk AutoCAD」などがあります。

3DCG は，コンピュータに物体の形状，マテリアル，テクスチャを設定しモデリングを行い，さらにカメラの向きと画角と位置，光源の強度と位置などの情報を入力して，コンピュータ自身にプログラムで画像を計算・生成させる手法です。カメラの位置を少しずつ変えたり，物体の位置を変えたりするだけで，異なる画像を大量につくり出すことができます。図7.11に，各種CGの例を示します。3DCGソフトウェアの代表的なものとして，オランダの非営利団体 Blender Foundation が提供しているフリーソフトの「Blender」，Autodesk 社の「Autodesk 3ds Max」などがあります。

ドロー系ソフトによる CG の例
(Adobe 社 Adobe Photoshop)

ペイント系ソフトによる CG の例
(Adobe 社 Adobe Illustrator)

3D モデリングソフトによる CG の例
(Blender Foundation Blender)

図 7.11　CG 作品の例

7.6　映像

7.6.1　デジタルデータとしての動画

　動画の原理は人間の目の残像を利用しており，動きのある静止画を画面上で連続して表示することで，動画として認識させています。通常，映画では 1 秒間に 24 コマ再生します。これは，人間が連続して再生される静止画を動画として認識するための切り替え時間に依存しています。

　コンピュータ上の動画は，映画のフィルムの場合の 1 コマずつのフレームをデジタル化された静止画として保存し，それを画面上で連続して書き換えて再生します。テレビ放送の場合，1 秒間あたりの再生コマ数が約 30 コマとなり，これを 30fps（フレーム／秒）と表現します。

7.6.2　動画の解像度

　動画としての解像度については放送上の規格があります。以下に，その代表的な解像度について説明します。なお，ネット配信のための解像度の規格もありますが，ここでは説明を省きます。

(1) SD 画質

　標準解像度（SD：Standard Definition）は，アナログ放送の画質に相当し，団体，国によって名称や定義する範囲が異なります。DVD の画質がこれに相当します。画素数は，720×480（480p）が一般的で，約 35 万画素です。

(2) HD 画質（ハイビジョン）

　高精細度ビデオ（HD：High Definition Video）は，日本ではハイビジョンと呼ばれています。

画素数は，1280×720（720p）が一般的で，約 92 万画素です。地上ディジタル放送の画素数は
1440×1080 の 155 万画素ですが，後述のフルハイビジョン（1920×1080）より少ないため，単に
ハイビジョンと呼んでいます。

（3）フル HD 画質（フルハイビジョン）

フル HD（Full High Definition）は，1920×1080（1080p）の解像度のものを指し，ブルーレイ
画質がこれに該当します。日本ではハイビジョンは，解像度 1280×720〜1920×1080 のものを指し
ていますが，その中で最高画質の 1920×1080，207 万画素をフル HD と呼んでいます。

（4）4K 画質，8K 画質

4K（4K Resolution）は，解像度が 3840×2160（2160p）の画質を指します。フルハイビジョン
の 4 倍の画素数をもっています。8K（8K Resolution）は，解像度が 7680×4320（4320p）です。

動画の解像度表現には，480p，480i など，p と i の二種類が存在します。この 480p や 720p の数
字の部分は，有効走査線数（＝縦の解像度）を指し，走査方式がインターレーススキャンの場合に
i，プログレッシブスキャンの場合に p を付けます。インターレースの場合は奇数・偶数の走査線
を交互に描写しフレームを表示するのに対し，プログレッシブの場合は 1 回の描写でフレームを表
示します。そのため，単純に比較すると，プログレッシブ方式のほうがちらつきも少なく，より鮮
明に見えます。

── 7.6.3　映像データのフォーマット

例えば，DVD の画質（720×480 ピクセル）でフルカラー（24bit）の画像を，1 秒間 30 フレー
ムで 60 秒間記録する場合，フルカラーは 1 画素につき 3 byte 使用するため，（720×480×（1 秒
間）30 フレーム×60 秒×3 byte）＝1866240000 byte＝ 約 1.7 GB の容量となります。このように動
画は，わずかな長さであってもそのデータ容量は巨大になります。そこで，圧縮技術が必要となり
ます。例えば，動画において，隣り合うフレーム同士がすべての画素において異なる色をもつとは
限りません。そのため，1 秒間のフレーム数が多ければ多いほど，隣り合うフレーム間で実際に異
なるデータは画面の中でわずかな領域になることが多いです。したがって，前のフレームと違う部
分（差分）だけを保存し，再生時に合成することでコマをつくり出す圧縮方法が用いられます。こ
れを差分圧縮といいます。さらに，1 コマの中でも同じ色が連続する部分をまとめて保存すること
で圧縮効率を上げる手法もあります。このような圧縮方法を取り入れた動画のデータフォーマット
には，さまざまなものがあります。表 7.5 に，よく用いられる動画データのフォーマットを示しま
す。

表 7.5　代表的な動画のフォーマット

形式	拡張子	説明
AVI	avi	AVI（Audio Video Interleave）は動画用ファイルフォーマットです。Video for Windows とも呼ばれます。RIFF というフォーマットを利用し，画像と音声を交互に織り交ぜながら（インターリーブ）格納します。さまざまなコーデックに対応しており，ディジタルビデオ用の DV フォーマットの圧縮にも対応しています。
MOV	mov	MOV は，Apple 社が開発したマルチメディア技術のフレームワーク「Quick Time」における動画ファイルのフォーマットです。音楽，動画，画像，テキストデータなどを取り扱うことができます。加えて MIDI のためのミュージックトラックが用意されています。大きな画像の一部をスクロール表示できる QuickTime VR もあり，パノラマ画像や全周画像の表示もできます。
MP4	mp4	MP4 はディジタルマルチメディアコンテナファイルフォーマットの一種です。ビデオやオーディオを格納するのによく用いられ，他にも字幕や静止画なども格納できます。h.264 コーデックとセットで使用される事がかなり多いです。MP4 は，MPEG-4 Part 14 で標準化されています。
WMV	wmv	WMV（Windows Media Video）は，Microsoft 社が Windows Media Format の中核をなすものとして開発したビデオコーデックで，MPEG-4 をベースとしています。オーディオコーデックとして，Windows Media Audio（WMA）であり，一般には WMV と WMA の組み合わせが用いられます。再生には Windows Media Player を用います。
WebM	webm	WebM（ウェブエム）は，Google が主導して開発したオープンソースの動画ファイルのフォーマットです。高品質ながらもファイルサイズを小さく保つことが可能で，特に Web 上での動画再生に最適化されています。WebM は，HTML5 のために作成されており，Google Chrome や Mozilla Firefox，Microsoft Edge といった主要なブラウザで，プラグインの追加なしで直接再生が可能です。
FLV	flv	FLV（Flash Video）は，Adobe 社の「Adobe Flash Player」用に開発された動画ファイルのフォーマットです。コーデックがなくてもプレーヤーさえあれば再生が可能なため，かつて多くの動画制作に取り入れられ，WEB サイトや「YouTube」などの動画サイトで利用されました。近年は，HTML5 が普及したことや，Adobe Flash がサービスを停止したことで，使用場面が減っています。

7.7　アニメーション

7.7.1　CG アニメーションの構成

　アニメーションの語源となるアニメート（Animate）は「生命を吹き込む」という意味をもち，本来動かないものに動きを与えることを意味します。アニメーションには，動作や形が少しずつ異なる多くの絵や人形を 1 コマずつ撮影し，映写したときに画像が連続して動いて見えるようにする手法，ビデオレコーダーによる手法，そしてコンピュータ - グラフィックスを応用する手法があります。映画の場合は毎秒 24 枚，一般のテレビなどの場合は毎秒 30 枚の画像を切り替えています。そのため，1 分に満たない程度のアニメーションでも，1000 枚近い絵が必要となります。そこで，セルという透明なシートに，動かない背景と動きのある登場人物などを別々のセルに描き，それらを重ねて撮影することで，制作にかかる手間を省いています。これらをコンピュータ上で CG により再現したものが，CG アニメーションです。

7.7.2 キーフレームアニメーション

アニメーションは時系列の連続する絵の集まりであり，動作の基本となるフレームをキーフレームと呼びます。コンピュータ上でキーフレーム間を計算により自動的に補完し，アニメーションを作成する手法をキーフレームアニメーションと呼びます。これは，トゥイーンアニメーションと呼ばれることもあります。

キーフレームアニメーションでは，各キーフレームで物体の位置，向き，大きさ，色，カメラなどのパラメータを設定し，その間の物理的な動きを計算によって補完することで作成します。

キーフレーム間を補完する手法には，直線的に補完する方法だけではなく，滑らかな動きを表現するためにスプライン関数を用いた補完法もよく用いられます。例えば，A点からB点への移動を行うアニメーションの場合，ゆっくり動き出し，徐々に加速し，減速して停止するという動作が考えられます。これらを再現するのがイーズアウト・イーズインという手法であり，より自然なアニメーションを実現できます（図7.12）。

図 7.12 キーフレームアニメーションの例
（Adobe 社 Adobe Animate）

7.7.3 キャラクタのアニメーション

人間や動物のように複雑な構造をもつキャラクタのアニメーションを，キーフレームアニメーションで作成する場合は，多くのパラメータを設定する対応点が必要となります。そこで，骨格に相当するアーマチュア（ボーン）をあてはめて，その動きをアニメーションする方式があります。特に3DCGアニメーションでは，人間のような多関節物体を，頭，首，肩，上腕，肘，前腕，手首，右手，指のようにノードの階層構造で表します。上腕に動きを与えると，それ以下のノードを一括して移動させることになります。これらのノードを順番に1つずつパラメータを与えていく手法をフォワードキネマティクスと呼んでいます。しかし，精密なアニメーションを作成するには，作業量が膨大になります。そこで，手の先の位置を指定するだけで各関節のパラメータが自動的に求められる手法が開発されており，逆運動学による動作付け，インバースキネマティクスと呼ばれています。インバースキネマティクスでは，各関節に曲がりやすさのパラメータ，回転の向きの制限などを設定できます。その設定によって，より自然な動きをもつアニメーションが作成できます

図 7.13 インバースキネマティクスの例
(Blender Foundation Blender)

（図 7.13）。

7.7.4 物理ベースアニメーション

自然なアニメーションを実現するために，物理ベースでシミュレーションを行うことにより3DCG を作成することが多くなってきました。この手法は，雲，煙，爆発，噴水のような流体などを表現するのに用いられています。また，進化・成長モデルにより，植物の成長のアニメーションなども作成できます。

多数の粒子を用いて物体を定義することをパーティクルシステムと呼びます。パーティクルは基本的な形状をもちませんが，パーティクルシステムで物理シミュレーションにもとづくアニメーションを作成し，各パーティクルにオブジェクトを対応させることで，大量のオブジェクトに対して一括して動きを制御することが可能になります。これによって，雪，花吹雪，花火，爆発などの表現や，雨や噴水，滝などの流体のアニメーションも実現することが可能になります。図 7.14 に，物理シミュレーションで作成した 3DCG アニメーションの例を示します。

流体　　　　　　　　　　　　　　　　振動

図 7.14 物理ベースアニメーション（シミュレーション）の例
(Blender Foundation Blender)

7.8　バーチャルリアリティ

本節では，近年，アミューズメントパークやゲームだけでなく，さまざまな分野で利用されているバーチャルリアリティを支える技術について学習します。

7.8.1　バーチャルリアリティとは

バーチャルリアリティ（VR：Virtual Reality）とは，コンピュータ上に作られた世界を，実際の感覚を通して体感する技術，およびその世界のことです。日本バーチャルリアリティ学会では「みかけや形は原物そのものではないが，本質的あるいは効果としては現実であり原物であること」と定義しています。日本語訳は，仮想現実または人工現実感です。

7.8.2　バーチャルリアリティの機能

バーチャルリアルティの機能として重要なのは，臨場感，対話性，自律性です。臨場感は，視覚，聴覚，触覚などの情報が高品質であるほど効果を発揮します。視覚であれば，視野の広さ，画像の奥行き感や立体感などが挙げられます。聴覚では音場の広がり，3次元空間における音源の定位を考慮することで，あたかもその場所にいるような感覚を生み出します。対話性は，ユーザの動作が仮想空間に反映されることです。映画鑑賞のように受動的では，単なる傍観者となってしまいます。そこで，さまざまなフィードバックによって，自分の体が仮想空間に存在するように感じられるようにする必要があります。これを自己投射性と呼びます。仮想空間の中にユーザの手や足などの分身を，動作を合わせて映しこむことで自分の位置を感覚的に理解できるようにする手法が代表的であり，加えて360度動画やCGの映像を使って，没入感の高い体験ができるように配慮しています。

7.8.3　バーチャルリアリティを支える技術

バーチャルリアリティは，ユーザがコンピュータが生成した世界に没入できる技術です。これを実現するためには，さまざまな高度な技術が組み合わさっています。

（1）VRヘッドセット

近年，フルHDの解像度をもち，ヘッドセットに取り付けられた赤外線LEDと外部センサを使用することにより，頭部の傾きだけでなくユーザの位置を追跡するトラッキング機能をもつ高性能VRヘッドセットが登場しており，幅広い空間でVRヘッドセットを追跡できます（図7.15）。

（2）バーチャルリアリティを促進する周辺機器

バーチャルリアリティでは，歩行を体験できるデバイスや，360度の映像を撮影する機材の開発も進んでいます。視覚，聴覚だけではなく，VRヘッドセットと連動して仮想空間で歩く，走る，ジャンプするといった動作ができる大型のコントローラも開発されています。プラットフォーム上に腰を固定する器具とセンサを備えた低摩擦マットを配置し，低摩擦の専用靴を使用することで歩行動作を再現できるシステムも登場しています。

図 7.15 VR ヘッドセットとコントローラ
（Meta 社 Oculus Quest 2）

図 7.16 複合現実のイメージ

7.8.4 拡張現実（感）

AR（Augmented Reality）は，一般的に「拡張現実」と訳されます．実在する風景にバーチャルの視覚情報を重ねて表示することで，目の前にある世界を「仮想的に拡張する」というものです．特に近年は，スマートフォン向けサービスとして比較的簡単に実現できることもあり，日常生活の利便性を向上させ，新しい楽しみを生み出せる革新的な技術として注目を集めています．バーチャルリアリティ技術は，現実世界における人間の能力を拡張するというコンセプトをもっており，リアルタイムでシームレスに2つの世界の同期をとるために，実世界の映像に仮想的な物体のCG映像やデータを重ねて表示することで拡張現実を実現しています．近年では，ARヘッドマウントディスプレイを利用し，容易に体験できるようになっています．

MR（Mixed Reality）は，日本語で「複合現実」と訳されます．仮想現実（VR）と拡張現実（AR）の両方を合わせたような特徴をもち，単に現実世界へデジタル映像を投影するのではなく，現実世界の中に仮想世界の情報や映像などを取り込んで，あたかもそこに存在するかのようにします（図 7.16）．製造業や医療，教育などさまざまな分野での利用が期待されています．Microsoft 社の Microsoft HoloLens 2 や Apple 社の Apple Vision Pro などが代表的な製品といえます．

参考文献

CG-ARTS，コンピュータグラフィックス［改訂新版］，画像情報教育振興協会（CG-ARTS）（2015）
CG-ARTS 協会，ディジタル映像表現：CG によるアニメーション制作―［改訂新版］，画像情報教育振興協会（CG-ARTS 協会）（2015）
CG-ARTS，ディジタル画像処理［改訂新版］，画像情報教育振興協会（CG-ARTS）（2015）
CG-ARTS 協会，入門 CG デザイン：CG 制作の基礎［改訂新版］，画像情報教育振興協会（CG-ARTS 協会）（2015）
CG-ARTS，入門マルチメディア［改訂新版］，画像情報教育振興協会（CG-ARTS）（2018）
CG-ARTS，ビジュアル情報処理：CG・画像処理入門―［改訂新版］，画像情報教育振興協会（CG-ARTS）（2017）
荒木雅弘，フリーソフトでつくる音声認識システム：パターン認識・機械学習の初歩から対話システムまで　第 2 版，森北出版（2017）
黒橋禎夫，柴田知秀，自然言語処理概論（ライブラリ情報学コア・テキスト），サイエンス社（2016）
バーチャルリアリティ学会，https://vrsj.org/about/virtualreality/（2025/1/29 閲覧）
古井貞熙，新音響・音声工学，近代科学社（2006）

Chapter 8 インターフェースデザイン

インターフェースデザイン（Interface Design）とは，ユーザとデジタルプロダクトやサービスとの間の相互作用を設計するプロセスのことで，ユーザが情報へのアクセス，理解，操作を容易にするための重要な要素となります。Webサイトなどのナビゲーションは，効率的な情報の探索を支援し，ユニバーサルデザインはすべての人々が利用しやすい製品，サービス，環境のデザインを目的としています。また，記号要素は情報を直感的に伝達し，GUI（Graphical User Interface）はユーザが視覚的に対話するためのインターフェースを提供します。本章では，インターフェースデザインの重要性や有益性について理解を深めます。

8.1 インターフェースとナビゲーション

8.1.1 Webサイトとユーザインターフェース

Webサイトは優れたコンテンツを提供するだけではなく，より快適なユーザインターフェースを提供することも重要な目的の一つです。利用者はブラウザからWebサイトのユーザインターフェースを操作し，コンテンツに到達したり，希望する作業を行ったりします。そのため，Webサイトのユーザインターフェースには，以下の3つの役割を満たすことが求められています。

(1) 現在のWebサイトの状態をユーザに知らせる

ユーザがWebページを閲覧したときに，どのページを見ているのか，どの部分が操作可能であり，操作を行うことでどのような結果が生じるのかという情報を正しく伝達する必要があります（図8.1）。

(2) ユーザの操作を実行部分に渡す

ユーザが作業を行うとき，ユーザから受け取った操作を，Webサーバや，その中で稼働しているプログラムに渡す役割をもちます。

Showing 101 to 125 of 125 entries	現在の表示箇所を示している。
	操作可能なテキストリンクは文字がはっきりと表示されている。
Previous 1 2 3 4 5 Next	現在の位置，操作できないテキストリンクは灰色で表示している。

図8.1 WEBサイトの状態の表示

（3）操作の結果をユーザに知らせる

　ハイパーリンクのクリックによるリンク先のページを表示するという目的とは別に，操作の結果を報告するという役割もあります．結果報告においては，正しく作業が終了したのか，失敗した場合にはその原因が，入力ミスかサーバの不具合なのかなど，詳しい説明が必要となることが多くあります．

8.1.2　ナビゲーション

　Webサイトを制作する際に重要なことは，Webサイトの層構造を考慮したナビゲーション機能を用意することです．ナビゲーションは，ユーザがWebサイトに掲載されている情報に柔軟性をもって効率的にアクセスするための機能であり，その目的によってさまざまな手法が用いられます．代表的な3つの例を以下に示します（図8.2）．

（1）Webサイト内を案内する

　Webサイトを訪れたユーザが迷うことなく目的のコンテンツへたどり着けるようにするためのナビゲーション機能です．ナビゲーションバー，リンクボタン，サイトマップ，Webサイト内検索機能などの手法があります．

図 8.2　Webサイトのナビゲーションの例

(2) Web サイト内の位置情報を示す

ユーザが現在閲覧しているコンテンツが Web サイト内のどの場所にあるかを簡単に把握できるためのナビゲーション機能です。トピックパス（パンくずリスト），ナビゲーションバーメニューのフォーカスなどの手法があります。

(3) コンテンツのガイドをする

コンテンツ内容や利用法をガイダンスする機能も，入力ミスなどを防ぐナビゲーション機能です。入力フォームガイド機能，ヘルプコンテンツなどの手法があります。

8.2 ユニバーサルデザイン

8.2.1 ユニバーサルデザインとは

ユニバーサルデザインとは，「特別な製品や調整なしで，最大限可能な限り，すべての人々に利用しやすい製品，サービス，環境のデザイン」のことです。平成 14 年に閣議決定された「障害者基本計画」，また 2006 年に国連総会において採択された「障害者の権利に関する条約」では，以下のように定められています。

- あらかじめ，障害の有無，年齢，性別，人種等にかかわらず多様な人々が利用しやすいよう都市や生活環境をデザインする考え方。（「障害者基本計画」より）
- 「ユニバーサルデザイン」とは，調整又は特別な設計を必要とすることなく，最大限可能な範囲ですべての人が使用することのできる製品，環境，計画及びサービスの設計をいう。（「障害者の権利に関する条約第 2 条（定義）」より）

ユニバーサルデザインの代表的な例としてよく取り上げられるシャンプーの容器には，触っただけでリンスの容器と区別できるように突起がついています。これにより目が不自由な人はもちろん，シャンプーの最中に目を閉じていてもシャンプーとリンスの区別がつけられるようになりました。

一般的にデザインというと，ファッションや商品の「デザイン」をイメージしますが，ユニバーサルデザインが指す「デザイン」はより広い意味をもち，見た目だけのデザインではなく構造なども含むトータルなデザインが重要です。

8.2.2 ユニバーサルデザインの提唱

ユニバーサルデザインは 1980 年代，アメリカのロナルド・メイス（Ronald Mace）によって提唱されました。ノース・カロライナ州立大学センター・フォー・ユニバーサル・デザインの所長であり建築家でもあったメイスは，彼自身にも障害がありました。メイスがユニバーサルデザインを提唱するきっかけとなったのは，1990 年にアメリカで施行された「ADA（Americans with Disabilities Act）」という法律です。ADA は，障害のある人が利用しにくい施設を「差別的」と位置づけ，雇用の機会均等と，製品やサービスへのアクセス権を保障した画期的な法律でした。例え

ば，「建物であれば必ずどこかに，車いす利用者の入れるスロープを設けなければならない」など
といった細かな規定が盛り込まれていました。

　しかしADAも，すべての製品やサービスを対象としているわけでなく，法律の基準を満たして
いるからといって，障害のある人が日常生活であらゆる不便を感じなくなるということは難しい問
題でした。メイスはこうした法律の限界を踏まえ，障害のある人を特別視せずに，あらゆる人が快
適に暮らせるデザインとしてユニバーサルデザインを提唱したのです。

8.2.3　ユニバーサルデザインの基本的な考え方

　デザインは感性の世界であるため，「これは完璧なユニバーサルデザインである」と評価するこ
とは難しいです。ここでは具体例として，室内照明のスイッチについて考えてみましょう。

　壁にスイッチがなかった時代は，天井からつり下げられた電球のソケットの根元に付いたスイッ
チやひもで照明のオン・オフを行っていました。当然，ひもに手が届かない人や指先の複雑な動作
ができない人は，照明を点けたり消したりすることは困難でした。壁にスイッチができると，小柄
な人や子どもでも簡単に照明を操作できるようになりました。最近では，これまでに比べて押しボ
タンが大きいスイッチも登場し，指先を動かすのが得意でない人も，両手に荷物を持った人も肩を
使ってスイッチを押せるようになりました。しかし，スイッチに手が届かない人や，身体がまった
く動かせない人は，このスイッチでも使用することはできません。

　ひもを使って照明のオン・オフをしていたころに比べれば，たしかに大きなスイッチは，「より」
ユニバーサルなデザインであるといえます。一方で，人が触れることなく照明の操作ができるセン
サ式のスイッチは，大きなスイッチよりも「より」ユニバーサルデザインに配慮しているといえま
す。ユニバーサルデザインは，「このデザインとこのデザインだったら，こちらのほうが使いやす
い人が多いのではないか」という，あくまでも「比較級」の考え方です。

8.2.4　ユニバーサルデザインの7原則

　ユニバーサルデザインを理解するための視点として重要なのが，2005年にユニバーサルデザイ
ンの主宰者たちによって提示された「ユニバーサルデザインの7原則」です。ただし，この7原則
は，製品やサービスがユニバーサルデザインであるかを評価する絶対的な基準ではありません。ユ
ニバーサルデザインの使いやすさを評価するのは，あくまでも利用者です。利用者が「使いにく
い」と感じた場合には，この7原則の視点に立ち返り，何が不足しているのかを確認し，改善して
いくことが重要です。

原則1　誰であろうと公平に利用できること（Equitable Use／利用における公平性）

　「公平な利用」とは，どのような人でも公平に使えるものであるということです。

　例えば，自動ドアは，通過しようと人が接近するだけでドアが自動的に開きます。車いすの人で
も，小さな子どもでも，目や耳の不自由な人でも，誰かを呼んで介助を依頼したり，別の出入り口
を利用したりすることなく使うことができます。また，自動ドアは今まで押したり引いたりするド
アを使っていた人たちにとっても，買い物などで両手がふさがっていても簡単にドアを開閉でき，
より便利となります。このように，利用者全員が同じ手段を使うことができ，特別扱いをされず，

さまざまなユーザに便利であることが「公平な利用」ということです。

原則2 利用する上での自由度が高いこと（Flexibility in Use／利用の柔軟性）

「利用における柔軟性」とは，多様な使い手や使用環境に対応でき，使う上での自由度が高いということです。

例えば，フロアを移動するときに私たちが利用するのは，階段やエレベーター，エスカレーターです。エレベーターやエスカレーターがあることで，ベビーカーを押す人や大きな荷物を持った人，車いすの人も不安なくフロアを上下することができます。また，特に困難を抱えていない人でも階段があれば，急いでいるときに階段を駆け上がることができ，時間に余裕があれば，エレベーターをゆっくりと待つこともできます。このように利用者が利用方法などを選択できる柔軟性をもたせることも，ユニバーサルデザインの基本の一つです。

原則3 使い方が簡単で直観的であること（Simple and Intuitive Use／シンプルかつ直感的な使い勝手）

製品の使い方が明快で，誰でも直感的にすぐ理解できるということです。

日常生活において，私たちは照明のスイッチやテレビの電源など，1日に何度もさまざまなスイッチ類を操作しています。これらのほとんどは，特別な説明を受けなくても操作できるよう設計されています。これは，スイッチに不要な複雑さがなく，直感的に押せばいいことがわかるためであり，異なる言語を使っていても，「出っ張ったところを押す」という直感と，「押すと何かが起こるだろう」という期待が一致している点が重要です。このように，使用経験がなくても利用方法が直感的にわかるような単純さが，ユニバーサルデザインにおいて重要な視点となります。

原則4 必要な情報がすぐに理解できること（Perceptible Information／わかりやすい情報提供）

環境や使う人の能力にかかわらず，必要な情報が確実に伝わるということです。

最近の電車では，扉の上の電子画面で次の駅を表示し，駅名を漢字だけでなく，ひらがなや英語を併記して，大きく読みやすく表示する工夫がされています。また，車内アナウンスは聞き取りやすい発音の声を録音したものを流すことで，文字以外でも情報を伝達できます。一つの情報をさまざまな手段で伝達していれば，聴覚や視覚に障害がある人々にも情報が届きます。このように，音声，画像などできる限り多様な表現で情報を伝えたり，読みやすさを最大限にして情報を伝達したりすることが，「認知できる情報」ということです。

原則5 ミスに寛大であり，できる限り危険につながらないこと（Tolerance for Error／ミスに対する許容性）

間違えても元に戻せるようにしたり，そもそも失敗が起きにくいように設計したりすることが，利用者にとっての「失敗に対する寛大さ」ということです。

例えば，最近の駅のホームドアは，電車の到着までその扉を閉めておくことで，転落事故の危険性を最小限に抑えています。ユーザが間違えたとしても事故が起きないように，その可能性を事前に防ぐこともユニバーサルデザインにおいて重要なことです。

原則6　身体への過度な負担を必要とせず少ない力でも使えること（Low Physical Effort／身体的労力を要しないこと）

身体に負担を感じることなく，自由かつ快適に使えるということです。

例えば，ICカードの登場により，タッチすることでオフィスのゲートを開けられたり，買い物の支払いをできるようになりました。特に公共交通機関では，並んで切符を買うような手間が省け，乗り換えもスムーズになりました。このように，繰り返しの操作を最小限にしたり，疲れにくいようにしたりすることが「少ない身体的努力」の具体例です。利用者は，無理のない姿勢や力で操作でき，自分のペースを保持できることでより快適になります。

原則7　使いやすい空間と大きさが確保されていること（Size and Space for Approach and Use／適切な使用のためのサイズと空間）

使う人の体格や姿勢，使用状況にかかわらず，適切な大きさと広さが確保されているということです。

例えば駅や，公共施設で見かける多機能トイレは，ユニバーサルデザインを意識して設計された例です。車いすやベビーカーの利用者など，ユーザによって必要な空間は異なります。このトイレのように，さまざまな状況や，身体的特徴をもった人に対応できる広さと適切な大きさを確保しているのが，「利用しやすい大きさと空間」であるということです。

図8.3に，ユニバーサルデザインの具体例として，小田急電鉄社の車内（ロマンスカー）の設備を示します。車内には，車いすの乗客でも安心して利用できるようスペースを設けた座席（車いす

車いす用スペース

ゆったりトイレ

点字つき車内案内や手すり

図8.3　ユニバーサルデザインの例

小田急電鉄社 HP［https://www.odakyu.jp/romancecar/features/line_up/］より。

用スペース）や，自動で開閉する扉や手すり，オストメイト対応するなどすべての乗客が使いやすい設備を配置したトイレ（ゆったりトイレ），子どもからお年寄り，目の不自由な乗客にも使いやすい手すり（点字つき車内案内や手すり）などが設置されています。

8.3 記号要素

8.3.1 記号要素とは

記号は情報を伝達する手段として古くから活用され，その単純さが高い効果を発揮することが知られています。数学，化学などで使われる記号のみならず，絵文字，楽譜，図面，地図標識なども記号と見なすことができます。マルチメディアコンテンツをデザインする際も，記号要素を用いることで，ユーザは容易に情報を取得できるようになり，経験のない事柄についても直感的に理解できるようになります。

8.3.2 ピクトグラム

ピクトグラム（Pictogram）は情報を図記号化にしたもので，一見してその内容を理解でき，言語や文化の違いを超えて情報を伝えられる，国際的な情報伝達手段として有効です。ピクトグラムは，1920 年頃，オーストリアの哲学者であり，社会学者・経済学者のオットー・ノイラート（Otto Neurath）が読み書きのできない人々に複雑な社会経済を教育することを目的で考案した「アイソタイプ」が起源とされています。そして，現在私たちがよく目にしている「ピクトグラム」の形が世に広まったのは，1964 年の東京オリンピックがきっかけです。国内においては，「標準案内用図記号」として 125 項目が策定されていましたが，2017 年には 2020 年の東京オリンピック・パラリンピックに向け，外国人にもよりわかりやすくするため，国際標準化機構（ISO：International Organization for Standardization）規格にあわせて変更することとなり，現在約 150 種類が規定されています。図 8.4 に，ピクトグラムの例として標準案内用図記号を示します。

障害のある人が使える設備
Accessible facility

鉄道／鉄道駅
Railway／Railway station

非常口
Emergency exit

非常ボタン
Emergency call button

図 8.4 ピクトグラムの例　標準案内用図記号

国土交通省　案内用図記号（JIS Z8219）
［https://www.mlit.go.jp/sogoseisaku/barrierfree/sosei_barrierfree_tk_000145.html］より。

8.3.3 ダイアグラムと地図

ダイアグラム（Diagram）は，図や線，点，文字などを組み合わせて事象を視覚的に表現したものです。地図は空間的あるいは概念的な位置関係を俯瞰できるようにしたダイアグラムの一種といえます。ダイアグラムは，年表や概念的な思考など，目に見えない事柄を可視化することができま

図 8.5 ダイアグラムの例　路線図

小田急電鉄 HP ［https://www.odakyu.jp/rail/］ より。

す。例えば，交通ダイヤグラムは時間における電車の運行状況を図式化したものです。また，図 8.5 の小田急電鉄社の路線図の例のように，ネットワークをもつ構造を効果的に表現することができます。

8.4　GUI

8.4.1　GUI とは

　GUI（ジーユーアイ，グイ，Graphical User Interface）とは，コンピュータやソフトウェアが利用者に情報を提示したり，操作を受け付けたりする方法である UI（User Interface）の類型の一つです。情報の提示に画像や図形を多用し，基礎的な操作の大半を画面上の位置の指示により行うことができる手法を指します。GUI では，画面をウィンドウや罫線で区切ったり，操作対象を絵や図形で表示したりするなど，情報の提示や整理にグラフィック要素を活用しています。また，操作面では，マウスやタッチパネルなどで画面上の位置や動きを指示することにより，主要な操作を行うことができます。

　一般のユーザが操作するコンピュータ製品は，情報の見やすさや操作方法の習得のしやすさを重視して GUI を中心に構成されています。ゲーム機やスマートフォンなどの情報機器の多くも，メインのユーザインターフェースとして GUI を採用しています。これに対し，情報の提示も操作も文字を中心に行う方式を CUI（Character User Interface）あるいは CLI（Command Line Interface）と呼びます。これらは，プログラマやシステム開発者などのエンジニアが操作する前提のコンピュータ製品などで多く用いられています。

8.4.2　GUI アプリケーションの開発

　Web サイト制作で GUI を実現するために用いられる言語は，HTML5 + CSS + JavaScript + jQuery（ライブラリ）が主流となっています。また，PC 上での GUI アプリケーション開発も，ユニバーサルアプリに対応できるようになってきています。

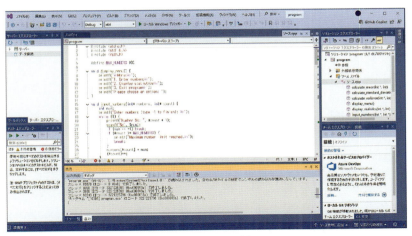

図 8.6 IDE の例

(Microsoft 社 Microsoft Visual Studio)

GUI アプリケーション開発では，Microsoft 社の Microsoft Visual Studio に代表されるように，プログラム開発に必要なすべての機能が統合されている IDE（統合開発環境，Integrated Development Environment）を利用することが一般的です（図 8.6）。

IDE はコードエディタやコンパイラ，リンカ，デバッガ，テストツール，バージョン管理ソフトなど，ソフトウェア開発のために必要なツールを 1 つの環境で利用できるように統合されています。また，GUI をもつソフトウェアを開発するための機能も備えています。多くの IDE では，ボタンやチェックボックスなどの部品（コントロール）の配置を視覚的，直感的に行えるように，グラフィカルなビジュアルエディターを搭載しています。さらに，配置したコントロールのイベント（動作）などのプログラムをコードエディタと連携・同期できる機能も備わっており，簡単に GUI アプリケーションを開発することができます。

8.4.3　マルチモーダルインターフェース

マルチモーダルインターフェース（Multimodal Interface）は，視覚・聴覚を含め，複数（Multi）のコミュニケーションモードを利用し，システムとインタラクションを行う，インターフェースの様式（Modal）のことです。

最近では，視覚（例えば，ディスプレイやキーボード，マウス）による操作を，声（出力に音声合成，入力に音声認識）に置き換える音声インターフェースが積極的に開発されています。それ以外にも，タッチパネルによる操作や，仮想の物体を触りながら操作するインターフェースなども実用化されています。

さらに，視覚・聴覚以外にも触覚や力覚，前庭感覚，嗅覚などへとその活用範囲を広げています。特に VR（Virtual Reality）では，視聴覚以外のインターフェースモードが積極的に取り入れられつつあります。

参考文献

CG-ARTS, Web デザイン：コンセプトメイキングから運用まで［第六版］, 画像情報教育振興協会（CG-ARTS）
(2023)

CG-ARTS 協会, 実践マルチメディア　コミュニケーション能力に差をつける（マルチメディアと情報化社会　改訂
新版）, 画像情報教育振興協会（CG-ARTS 協会）(2014)

CG-ARTS, 入門 Web デザイン［第四版］, 画像情報教育振興協会（CG-ARTS）(2022)

Lukas Mathis（著）, 武舎広幸・武舎るみ（訳）, インタフェースデザインの実践教室：優れたユーザビリティを実
現するアイデアとテクニック, オライリージャパン (2013)

Wolfgang F. E. Preiser（編集）, 梶本久夫（日本語版監修）, ユニバーサルデザインハンドブック, 丸善出版 (2003)

井上勝雄（監修）, インタフェースデザインの教科書, 丸善出版 (2013)

Chapter 9 インターネット

　本章では，私たちが日常的に活用しているインターネットの特徴やしくみについて，基本的な理解を深めることを目指します。まず 9.1 節では，インターネットの誕生から発展の過程をたどりながら，その鍵となる通信技術の基本概念について学びます。次に 9.2 節では，現在のインターネット利用の中心にある Web とクラウドサービスのしくみを解説します。9.3 節では，インターネットがどのように構成されているのかについて，一般家庭や個人のインターネット接続を例として理解を深めます。最後の 9.4 節では，インターネット通信を実現するための鍵となる「プロトコル」について学習します。

9.1 インターネットの起源と特徴

9.1.1 インターネットの黎明期

　インターネットの起源は，1969 年に米国国防総省・高等研究計画局 ARPA（Advanced Research Projects Agency，現 DARPA）が構築した ARPANET（アーパネット）に遡ります。ARPANET 開発の主な目的は，コンピュータ資源の共有でした。具体的には，遠く離れた拠点に設置されたコンピュータを使って計算をしたり，各拠点に点在するデータにアクセスしたりすることを，ネットワークを通じて効率的に実現することを目指しました。

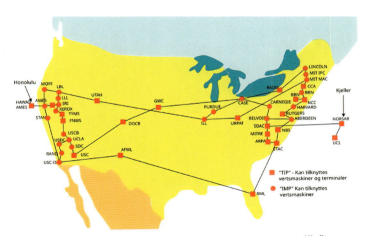

図 9.1 1974 年時点での ARPANET ネットワーク構成

［https://commons.wikimedia.org/wiki/File:Arpanet_1974.svg］より。

当初は，米国内の4つの大学と研究機関のコンピュータを接続することから始まったARPANETは，その後，規模を着実に広げていきました（図9.1）。さらに，米国内外のさまざまなネットワークとの相互接続がなされ，「ネットワークのネットワーク」とも呼ばれるインターネットの基盤を形成することとなりました。

ARPANET自体は1990年にその歴史的役割を終えましたが，現代のインターネットでも用いられている中核的な技術の実現に大きな影響を与えました。以下の4つは，そのうちの代表的なものです。

(1) 共有回線上での複数同時通信

複数の拠点で通信回線を共有しながら，回線の切り替え操作を必要とせずに，複数の拠点が同時に通信できるしくみ。

(2) 障害を局所化する耐障害性

特定の拠点や通信回線に障害が発生した場合でも，再送処理や迂回などを用いて，ネットワーク全体が停止しないようにするしくみ。

(3) ベストエフォートでの通信効率向上

ネットワークの混雑状況や障害状況に応じて，多くの利用者ができるだけ効率的に通信を行うことができるしくみ。なお，この「できるだけ効率的に」という考えを「ベストエフォート」と呼びます。これを言い換えると，「混雑した場合にはその通信速度は保証されない」ということでもあります。

(4) 階層型プロトコルによる柔軟性・拡張性

通信の手順やルール（これを「プロトコル」と呼びます）を役割ごとに分割・階層化することによって，新しい技術や時代のニーズに対応しながら，異なる種類のネットワークやコンピュータが通信できるしくみ。詳しくは，9.4節で学びます。

9.1.2 インターネットとパケット通信

ARPANETは，世界初のパケット通信ネットワークです。このパケット通信のしくみと有効性

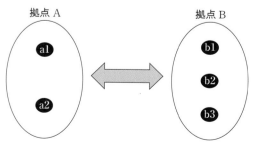

図9.2 拠点間通信の例

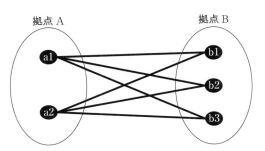

図 9.3 各コンピュータ同士を直接専用線で
接続した場合のイメージ

を理解するために，図 9.2 で示す例について考えてみましょう。

　A と B の二つの拠点があるとします。拠点 A には 2 台のコンピュータ（a1，a2），拠点 B には 3 台のコンピュータ（b1，b2，b3）があります。拠点 A と拠点 B のコンピュータ同士で通信を行うためには，どのように拠点間ネットワークを構築する必要があるでしょうか。なお，話を簡単にするため，各拠点内での通信は考えないものとします。ここで，利用者が直接操作するコンピュータ（PC やスマートフォンなど）を「端末」と表現することが多くあります。本章でも頻繁に使用されますので，用語として抑えておいてください。

　まず，最も単純な方法は，各拠点のコンピュータ（端末）同士を固定的な通信回線（専用線）で接続する方法です（図 9.3）。この方法で，各コンピュータ同士が同時に通信でき，各回線を最大限に活用した速度で安定的に通信ができます。しかし，この例であれば，拠点 AB 間を 6 本の専用線で結ぶ必要があります。つまり，通信するコンピュータの数が増加するにつれて，必要となる通信回線の数も増加し，特に拠点間が遠く離れている場合，そのコストが大変大きくなります。

　次に，拠点間に通信回線を 1 つだけ設置して，通信のたびに交換機を介して接続先を切り替える方式があります（図 9.4 左）。これを回線交換と呼びます。専用線方式と比較して回線を用意するコストは抑えられますが，あるコンピュータ同士で通信が行われている間，たとえ回線容量にまだ余裕がある場合でも，その回線が占有されてしまい，他のコンピュータ間での通信ができなくなってしまいます（図 9.4 右）。つまり，回線利用の効率化という面で大きな課題があるのです。

　そこで考案された技術が，パケット交換です。パケット交換では，データをそのまま送るのではなく，いくつかに分割して送ります（図 9.5）。この分割単位を，パケット（「小包」の意味）と呼びます。各パケットには，荷物の配達ラベルのように発信元や宛先の情報が書き込まれており，回

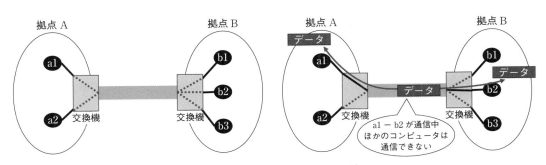

図 9.4 回線交換方式のイメージ

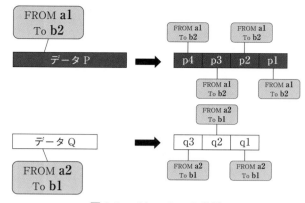

図 9.5　パケットへの分割

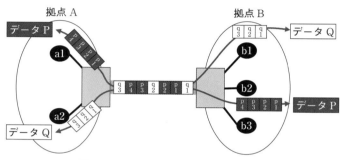

図 9.6　パケット交換方式のイメージ

線上に異なる宛先のパケットが同時に混在しても，各パケットは迷うことなく正しい宛先に届きます。さらに，パケットのサイズはとても小さいため，通信回線の隙間を無駄なく効率的に利用することを可能にしています（図 9.6）。

なお，このパケット交換のしくみは，複数拠点間の通信においても大きな効果を発揮します。図9.7 に示すネットワーク構成を例に，拠点 X から拠点 Y へのデータ通信過程を考えてみましょう。

各パケットは，各拠点を中継されながら目的の場所まで転送されていきます。この過程で，各拠点では，パケットごとに，その荷札情報（発信元・宛先）と回線の障害や混雑状況などを勘案して適切な転送先を選択します。これをルーティングと呼びます。

図 9.7 の例で言えば，拠点 S から見て，宛先の拠点 Y に最も近いのは拠点 T ですが，パケット p1 の転送後に S-T 間で障害が発生した場合，パケット p2 以降は迂回経路（この例では拠点 U 経由）を転送先として選択します。その結果，宛先の拠点 Y には，異なる経路をたどったパケットが，順番もバラバラで届くことがあります。ただし，これらを宛先側で正しく元のデータに統合できるようなしくみも用意されています。つまり，パケット交換では，たとえ一部の拠点や回線に障害が発生しても，可能な限りデータを正しく届けることを目指しているのです。

このパケット交換の技術を用いてデータのやりとりを行う通信方式（パケット通信）は，現在のインターネットでも広く活用されており，いつでもどこでもつながる世界の実現に大きく貢献しています。身近な例として，スマートフォンの通信量が「パケット」という単位で表現されているこ

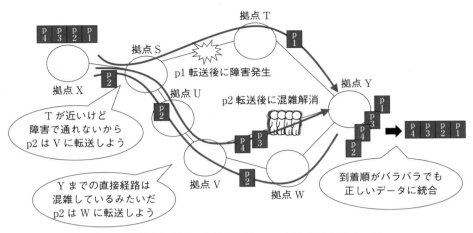

図9.7 複数拠点間におけるパケット交換方式のイメージ

とからもわかるように，パケット通信は私たちの日常生活にも深く関わっているのです。

9.1.3 インターネットの仕様とRFC

ARPANETの開発過程で技術者たちは新しいアイデアや技術的な仕様について意見を交換するため，「意見を求める（Request for Comments）」と呼ばれる文書を作成し，共有しました。この取り組みが，現在のインターネット技術の標準を決めるしくみであるRFCの起源となっています。

現在，RFCはIETF（Internet Engineering Task Force）という組織によって管理されています。IETFは，世界中の技術者や研究者が参加し，新たなインターネット技術について議論し，標準を決める場です。私たちが日常的に利用するWebページのアドレス書式（RFC 3986）や，メール送信の方法（RFC 5321）も，RFCによって定義されています。つまり，RFCはインターネットがどのように動作するかを決める重要な文書であり，インターネットの進化に大きく貢献しているのです。なお，RFC 2235（Hobbes' Internet Timeline）は，本節で触れたインターネットの歴史的な出来事や重要なデータが時系列にまとめられている文書です。インターネットの発展過程を理解するうえで参考になります。

なお，RFCへの提案は誰もが行うことができます。もちろん，その提案がインターネットの標準仕様として認められるためには技術的な妥当性の検証や多くの支持の獲得が必要ですが，このように世界中の技術者・研究者が議論してしくみを決め，その内容を誰もが見ることができるという分権的なアプローチは，インターネットの重要な特徴の一つといえるでしょう。

9.2 インターネットの活用

9.2.1 Web技術

インターネットの活用方法を考えたとき，最も一般的なものの一つが「Web（ウェブ）」，すなわちWebサイトの利用でしょう。1991年に世界初のWebサイトが公開されて以来，Webはインターネット利用の中心として発展してきました。Webは，誰もが自由に情報を公開し，さまざま

な情報にアクセスできる世界を実現するための重要な基盤となっています。本節では、その Web の起源からその基本的なしくみまで理解を深めていきましょう。

（1）Web の起源

　Web の誕生は、欧州合同素粒子原子核研究機構（CERN）に所属していた科学者、ティム・バーナーズ＝リー（Tim Berners-Lee）の着想に始まります。彼は、各地に点在する研究論文や研究データの情報を簡単に閲覧できるしくみがあれば、研究者同士の情報交換が活発になり、より多くの研究成果が生み出されると考えました。ここで彼は、情報を物理的に集めるのではなく、関連する情報の位置を示すハイパーリンク（リンク）を含む情報（ハイパーテキスト文書）を、インターネット上でやりとりするというアイデアを提案しました。彼はこのアイデアをもとに、以下の 3 つの基本技術を開発しました。

HTML（Hypertext Markup Language）

ハイパーテキスト文書を記述するためのコンピュータ言語です。テキスト内にタグを用いることにより、文書の構造を明確化することができます。例えば、<h1> は最上位の見出し、<p> は段落を表します。

HTTP（Hypertext Transfer Protocol）

インターネット上でハイパーテキスト文書をはじめとした情報（＝リソース）をやりとりするためのプロトコルです。クライアントがサーバにリクエストを送り、サーバがそのレスポンスを返すという非常にシンプルな構成が特徴です。

URI（Uniform Resource Indicator）と URL（Uniform Resource Locator）

「URI」とは、インターネット上のあらゆるリソースを一意に特定する「名前」のようなものです。「URL」とは、URI の特別な記述であり、リソースの場所（どこにあるか）と、そのリソースにアクセスするための方法（どのようにアクセスするか）を示すものです。一般に、Web 上のアドレスとしては URL を用います。

　そしてこれらを組み合わせることにより、世界中の情報がその関連性をもとにつながり、自由に利用できるようになるしくみである World Wide Web（Web，WWW）を実現したのです。
　Web の登場は、世界に極めて大きなインパクトを与えました。これまで一部の研究者や技術者に限られていたインターネットの利用が急速に一般化し、インターネットが日用品となる大きな契機となったのです。以後、インターネットの歴史は Web を中心に進められることとなります。

（2）Web で利用できるリソースの基本構成

　Web において最も基本的なリソースは「HTML（HyperText Markup Language）」ファイルです。Web サイトで公開される文書（Web ページ）の多くは、この HTML によって記述されています。HTML ファイルは、コンピュータ言語 HTML に従って記述されたテキストファイル（ハイ

```
<!DOCTYPE html>                                           HTML
<html>
<head>
     <title>第 10 回インターネット実習講義資料</title>
</head>
<body>
     <h1>学修到達目標</h1>
     <p>HTML の基本文法を用いて、<strong>論理構成</strong>
を明確に示した HTML 文書を制作できるようになる。<br/>
     <img src="./pics/goals_10.png" />
     </p>
     <p>文法は<a href="https://example.jp/HTML_basics/">HTML
の基本</a>を参考にすること。</p>
</body>
</html>
```

図 9.8 簡単な HTML の例

パーテキスト文書）であり，Web ページの論理的な構成，画像・音声・動画などのその他のリソースへのリンク，そして関連する Web ページへのリンクがタグを用いて記述されています（図 9.8）。なお，Web では画像・音声・動画などもリソースであるので，それだけを配置して公開することも可能です。

　また，Web ページの装飾・デザインには，スタイルシートを用います。スタイルシートとして代表的なものは，「CSS（Cascading Style Sheets)」です。さらに，Web ページ上において，利用者の操作（マウスやキーボードなど）に応じた動的なメニュー表示や複雑な処理を行うために，さまざまなプログラミング言語が利用されています。その中で最も広く使用されているのが「JavaScript」です。

　HTML・CSS・JavaScript の 3 つは，2025 年現在，Web サイトを制作するうえで欠かせない，重要な技術要素となっています。

(3) Web アクセスの基本的な流れ

　Web では，ハイパーテキスト文書などのリソースを配置して公開するしくみを Web サーバ，Web サーバとの通信により各リソースを受け取り，表示するしくみを Web ブラウザ（または Web クライアント）と呼びます。これらの間でどのように情報のやりとりが行われているのか，その手順を見ていきましょう（図 9.9）。

　ステップ①：利用者は，PC やスマートフォン上の Web ブラウザにおいて，「アドレス」欄に URL を入力するか，その URL を示すハイパーリンクをクリックします。
　　　　　　例）http://www.example.jp/pub/index.html

　ステップ②：Web ブラウザから URL で指定した Web サーバへ，そのリソースの情報取得要求（リクエスト）を URL で指定した通信ルール（プロトコル）「HTTP」に従って送信します。
　　　　　　例）www.example.jp 宛に「/pub/index.html」の送信を要求します。

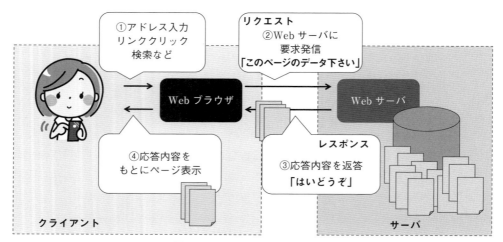

図 9.9 Web アクセスと HTTP

なお，URL の先頭部分（スキームと呼びます）は，Web サーバにどのプロトコルを用いて通信するかを示しています。「http」の場合は，Web サーバとのやりとりに HTTP を使います。「https」（HTTP over TLS/SSL）の場合は，HTTP プロトコルを用いつつ，TLS/SSL プロトコルを併用して暗号化が施され，他者からの盗聴やなりすましに対して強固となります。このしくみについては，次章で学びます。

ステップ③：リクエストを受け取った Web サーバは，リクエストを解釈し，適切な回答（レスポンス）を送信します。
　　　　　例）リクエストを送信してきた PC やスマートフォンに「/pub」フォルダにある「index.html」ファイルを送信します。

ステップ④：Web ブラウザは，Web サーバからのレスポンスを解釈して，利用者の画面に表示します。
　　　　　例）受け取った「index.html」のファイルの中身を解釈して表示します。「index.html」の解釈の結果，画像や動画など，追加で表示に必要なファイルがあれば，それらを Web サーバにリクエストします（ステップ②へ）。すべての必要なリソースが揃ったのであれば，ステップ⑤に進みます。

ステップ⑤：Web ブラウザ上で完成された Web ページが表示されます。

(4) Web アプリケーションとその活用

Web ブラウザなどからのリクエストに対して，Web サーバが別のプログラム（サーバサイドプログラム）を呼び出し，その処理結果にもとづいて Web ページを動的に生成するしくみも一般的になっています。これを Web アプリケーションと呼びます（図 9.10）。このしくみにより，Web は実に多様な情報サービスが展開される，日常生活の基盤となりました。例えば，ネットショッピ

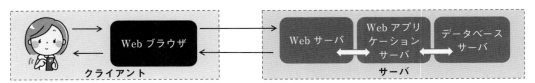

図 9.10 Web アプリケーションのイメージ

ング，ネットオークション，オンラインバンキングといったサービスが Web を通じて日常的に利用されています。さらに，Web ブラウザだけで文書を作成したり，掲示板や SNS を通じて誰かとコミュニケーションをとったり，オンラインゲームをしたりと，その活用範囲はあらゆる場面に広がっています。

9.2.2　クラウドサービス

　ICT の世界において，クラウド（Cloud，雲）という言葉は，ネットワークの集合体であるインターネットを表現するシンボルとして使用されています。直接触ることのできる手元の PC やスマートフォンなどとは異なり，雲の向こう側にある捉えどころのない存在としてイメージしてください。クラウドサービス（もしくは単にクラウド）とは，インターネットを通じて利用できる情報サービスであり，仮想化技術（本章の補足 1 参照）を活用することで，以下のような特徴を備えています。

どこからでも十分に利用できる
インターネット接続さえあれば，手元のコンピュータの性能は問わずに，高品質な情報サービスを利用することができます。

必要なときに必要なだけ利用できる
契約によって，利用期間やサービスの品質（性能・機能など）を柔軟に切り替えられます。

　つまり，クラウドサービスとは，通常であれば利用者の手元にあるコンピュータで行う処理や，その処理に必要となるコンピュータの資源（ハードウェアやソフトウェア）を，ネットワークの雲（クラウド）の向こう側にあるコンピュータ群に任せてしまおうという考え方にもとづいています（図 9.11）。

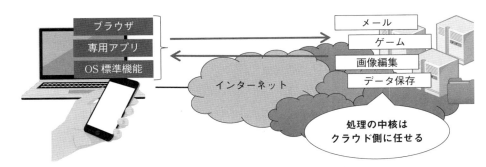

図 9.11　クラウドサービスのイメージ

クラウドサービスの最大の特徴は，利用者側のコンピュータに関する要件が緩やかな点です。多くのサービスでは，Web ブラウザが動作する環境であれば OS を問わず利用が可能です。高い処理性能が要求される 3D ゲームをクラウドサービスで実現する事例（クラウドゲーミング）もあります。なお，クラウドサービスの利用にはインターネット接続が前提となりますが，処理中にネットワーク接続が途絶しても，クライアント側のアプリで限定的に処理を継続できるサービスも存在します。そのほか，クライアント側のアプリと処理を分担するサービスも存在します。つまり，処理の「中心」がクラウド側にあるということが，クラウドサービスの本質的な特徴といえます。

代表的なクラウドサービスには，以下のようなものがあります。

- クラウド上にデータを保存する（クラウドストレージ，オンラインストレージ）
  例：Google Drive，Box，Dropbox，OneDrive，iCloud など
- クラウド上でアプリを実行する
  例：Microsoft 365 Word Online
- クラウド上にあるプログラムの開発環境を利用する
  例：Google Collaboratory
- クラウド上にある仮想的なコンピュータ（仮想マシン）を利用する
  例：Amazon Web Services EC2

特に広く普及しているのがクラウドストレージです。USB メモリなどのメディアと異なり，紛失のリスクがなく，契約に応じて必要な容量を自由に利用できます。近年では，Web ブラウザを使わずに PC 上のフォルダ・ファイルと同じような使い勝手（ドラッグ＆ドロップによるファイルコピーなど）を実現するクラウドストレージも提供されています。

このように，クラウドサービスは利便性の高いしくみですが，利用には適切な注意が必要です。特に，悪意ある第三者がインターネットを介して勝手にサービスを利用することを防ぐため，セキュリティ設定には細心の注意を払う必要があります。この点については，次章で詳しく学びます。

補足 1：仮想化技術とは

第 4 章で学んだように，コンピュータはプロセッサ・メモリ・ストレージなど，さまざまなハードウェアを組み合わせて構成されています。ここで，コンピュータの構成要素であるさまざまなハードウェアを物理的な接続を気にせず，自由に組み合わせて仮想的なコンピュータをソフトウェア的に構成する技術，これを仮想化技術（ハードウェア仮想化技術）と呼びます。

仮想化技術を応用すれば，複数のコンピュータをまとめて 1 台の高性能なコンピュータをつくり上げることも，1 台のコンピュータを分割して複数の仮想的なコンピュータをつくり上げることも可能です。また，これらの構成変更はソフトウェア的に実現するため，それこそボタンクリックひとつで簡単かつ瞬時に，性能の調整や分割台数の変更などができるようになるのです。

この仮想化技術は，クラウドサービスの実現に大きく寄与しました。

補足2：クラウドサービスの類型

　クラウドサービスには，提供される機能の範囲によっていくつかの類型があります．代表的なものは以下の3つです．

IaaS（イアース，Infrastructure as a Service）：インターネットを介して，インフラストラクチャ，つまりコンピュータそのものやハードウェアを提供するサービスです．例えば，仮想マシンの利用を契約すれば，インターネットを通じてその仮想マシンを操作することができ，仮想マシンに一からOSやアプリケーションをセットアップすることもできます．

PaaS（パース，Platform as a Service）：インターネットを介して，アプリケーションの開発と実行に必要な環境（プラットフォーム）を提供するサービスです．自分のパソコンに開発環境を整備するのに時間をとられることなく，プログラマはコーディングなどの開発作業そのものに集中でき，開発後のアプリケーション提供も容易です．

SaaS（サース，Software as a Service）：インターネットを介して，アプリケーションを提供するサービスです．ブラウザを介して利用するケースが多く見られます．例えば，メールアプリに相当するWebメール，Wordアプリに相当するWord Onlineなどが代表例です．手元のPCに専用のアプリをインストールする場合でも，処理の主体がクラウド側であればSaaSと見なすことができます．例として，クラウドストレージのOneDriveアプリが挙げられます（実際のファイル保存はクラウド側で行われ，アプリはクラウドにあるファイルへのアクセスを容易にするためのツールとして機能します）．

　そのほか，クラウドサービスにはさまざまな類型があり，総称してXaaS（ザース，X as a Service）とも呼ばれています．ほかにどのような種類があるか，調べてみましょう．

9.3　インターネットの構成

9.3.1　ネットワークの分類

　インターネットとは，さまざまなネットワークが相互接続（Inter-Connected）されて世界規模に拡大したものです．現代では，私たちのPCやスマートフォンはいつでもどこでもインターネットに接続でき，インターネット上のさまざまなサービスを利用できるようになっています．この状況を言い換えると，これらのPCやスマートフォンもインターネットの一部として機能しているのです．本節では，インターネットがどのように構成されているか，その基本的な概念について理解を深めていきます．

　まず，ネットワークは規模や用途によって大きく二つに分類されます（図9.12）．

　インターネットを構成するネットワークのうち，住宅・建物・フロア（階）・部屋など，特定の人・企業・組織が管轄する狭い範囲のネットワークをLAN（ラン，Local Area Network）と呼びます．なお，LANを相互に接続してより大きなLANを構成することは可能ですが，LANだけで

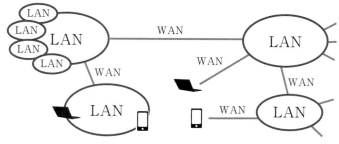

図 9.12 LAN と WAN の位置付け

際限なくネットワークを拡大することはできません。例えば，遠距離の拠点間や，道路や河川などの公共の領域を勝手に LAN でつなげることは技術的にも法律的にも困難です。そこで，より広い範囲にて LAN 間や機器 – LAN 間を接続するための，LAN とは異なる技術を用いたネットワークが必要となりました。これを WAN（ワン，Wide Area Network）と呼びます。

なお，日本の法律において，WAN を利用するためには電気通信事業者との契約が必要となります。電気通信事業者のうち，通信回線ネットワーク自体を提供するものを通信キャリア，インターネットへの接続を提供するものをインターネットサービスプロバイダ（ISP）と呼びます。なお，両者を兼ねる事業者も少なくありません。私たちがインターネットを利用する際の接続方法や通信品質（通信速度・データ量など）は，通信機器の機能・性能だけでなく，これら電気通信事業者（特に通信キャリア）との契約内容によって決まります。多くの場合，通信速度を保証しないベストエフォート型の契約であることに注意が必要です。つまり，契約で謳われている通信速度は理論上の最大の速度にすぎず，ネットワークの混雑時は大幅な速度低下が発生する可能性があるということです。

LAN と WAN のイメージをより具体的に理解するために，私たちの身近な例として，スマートフォンや家庭でのインターネット接続について考えてみましょう。

まず，スマートフォン単体での利用を考えてみます。スマートフォンは，通信キャリアが提供する 5G 回線などによる WAN を用いて ISP のネットワークに接続し，そこを介してインターネットと通信できるようになります。さらに，スマートフォンにはテザリング機能（本章の補足 3 参照）が搭載されています。この機能ををON にすると，そのスマートフォンを中心とした LAN（テザリングによる LAN）が構成されます。その LAN に接続した機器は，機器同士のデータ共有や，そのスマートフォンを介してインターネットへの接続ができるようになります。（図 9.13 左）

同様に，一般家庭でのインターネット接続のしくみを見てみましょう。家庭では，ブロードバンドルータが光ファイバなどによる WAN を介して ISP のネットワークに接続し，そこからインターネットと通信します。また，ブロードバンドルータを中心とした LAN（家庭内 LAN）に家庭内のさまざまな機器を接続することにより，機器間のデータ共有やインターネットへの接続が可能となります。（図 9.13 右）

なお，LAN と WAN は，その文字通りネットワークの規模を表す用語（Local= 狭い，Wide= 広い）としても使われます。この場合，インターネットそのものを巨大な WAN と考えることができます。なお，同様に，個人の周囲レベルの小さいネットワークを PAN（Personal Area Net-

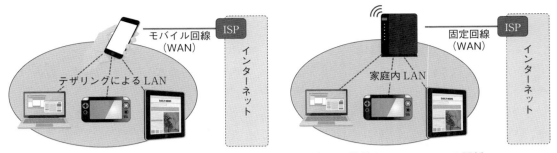

図 9.13 個人・家庭における一般的なインターネット接続と LAN・WAN の関係

work），都市レベルのネットワークを MAN（Metropolitan Area Network）などと表現することもあります。ただし，これらの分類に明確な基準があるわけではありません。

このように，LAN と WAN という用語の意味は文脈によって異なる場合があります。本章では，前述の通り，WAN を「LAN と LAN の間や，機器と LAN を接続するための通信キャリアによるネットワーク」という意味で使用します。

補足 3：テザリング機能とは？

テザリングとは，モバイル回線を利用するスマートフォンにおいて，そのインターネット接続を複数の機器で共有する機能を指します。Wi-Fi，Bluetooth，USB，イーサネットなど，機種や OS によってさまざまな接続形態をサポートしており，1 つの通信回線で複数機器のインターネット接続を実現できます（図 9.14）。

例えば，インターネットに接続された無線 LAN（Wi-Fi，9.3.3 項（2）参照）が用意されていない部屋であっても，WAN 接続機能をもたない PC を，自身のスマートフォンのテザリングを介してインターネット接続させることが可能です。

もちろん，そのインターネットへの通信量は，スマートフォンの契約にもとづく通信量としてカウントされますので，月々の通信量に制限がある場合は注意が必要です。また，契約内容によってはテザリング自体を利用できない場合もあります。

なお，モバイル回線接続機能とバッテリーを内蔵したブロードバンドルータともいえるモバイルルータ（モバイル Wi-Fi ルータ）を持ち歩く人も少なくありません。これはスマートフォンによるテザリングと同等の機能をもちます。空港などでのモバイルルータの貸出サービスも一般的になっています。

図 9.14 テザリングの設定

9.3.2　WAN とその技術

WAN は，通信機器が自由に移動しうるモバイル回線と，通信機器の位置が固定されることが前提の固定回線に分類することができます。それぞれにさまざまな接続方法が提供されていますの

で，その特徴を理解し，適切に選択できるようになりましょう．

(1) モバイル回線（移動通信ネットワーク）

携帯電話で利用されている回線として広く知られています．通信機器が自由に移動するため，必然的に通信方法は無線通信に限られます．なお，携帯電話には音声通信（通話）とデータ通信の二つの役割がありますが，現在の携帯電話では音声通信も主にデータ通信を用いて実現しており（例：VoLTE），両者を厳格に分ける必要性は小さくなっています．

モバイル回線の契約において，通信キャリアがその契約者を識別するためのしくみを SIM（シム，Subscriber Identity Module）と呼びます．モバイル回線の通信キャリアから提供される SIM カード（図 9.15）をスマートフォンなどに装着するか，一部スマートフォンなどに内蔵されている eSIM に契約情報を書き込むことによって，契約にもとづいたモバイル回線の利用が可能になります．また，契約によって身元が明確になっているため，SIM もしくは SIM に紐づけられた携帯電話番号によって契約者本人（本物）であることを確認することも一般的に行われています．

図 9.15 SIM カードのサイズバリエーション

なお，一部の古いスマートフォンには，特定通信キャリアの SIM のみ利用可能とする制限（SIM ロック）が設定されている場合もあるため注意が必要です．2025 年現在，総務省ガイドラインにより，正当な理由がない限りスマートフォンの販売時に SIM ロックをかけることが原則禁止され，既存の SIM ロックも利用者の要望によって解除可能になりました．これにより，スマートフォンなどの端末を買い替えることなく通信キャリアを変更したり，海外旅行などで便利なプリペイド SIM を利用したりすることができます．このような通信端末を SIM フリー端末と呼びます．ただし，通信キャリアごとに利用する周波数帯が異なることがあるため，既存のスマートフォンが他の通信キャリアのサービスでも同等の品質で利用できるとは限らないことにも注意が必要です．

モバイル回線は「世代（Generation）」を意味する「G」でその技術進歩を表しています．現在は 5G（第 5 世代）の普及が進み，総務省によると，日本国内の 5G 利用可能な範囲（人口カバー率）は 98.1％ に達しています（2024 年 3 月時点）．5G は，従来の 3.9G（LTE）・4G（LTE-Advanced）と比較して，以下のような特徴があります．

高速大容量

5G では 10 Gbps 以上の通信速度が期待されています。高解像度の映像や大容量データのやりとりが短時間で可能です。
（※ bps＝bit per second：1 秒あたり何 bit のデータをやりとりできるかを示す単位）

低遅延

データが送信されてからその返答を受信するまでの時間差が大幅に短縮され，遠隔運転や遠隔手術のような，よりリアルタイム性が求められるようなシーンでも実用的に利用できるようになると期待されています。

高接続密度

大数のデバイスが同時に接続でき，その場合でも通信性能を低下しにくいように設計されています。5G は，さまざまなモノがインターネットに接続する IoT のさらなる高度化を推し進める基盤として期待されています。

　さらに，2030 年代の導入を目指して「Beyond 5G（6G）」の開発が進行中です。6G では，5G が備える特徴をさらに発展させるとともに，「超低消費電力」「超安全」「高信頼性」などの新機能を実現し，次世代の情報通信インフラとなることが期待されています。

　また，従来のモバイル通信の枠組みを超えて，地上にある通信環境以外を活用するネットワーク通信（非地上系ネットワーク，NTN：Non-Terrestrial Network）の研究開発も進んでいます。例えば，成層圏に無線基地局機能を搭載した無人航空機を飛行させることで広範囲の通信エリアを実現する HAPS（High Altitude Platform Station）や，SpaceX 社の「Starlink」に代表される衛星通信による情報通信サービス（図 9.16）があります。これらの技術により，これまではサービスの行き届かなかった僻地や海上でも，高速な情報通信サービスの利用が可能になると期待されています。

図 9.16 Starlink（SpaceX 社）の接続機器

補足4：モバイル回線の通信キャリア選択

　モバイル回線の通信キャリアは MNO（Mobile Network Operator）と MVNO（Mobile Virtual Network Operator）に分類できます。

　MNO は自社でモバイル回線ネットワークを管理・運営し，通信サービスを提供している企業を指します。MNO は，これらは国・総務省からモバイル回線用の周波数帯を直接割り当てられており，2025 年現在，日本では NTT ドコモ，au，ソフトバンク，楽天モバイルの 4 大通信キャリアが該当します。一方，MVNO は MNO からモバイル回線ネットワークを借り受けて通信サービスを提供している企業を指します。

　MNO は通信サービスの品質やサポート体制，MVNO はコスト面での優位性をアピールしていますが，一概には比較できません。また，最近は MNO 自身が格安の契約プランを提供することも一般的となっており，利用者はそれぞれのニーズに応じて選択する必要が生じています。

　通信端末の SIM フリー化や，通信キャリア変更によっても電話番号が変更されない制度（携帯電話番号ポータビリティ制度，MNP：Mobile Number Portability）が一般的になった中，キャリア間の競争も激化の様相を見せています。

（2）固定回線

　固定回線には，その接続方法によっていくつかの種類があります。地域によっては提供されていない接続方法もあるため，回線の導入を検討する際には，その場所（住所）でどの通信キャリアが，どのようなサービスを展開しているか，その品質や提供価格を含めて慎重に確認することが重要です。

　主な固定回線の接続方式は以下の通りです。

光ファイバ接続（FTTH：Fiber To The Home）
ガラスまたはプラスチック繊維で構成されるケーブル（光ファイバケーブル，図 9.17）を用いてインターネット通信用のデータを送受信する方式です。高速通信が可能で，外部からの電磁的影響を受けにくく，長距離でも安定した通信を実現できることから，現在の主流となっています。建物構造などの理由により，建物までは光ファイバで接続し，そこから各部屋までは別の接続方法（有線 LAN，後述の xDSL 接続など）を採用するケースもあります。2025 年時点，理論上の最高速度が 10Gbps に達するサービスも提供されています。

図 9.17　光ファイバケーブル

ケーブル TV 接続（CATV：Community Antenna Television）
ケーブル TV（CATV）の映像アンテナ線（同軸ケーブル，図 9.18）を利用してインターネット通信用のデータを送受信する方式です。映像アンテナ線からケーブルモデムを介して通信機器に接続します。なお，近年は，ケーブル TV 会社が提供するインターネット接続サービスにおいて，光ファイバ接続を提供しているケースも増えているため，サービス内容の確認が重要です。

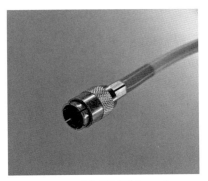
図 9.18 映像用同軸ケーブル

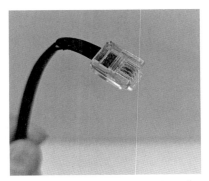
図 9.19 電話用ツイストペアケーブル

xDSL 接続（Digital Subscriber Line）
電話線（ツイストペアケーブル，図 9.19）を用いてインターネット通信用のデータを送受信する方式で，ADSL・SDSL・VDSL などの種類があります。既存の電話線を活用できることから，一般家庭における高速インターネット接続の普及に貢献しましたが，遠距離通信や速度向上に課題があり，現在では光ファイバ接続への移行が進んでいます。

FWA 接続（Fixed Wireless Access）
無線を用いて固定拠点におけるインターネット接続用のデータを送受信する方式です。モバイル回線用の技術を固定回線に応用したものが一般的です（例：NTT ドコモ社 ホーム 5G）。距離や建物の事情によって有線回線の敷設が困難な場所での利用に限らず，モバイル回線の高速化にともない，有力な選択肢として注目されています。また，固定回線契約を行わず，自宅ではスマートフォンのテザリング（本章の補足 3 参照）を活用するなど，個人が FWA 接続のように利用するケースも増えています。

9.3.3　LAN とその技術

　ここでは LAN がどのように構成されているか，その概要の理解を深めます。LAN は，その通信媒体として有線（ケーブル）を用いるか，無線を用いるかによって，有線 LAN と無線 LAN に大別することができます。次に，ネットワークに接続する役割を担うハードウェアをネットワークアダプタ（または NIC：Network Interface Card）と呼びます。ネットワークアダプタは，PC やスマートフォンなどに最初から内蔵されていることが一般的ですが，必要に応じて USB や拡張スロットを用いて増設することも可能です（図 9.20）。

（1）有線 LAN
　有線 LAN として事実上標準規格となっているのがイーサネット（Ethernet）です。特に一般家庭でよく用いられているのは，LAN 用のツイストペアケーブル（LAN ケーブル，イーサネットケーブル）とハブを組み合わせ，スター型の構成を採用したものです（図 9.21）。複数のハブを数珠つなぎ（カスケード接続）にすることで，さらに多くの機器を接続することもできます。なお，

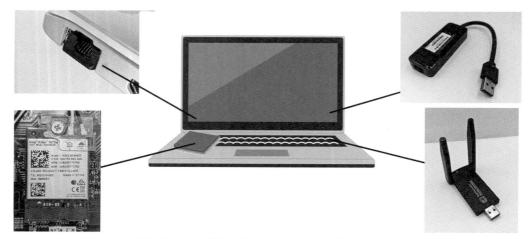

図 9.20 さまざまなネットワークアダプター（NIC）

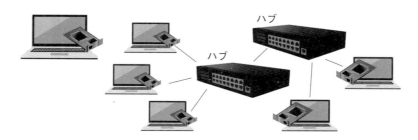

図 9.21 代表的なイーサネットの構成

表 9.1 有線 LAN（イーサネット）の代表的な規格

規格名	名称	最高速度	推奨ケーブル
IEEE 802.3u	100BASE-TX	100 Mbps	CAT5 以上
IEEE 802.3ab	1000BASE-T	1 Gbps	CAT5e 以上
IEEE 802.3bz	2.5GBASE-T	2.5 Gbps	CAT5e 以上
	5GBASE-T	5 Gbps	CAT6 以上
IEEE 802.3an	10GBASE-T	10 Gbps	CAT6A 以上
IEEE 802.3bq	25GBASE-T	25 Gbps	CAT8 以上
	40GBASE-T	40 Gbps	CAT8 以上

　ブロードバンドルータには有線 LAN のハブが内蔵されていることが一般的です．そのため，ブロードバンドルータと LAN ケーブルだけでも簡単に家庭内 LAN を構成することが可能です．

　表 9.1 に示すように，有線 LAN（イーサネット）には，最高速度などが異なるさまざまな規格があります．なお，表内にある最高速度は理論上の値であることに注意が必要です．近年では，1000BASE-T の略称として「ギガビットイーサ（GbE）」と呼ぶことが一般的になり，同様に 2.5 GbE，5 GbE，10 GbE といった表現も普及しています．なお，より高速な有線 LAN を構成す

るには，ネットワークアダプタ・ハブ・ケーブルのすべてが該当する規格に対応していなければなりません。例えば，最大 1 Gbps の高速光ファイバ接続（WAN）を利用していたとしても，経由する LAN 内のハブが 100BASE-TX であれば，そのハブがボトルネックとなり，十分な通信速度が得られません。

補足 5：ハブの選択

　ハブ（図 9.22）を選択する際には，対応している規格とともに，ケーブルの接続口である「ポート」数が用途に適しているかをよく確認してください。また，近年の製品では，ポートによって対応している規格が異なるケースもあります。例えば，特定ポートのみが 2.5 GbE に対応し，残りのポートは GbE までの対応という製品も存在します。なお，ハブにはスイッチングハブとリピータハブがありますが，リピータハブは受信したデータを接続先を識別せずにすべてのポートに送出するもので，一般にはほとんど利用されていません。

補足 6：ケーブルの選択

　イーサネットケーブル（図 9.23）を選ぶ際には，その品質を示す「カテゴリ（CAT）」をよく確認しましょう。規格の要件よりも上位のカテゴリであれば問題なく利用できますが，それに応じて価格も上昇します。2025 年現在，一般家庭の利用においては，将来性を考えても，CAT6 から CAT6A であれば十分でしょう。

　また，カテゴリによっては，シールドによって外部からのノイズを防ぐ方式（STP）を採用することもあります。対して，シールドをもたないケーブルを UTP と呼び分けます。また，ケーブルの結線方法によりストレートケーブルとクロスケーブルに分けられますが，現在市販されている機器においては，一部の例外を除き，AutoMDI/MDI-X 機能により自動的に変換対応するため，一般の利用者がこの違いを意識する必要はほとんどありません。

図 9.22　イーサネットのスイッチングハブ　　図 9.23　イーサネットケーブル

(2) 無線 LAN

　無線 LAN として事実上の標準規格が Wi-Fi（ワイファイ）です。Wi-Fi には，二つの接続形態があります。

　一つ目は，アクセスポイント（AP）と呼ばれるマシンに，無線 LAN のネットワークアダプタをもつ各デバイスが接続する形態です（図 9.24 左）。この形態はインフラストラクチャモードとも呼ばれます。一般家庭では，アクセスポイントからブロードバンドルータに有線 LAN を介して接

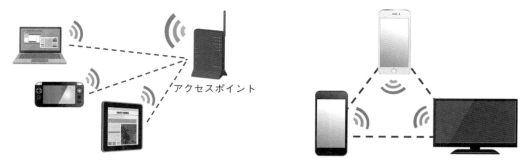

図 9.24　無線 LAN（Wi-Fi）の接続形態

続するか，アクセスポイント機能を内蔵したブロードバンドルータ（無線ブロードバンドルータ）を用いることが一般的です。近年では，複数のアクセスポイントを連携させて広い家屋でも安定した通信を可能にする技術「EasyMesh」が注目を集めています。

　二つ目は，デバイス同士が直接接続（アドホック通信，ピアツーピア通信）する形態です（図 9.24 右）。この形態では，アクセスポイントを用意せずとも，スマートフォンの画面をテレビに表示させたり（例：Miracast），デバイス同士で直接データのやりとりをしたり（例：Android クイック共有，Apple AirDrop）といったことが可能です。なお，デバイス同士が直接接続する Wi-Fi 技術標準としては Wi-Fi Direct がありますが，このような通信形態を実現するサービスでは，Bluetooth などさまざまな無線技術を組み合わせることも多く，必ずしも Wi-Fi Direct だけが使用されているわけではありません。

　Wi-Fi は，表 9.2 に示すように進化を続けています。新しい規格ほど，速度・効率性・信頼性などの面で優れていますが，表内にある最高速度はあくまでも理論上のものです。ここで，Wi-Fi 6E とは Wi-Fi 6 に 6 GHz 帯での通信機能を追加した規格です。

　買い替えが頻繁な端末（スマートフォン等）と比べて，アクセスポイント（無線ブロードバンドルータを含む）が最新の規格に対応しているかは見逃しやすいので注意が必要です。例えば，インフラストラクチャモードにおいて，スマートフォンが最新 Wi-Fi 7 に対応していても，接続するアクセスポイントが Wi-Fi 4 までの対応であれば，通信速度は Wi-Fi 4 の性能に制限されてしま

表 9.2　無線 LAN（Wi-Fi）の代表的な規格

規格名	名称	最高速度	利用周波数帯
IEEE 802.11b		11 Mbps	2.4 GHz
IEEE 802.11a		54 Mbps	5 GHz
IEEE 802.11g		54 Mbps	2.4 GHz
IEEE 802.11n	Wi-Fi 4	600 Mbps	2.4 GHz/5 GHz
IEEE 802.11ac	Wi-Fi 5	6.9 Gbps	5 GHz
IEEE 802.11ax	Wi-Fi 6	9.6 Gbps	2.4 GHz/5 GHz
IEEE 802.11ax	Wi-Fi 6E	9.6 Gbps	2.4 GHz/5 GHz/6 GHz
IEEE 802.11be	Wi-Fi 7	46 Gbps	2.4 GHz/5 GHz/6 GHz

います。また，有線 LAN とは様相が異なり，ある製品は Wi-Fi 6 対応で最大約 547 Mbps，ある製品は Wi-Fi 6 対応で最大約 4.8 Gbps というように，同じ規格対応の製品でもアンテナ本数の違いなどにより，その最高速度が異なる（規格上の理論値になっていない）ことがあります。この点はとてもわかりにくいところですが，製品選択の際にはカタログの詳細な確認が必要です。

補足 7：Wi-Fi ネットワークの識別

Wi-Fi では，目に見えない電波を識別するために，SSID（ESSID）と呼ばれる文字列を用います。アクセスポイントは，電波に SSID を載せて発信しているため，PC やスマートフォンから無線 LAN アクセスポイントに接続するには，その無線 LAN アクセスポイントが発する SSID を選択するだけで接続先を特定することができます。

また，その無線 LAN に接続する正当な権利を持つかどうか確認するため，パスワード（ネットワークセキュリティキー）の入力が求められることがあります。このパスワードを用いて，通信の暗号化がなされ，悪意ある第三者による盗聴や無線 LAN の不正利用を防止します。そのため，家庭で無線 LAN アクセスポイントを利用する際は，このパスワードが他人にばれないよう，適切に設定・管理しなければなりません。

なお，企業や大学などの組織が運用する無線 LAN では，ID とパスワードによる認証や，スマートフォンの SIM によって確認するケースもあります。

(3) 有線 LAN と無線 LAN の使い分け

無線 LAN は，その接続にケーブルを使わないため，電波の届く範囲であれば場所を問わず自由に接続でき，ケーブルの物理的な制約もありません。また，ケーブル接続口（ポート）のサイズという物理的な制約がないこともあり，無線 LAN のネットワークアダプタの小型化は容易です。つまり，さまざまなデバイスのネットワーク接続，つまり，IoT 化にも適応しやすいというメリットがあります。さらに，表 9.1 と表 9.2 を比較すると明らかなように，最近の無線 LAN の進化は著しく，無線 LAN の規格上の最高速度は有線 LAN と遜色ありません。

一方，無線 LAN では他の無線 LAN 通信や電波利用の影響によって十分な速度を出せないことが起こりがちです。特に，2.4 GHz 帯は，無線 LAN だけでなく，電子レンジや Bluetooth などさまざまな電波が飛び交う混雑帯であり，その影響は深刻です。Wi-Fi 6 以降，この問題への技術的対策はかなり進んでいるものの，2025 年現在，その通信の安定性や実際の通信速度（実効通信速度）などの面においては，依然として有線 LAN が相対的な優位にあります。また，「物理的にケーブルを挿すだけ」というシンプルさも有線 LAN の魅力の一つです。

実際の利用場面では，有線 LAN と無線 LAN を状況に応じて使い分けたり，組み合わせたりすることが一般的です。

9.4　インターネットとプロトコル

9.4.1　インターネットでの通信を実現するプロトコル群

通信（Communication）は，コンピュータ同士が会話している姿になぞらえることがあります。

しかし，人間同士の会話とは異なり，コンピュータ間の通信ではルールを厳格に決めておかなければなりません。このルールを通信のプロトコルと呼びます。また，英語しか話せない人に日本語で話しかけても会話が成立しないように，インターネットを構成するネットワークごとに異なるプロトコルを使っていては，相互の通信が実現できません。つまり，インターネットにおいて通信を行うための統一的なルール（プロトコル）が必要になるということです。それが TCP/IP です。

　9.1.3 項で紹介したように，TCP/IP の中身は RFC によって確認することができます。なお，TCP/IP は TCP と IP という二つのプロトコルだけを意味しません。TCP/IP はプロトコルの集まり（プロトコル群，プロトコルスタック）を意味し，大きく 4 つの層（レイヤ）に分類されています。各層にあるさまざまなプロトコルが連携することでインターネット上の通信を実現しています。このようなプロトコルの構成を，階層型プロトコルと呼びます。以下に，各層の役割と代表的なプロトコルを上位層から順に示します。上位層から下位層に対して仕事を依頼していくような構造になっていることをイメージしながら理解を深めていきましょう。

アプリケーション層
ソフトウェアやサービスの機能を実現するため，通信相手との具体的なやりとりの方法を決めています。代表的なプロトコルには，HTTP（Web ページ閲覧），SMTP（メール送信），POP3（メール受信），IMAP4（メール受信），FTP（ファイル転送）などがあります。また，9.3.2 項で紹介するドメイン名と IP アドレスとの相互変換を担う DNS もこの層に含まれます。

トランスポート層
通信相手とのデータ通信路を確保し，データの分割統合・送信速度調整・順序制御・再送制御などの高品質な通信機能を提供する方法を決めています。代表的なプロトコルには，TCP（信頼性重視），UDP（高速性重視）があります。さらに，アプリケーション層のプロトコルに暗号化機能を提供する TLS（SSL）もあります。

インターネット層
適切な通信経路を選択し，データをパケット単位で中継する方法を決めています。代表的なプロトコルは IP であり，現在は IP version 4（IPv4）と IP version 6（IPv6）が併用されています。

リンク層
デバイス間の具体的なデータ伝送を行う方法や物理特性等を決めています。代表的なプロトコルには，イーサネット（有線 LAN），Wi-Fi（無線 LAN），PPPoE・IPoE（WAN 接続）などがあります。

　これらの層がどのように連携するかの例として，9.2.1 項（3）で示した Web アクセスについて，各層の役割（図 9.25）に注目しながらより詳しく見ていきましょう。

　①　Web ブラウザにおいて，利用者が下記 HTML ファイル内のリンクをクリックします。

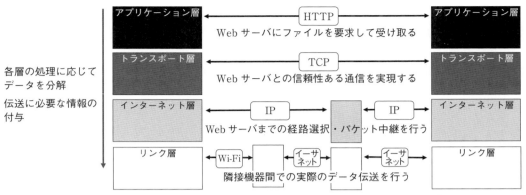

図 9.25 各階層のプロトコルによる役割分担のイメージ（Web の場合）

```
<a href="http://x.example.jp/p.html"> サイト X のページ P </a>
```

→ HTTP に，"http://x.example.jp/p.html" へのアクセスを依頼します。

② HTTP（アプリケーション層）は，サイト X（x.example.jp）に「ページ P（p.html）を下さい」と要求します。なお，HTTP では通信の中身（本文）を構成しますが，通信方法，つまり，どうやってその本文をサイト X に届けるかは考えません。それは下位のプロトコルに依頼します。

```
GET /p.html HTTP/1.1
Host: x.example.jp
```

→ TCP に，「この要求文書をサイト X に送って」と依頼します。

③ TCP（トランスポート層）は，サイト X との通信状態を確立・維持します。
　宅配会社の窓口担当をイメージしてください。宅配会社には依頼された荷物を宛先まで確実に送り届ける責任があります。そのため，宛先であるサイト X とやりとりしながら，データの分割，送信・再送タイミングなどを含めて，通信状況をコントロールします。
　　→IP に，送るべきデータとともに「サイト X までどう行けばよいか考えて」と依頼します。

④ IP（インターネット層）は，サイト X までの経路を決定し，パケットの中継を行います。
　宅配会社の配送管理担当をイメージしてください。データをパケット単位に分割し，ネットワークの構成をもとにサイト X までのパケット中継の計画を考えます。
　　→転送先との回線に対応するリンク層のプロトコルに，「このデータを○○まで送って」と依頼します。

⑤ リンク層の各プロトコルは，実際のデータ伝送を行います。

宅配会社において，実際に荷物を運搬するトラックや飛行機などをイメージしてください。トラックや飛行機の運転の仕方はそれぞれ異なるように，経路上の回線種別に応じて，どのようにデータを伝送するのかを具体的に規定しています。

9.4.2 インターネットで用いられるアドレス

インターネットの通信では，通信相手を識別するための住所（アドレス）が必要です。ここでは，インターネットでの通信の流れを踏まえながら，どのようなアドレスを利用しているか，アドレスに関係したプロトコルは何かについて理解を深めていきます。

まず，アプリケーションや通信サービスにおいて用いられているアドレスについて考えましょう。例えば Web は，URL（例：https://www.u-tokai.ac.jp/index.html），メールではメールアドレス（例：tokai@example.jp）が使用されます。この例において下線で記載した部分をドメイン名と呼びます。ドメイン名は，どこのサイトであるか，人間にとってわかりやすく表現するためのものです。例えば，www.u-tokai.ac.jp は，右から順に「日本（jp）の学術機関（ac）の東海大学（u-tokai）の www」という意味をもちます（図 9.26）。

図 9.26 Web のアドレス記載（URL）とドメイン名

一方，IP（インターネット層）では，相手の識別に IP アドレスという固定長のビット列を用います。2025 年現在，IPv4 から IPv6 への移行が進みつつあり，その最大の変化は，IP アドレスの長さが変わることです。IPv4 では 32 bit，IPv6 では 128 bit の IP アドレスを用います。IPv4 アドレスは「11000000101010000000000000000001」のように表現されます。しかし，これでは人間にとって読み取りが困難なため，8 bit ごとに 10 進数（0〜255）に変換し，それらをドットで区切って表現することが一般的です。上記の例では「192.168.0.1」と表現します。

トランスポート層からインターネット層へ通信処理が移行する際には，ドメイン名から IP アドレスの変換が必要になります。変換を実現しているプロトコルが DNS（Domain Name System）です。各 PC やスマートフォンには DNS サーバの IP アドレスが設定されており，通信相手のドメイン名をもとに，その IP アドレスを DNS サーバに問い合わせて名前解決しています（図 9.27）。

最後に，リンク層に対応するアドレスとして，主に有線 LAN や無線 LAN 内において相手を識別するために利用されている MAC アドレスを紹介します。MAC アドレスは 48 bit のビット列で表され，ネットワークアダプタの製造時に固定的に割り当てられるものです。そのため，物理アドレス（ハードウェアアドレス）とも呼ばれます（図 9.28）。MAC アドレスの表記には，16 進数表記（0〜9，A〜F）12 桁がよく使われます。

なお，プライバシー保護の観点から，最近の無線 LAN ネットワークアダプタでは，MAC アド

```
> www.u-tokai.ac.jp.
サーバ: dns.google
Address: 8.8.8.8

権限のない回答:
名前: tokai-prod.altis.cloud
Addresses:  18.65.207.103
            18.65.207.116
            18.65.207.61
            18.65.207.114
Aliases:  www.u-tokai.ac.jp
```

図 9.27 DNS の利用例（ドメイン名 www.u-tokai.ac.jp の IP アドレスを問い合わせ）

```
Wireless LAN アダプタ Wi-Fi#1:
説明: Qualcomm QCA9377 802.11ac Wireless Adapter
物理アドレス: 28-3A-4D-23-01-DB
イーサネット アダプタ イーサネット#1:
説明: Killer E2400 Gigabit Ethernet Controller
物理アドレス: B8-85-84-B0-4A-2D
```

図 9.28 MAC アドレスの例（ipconfig コマンドの出力例）

レスをランダムに設定して通信に利用する機能が普及しつつあります。これは，通信追跡から利用者のプライバシーを守るためです。また，先ほどの議論と同様に，LAN 内で実際にデータを伝送するには，相手の IP アドレスに対応する MAC アドレスが必要となります。このときに使われるプロトコルが，ARP（アープ，Address Resolution Protocol）です。

補足 8：デバイスのネットワーク設定自動化

有線 LAN や無線 LAN への接続だけでは，インターネットを利用することはできません。実際のインターネット接続には，LAN に接続したデバイスのネットワークアダプタに，デバイス自身の IP アドレス，DNS サーバの IP アドレス，インターネットへの接続を中継するブロードバンドルータの IP アドレス（デフォルトゲートウェイ）などの情報を設定する必要があります。これらの設定を手動で行うのはとても面倒なため，この設定を自動化するプロトコルが用意されています。それが DHCP（Dynamic Host Configuration Protocol）です。一般的な家庭では，ブロードバンドルータが DHCP サーバとして機能し，LAN に接続したデバイスからの要求に応じて，必要な設定情報を自動的に提供します（図 9.29）。

9.4 インターネットとプロトコル

図 9.29 DHCP 利用のイメージ

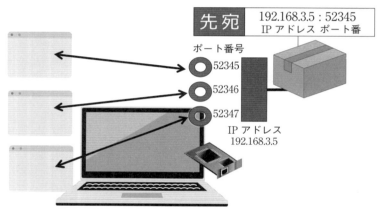

図 9.30 ポート番号の役割

補足 9：ポート番号の役割

　IP アドレスや MAC アドレスによってデバイス（正確にはネットワークアダプタ）を特定できますが，それだけでは現代の通信の利便性を実現できません．例えば，YouTube を視聴中に Instagram の更新メッセージを受け取れるように，同じデバイスの中で複数のアプリケーションを利用している場合，どのアプリケーション宛の通信データであるかを正確に識別することが必要になります．この識別を可能にするのがポート番号というアドレス情報です（図 9.30）．なお，ポート番号は 0 から 65535 の範囲の整数（16 bit）からなり，主要なアプリケーション層プロトコルで利用されるポート番号は，あらかじめ決められています．例えば，HTTP であれば 80 番，SMTP であれば 25 番といったように，特定のポート番号が割り当てられています．

補足 10：IP アドレスの枯渇と NAT の活用

　IPv4 の大きな課題は，IP アドレスの枯渇です．インターネットでは，相手を識別するためにアドレスが一つひとつ異なっていなければなりません．しかし，世界のすべてのデバイスにそれぞれ異なるアドレスを割り当てようとしても，IPv4 のアドレス空間（32 bit = 約 43 億個）では数が圧

倒的に足りないのです。

　そこで，唯一性が保証された（貴重な）アドレス（グローバル IP アドレス）を，各家庭のブロードバンドルータに一つだけ割り当て，家庭内 LAN の各デバイスには重複を気にせずに自由に使ってよいアドレス（プライベート IP アドレス）を割り当てる，という形態が一般化しました。もちろん，プライベートアドレスではインターネットに直接接続できないため，ブロードバンドルータが通信を中継する際，自分に割り当てられた IP アドレスに送信元を書き換える，という処理を行っています。この対応関係はブロードバンドルータが記憶しており，送信先からの返答が届いたときには，その対応関係にもとづいてデータの転送を行います。これを NAT（ナット，Network Address Translation），正確にはポート番号を用いて端末の識別を実現しているので NAPT（ナップティー，Network Address Port Translation）と呼びます。

　それでもなお IP アドレスがまったく足りない現状から，各 ISP 内部だけで利用できるアドレス空間（100.64.0.0〜100.127.255.255）を用いて，ISP の段階で大規模な NAT 構成をとることも多くなっています。これをキャリアグレード NAT（CGNAT）と呼びます。

参考文献

Barry M. Leiner, Vinton G. Cerf, David D. Clark, Robert E. Kahn, Leonard Kleinrock, Daniel C. Lynch, Jon Postel, Larry G. Roberts, and Stephen Wolff. (2009). A brief history of the internet. SIGCOMM Comput. Commun. Rev. 39, 5 (October 2009), 22–31. https://doi.org/10.1145/1629607.1629613（2025/1/24 閲覧）

Berners-Lee, T.（著），高橋徹（監訳），Web の創生，毎日コミュニケーションズ（2001）

IEEE. IEEE Explore. https://ieeexplore.ieee.org/Xplore/home.jsp（2025/1/24 閲覧）

Wi-Fi アライアンス，https://www.wi-fi.org/ja（2025/1/24 閲覧）

Zakon, R. (1997). Hobbes' Internet Timeline (FYI 32, RFC 2235). RFC Editor. https://doi.org/10.17487/RFC2235（2025/1/24 閲覧）

網野衛二，図解でやさしくわかる ネットワークのしくみ超入門，技術評論社（2022）

インターネット白書編集委員会，インターネット白書 ARCHIVES. https://iwparchives.jp/（2025/01/24 閲覧）

きたみりゅうじ，改訂 5 版 図解でよくわかる ネットワークの重要用語解説，技術評論社（2020）

総務省，情報通信白書 令和 6 年版，https://www.soumu.go.jp/johotsusintokei/whitepaper/index.html（2025/1/24 閲覧）

Chapter 10 情報セキュリティ

　本章では，情報機器や情報サービスの一般ユーザとして，情報セキュリティ侵害にできるだけ遭遇しないため，また万が一遭遇した場合でもその被害を最小限に抑えるための方法について理解し，実践できるようになることを目指します。

　まず10.1節では，実際の事例を通じて情報セキュリティを保つことの重要性とその対策の要点について理解を深めます。次の10.2節では，具体的なセキュリティ対策として，実際にどのようなことに注意して行動すればよいかを学びます。最後の10.3節では，情報セキュリティを保つための技術として広く活用されている暗号技術の基本について学習します。

10.1 なぜ情報セキュリティが必要なのか？

10.1.1 情報セキュリティ事件簿

　私たちは日々の生活において，パソコンやスマートフォンなどの情報機器を用いて，多様なアプリケーションや，Google，Amazon，Instagram，X（旧Twitter）などの情報サービスを利用しています。これらの活動を通して，私たち自身にとって価値ある情報を集め，整理し，そして新たに創り出しています。この価値ある情報が，正当な利用者の意図通りの安全な状況にあることを「情報セキュリティが保たれている」といいます。言い換えれば，安全かつ安心に情報機器や情報サービスが利用できる状態を指します。では，情報セキュリティが保たれていない場合，どのような事態が発生するのか，代表的な事例を見ていきましょう。

事例1：マルウェアによる被害

　利用者の意思に関係なく悪意をもって行動するソフトウェアを総称して「マルウェア」（Malware：Malicious Software）と呼びます。2017年5月に出現したマルウェアWannaCryは，国内外の企業組織に感染を拡大させ，大きな被害をもたらしました。その大きな特徴は，感染したコンピュータ内のファイルを勝手に暗号化して正当な利用者が利用できなくさせたうえで，「暗号化を解除して欲しければ金を払え」と，身代金（ランサム）を要求し，支払い方法を具体的に提示するという点でした。このように情報を人質にとって対価を要求するマルウェアを「ランサムウェア」と呼びます（図10.1）。

　マルウェアには，上記のランサムウェアのほかに，既存のファイルに寄生する「ウイルス」，自律的にネットワーク上を動き回る「ワーム」，有益なソフトウェアに見せかける「トロイの木馬」，感染したコンピュータの情報を盗み出す「スパイウェア」，コンピュータの動作を乗っ取る「ボッ

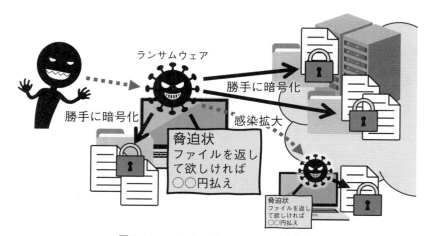

図 10.1 ランサムウェアによる被害例

ト」，不正アクセスのための裏口を用意する「バックドア」など，その形態や活動内容によってさまざまな名前がつけられています．なお，上述の WannaCry は，ランサムウェアとワームの特徴をあわせもつマルウェアです．つまり，これらの名前は厳密な分類というよりも，マルウェアの特徴を表す言葉として考えたほうが混乱はないでしょう．また，歴史的な経緯や一般的な知名度から，「ウイルス」という言葉がマルウェアの同義語として使用されることもあります．

事例 2：不正アクセスによる被害

　不正アクセスとは，正当な権利をもたない者によって，情報サービス，および，そのサービスを実現するシステム（サーバ等）の内部に侵入されることを指します（図 10.2）．不正アクセスを受けた場合，情報の漏えい・改ざん・破壊，サービスの停止や悪用，マルウェアへの感染，さらには他サービスへの攻撃の踏み台にとして悪用されるなどの被害が発生する可能性があります．事例としては，2019 年 7 月，大手コンビニエンスストアが導入した決済サービスに不正アクセスがあり，

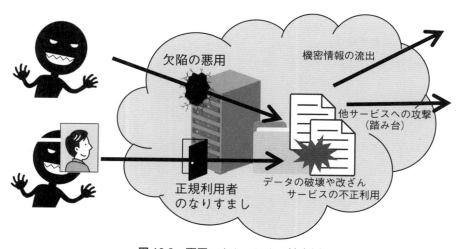

図 10.2 不正アクセスによる被害例

利用者のアカウントが乗っ取られ，金銭的被害が生じた事件がありました。また，2020年3月，国内交通機関大手のWebサイトに不正アクセスがあり，利用者の個人情報が漏えいする事案が発生しました。

　このような不正アクセスの原因としては，情報サービス自体の抱える欠陥が思い浮かびますが，同時に利用者側にも問題があったケースも多く見られます。このため，自身のアカウント（利用権限）が悪用されないよう，マルウェア対策の徹底や適切なパスワード管理など，利用者側での積極的なセキュリティ対策が求められます。

事例3：フィッシングによる被害

　フィッシング（Phishing）とは，実在する企業組織や情報サービスからのメッセージを装い，受信者に何らかの行動を誘導する攻撃手法のことを指します。代表的な手法として，偽サイトへのリンクを含むメールやショートメッセージを送りつけ，精巧につくられた偽サイトにアクセスさせて利用者のIDやパスワード，その他の個人情報を窃取するという手法が多く見られます（図10.3）。窃取された情報は不正アクセスやその他の犯罪に悪用される可能性があり，預金の不正引き出しなどの金銭的被害も多発しています。また，偽サイトへのアクセスを通じてマルウェアに感染するケースも報告されています。2022年には大手情報サービス会社を装った大規模なフィッシング攻撃が発生し，1万を超える企業や組織に影響を及ぼしました。

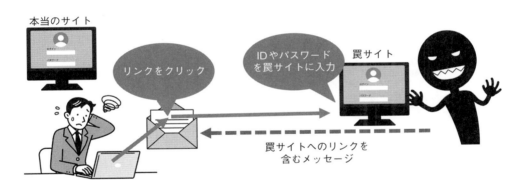

図10.3　フィッシングによる被害例

　フィッシング対策協議会の報告によると，フィッシングの届け出件数は近年増加傾向にあります（図10.4）。この背景には，情報サービスや利用者のPC・スマートフォンなどに対する直接攻撃（能動型攻撃）が，セキュリティ技術や意識の向上によって，より困難になったことが挙げられます。そのため，フィッシングのように，人間の心理的な隙を突いて，セキュリティを脅かす行動を利用者自身に促すこと（受動型攻撃，誘導型攻撃）に，攻撃者はその活路を見出しているのです。

事例4：サービス拒否攻撃（DoS）による被害

　2017年8月，Google Playストアで公開されていた約300のアプリケーションにマルウェアWireXが含まれていることが判明し，削除される事案が発生しました。これらのアプリケーショ

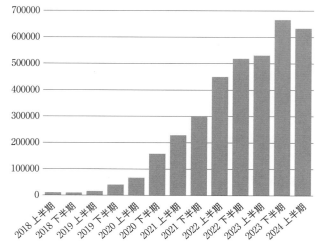

図 10.4 フィッシング対策協議会に寄せられた届け出件数推移
（フィッシング対策協議会 月次報告書をもとに作成）

ンをインストールした多数のスマートフォンが第三者によって操られ，いくつかの情報サービスに過負荷をかけ，サービス運営に支障を来たしました．このように正常な情報サービスの提供を妨害する攻撃手法を，「サービス拒否（DoS：Denial of Service）攻撃」と呼びます．近年は多数のコンピュータを同時に攻撃に用いるケースが多くなっており，この手法は特に「分散型サービス拒否（DDoS：Distributed Denial of Service）攻撃」と呼ばれています（図 10.5）．

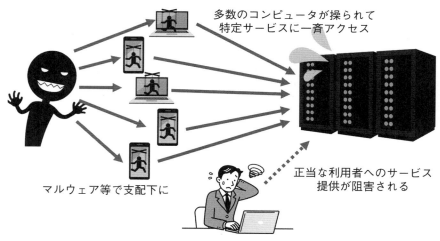

図 10.5 サービス拒否攻撃による被害例

事例5：組織や人間のミスによる被害

　2022 年 6 月，関西のある自治体から事業を委託されていた企業の従業員が，市民の個人情報を記録した USB メモリを不適切に持ち出し，紛失するという事案が発生しました．この事例では，紛失した当事者個人の過失だけでなく，組織としての情報管理体制の不備が重大な問題として指摘

されました。

　また，カフェなどの公共スペースでPCを利用して業務を行う場合，画面に機密情報が映っていたら，肩越しに誰かに見られてしまうかもしれません。

　このように情報セキュリティの確保には，情報機器や情報サービスだけを考えればよいのではなく，企業体制の整備と個人の適切な行動が重要な要素になるのです（図10.6）。

図10.6　組織や人間のミスによる被害例

　紹介した事例1〜5が示すように，情報セキュリティが保たれていない状況では，日常的な活動に支障を来すだけでなく，有形無形の財産や社会的信用を失う危険性が高くなります。場合によっては，意図せずに犯罪行為に加担してしまう可能性も生じます。実際，情報セキュリティの侵害に関する事案は日々報道されており，現代社会における重大な課題となっています。

　情報セキュリティは一部の専門家のみで確保できるものではなく，利用者一人ひとりの適切な理解と行動が欠かせません。サイバーセキュリティ基本法においても「国民は，基本理念にのっとり，サイバーセキュリティの重要性に関する関心と理解を深め，サイバーセキュリティの確保に必要な注意を払うよう努めるものとする。」と，国民の努力義務が定められています。情報セキュリティの世界において「これだけやっておけば安心」と呼べる対策は存在しません。そのため，当事者意識をもち，最新の情報に常に注意を払いながら，さまざまな防御策を組み合わせることで，被害にあう可能性（＝リスク）を最小化する取り組みが求められます。

補足1：情報セキュリティの侵害行為と犯罪

　情報セキュリティを侵害する行為の多くは犯罪に該当し，刑事的な責任が問われます。刑法では，マルウェアの作成（不正指令電磁的記録に関する罪），データの改ざん等により金銭的利益を得ること（電子計算機使用詐欺罪），コンピュータやデータを破壊して業務を妨害すること（電子計算機損壊等業務妨害罪）などが規定されています。

　また，不正アクセス禁止法では，他人のIDパスワードの無断使用，情報サービスの欠陥を悪用した不正侵入を禁じています。刑事的な責任に加えて，民事的な責任（賠償・謝罪・活動の差止な

ど）が課される可能性もあると理解しておきましょう。

　情報技術を悪用してこのような情報セキュリティの侵害行為を行う人物は「クラッカー」と呼ばれます。一般的に知られている「ハッカー」という用語は，本来，極めて高い情報技術をもつ人という意味であり，そこに善悪の概念は含まれていません。近年では，クラッカーから人々や組織を守る情報技術のスペシャリストを「ホワイトハッカー」と呼称する傾向も見られます。

10.1.2　情報セキュリティの定義

　前項では「価値ある情報が，正当な利用者の意図通りの安全な状況にあること」を情報セキュリティが保たれている状態として表現しました。ここでは，情報セキュリティの侵害への防御を考えるために，情報セキュリティに関する国際規格「ISO/IEC 27000 シリーズ」での定義をもとに，これらをもう少し掘り下げて具体的に説明します。

　まず，情報セキュリティが守る対象としている「価値ある情報」について考えます。情報には，アイデアや思想，知識，技法，ノウハウなどが含まれており，情報を構成する要素である文字・数値・画像・音声といったデータそのもの以上の価値を有しています。この価値は，物的・金銭的な価値に限らず，信用や信頼といった無形のものも含まれます。一方，これらの情報は，PCやスマートフォン，クラウド，紙などさまざまなメディアに多様な形式・状態で保存されています。そのため，情報セキュリティでは，情報そのものだけでなく，情報が保存されているシステム（ハードウェア，ソフトウェア，ネットワークなど）と，その正当な利用者や運用者も含めて「価値ある情報」，すなわち守るべき対象として考えなければなりません。これらの情報セキュリティにおいて守るべき対象を総称して，情報資産と呼びます。このように，情報セキュリティは個々のPCやスマートフォンだけを考えればよいということではない点がポイントです。

　次に，「意図通りの安全な状況」とは何かについて考えます。前述の国際規格では「情報の機密性，完全性，および可用性を維持すること」と明確に定義されています。それぞれの意味を適切に説明できるようになりましょう。

機密性（Confidentiality）
　正当な権利をもつ者のみ情報にアクセスできる状態であること
　　→機密性が保たれていない例：情報の漏えい

完全性（Integrity）
　正当な権利をもつ者の意図通りに正確な情報が維持されている状態であること
　　→完全性が保たれていない例：情報の改ざんや破壊

可用性（Availability）
　正当な権利をもつ者が必要なときに情報にアクセスできる状態であること
　　→可用性が保たれていない例：システムダウン，情報の意図しない暗号化

　機密性・完全性・可用性の頭文字をとって，情報セキュリティの3要素「CIA」と呼ぶこともあ

ります。この中核となる3要素に加えて，真正性・責任追跡性・否認防止・信頼性などの関連要素もあります。これらについての理解を深めることで，情報セキュリティをより包括的に把握することができます。

情報セキュリティの本質は，情報資産の機密性・完全性・可用性などを確立・維持することにあります。これを実現するには，物理的セキュリティ対策（破壊防止，盗難防止，電源の安定供給確保など），論理的セキュリティ対策（システムのセキュリティ対策，組織・管理的な対応，セキュリティ教育など）の両面が不可欠です。

10.1.3 情報セキュリティの侵害を防ぐには

個人や組織の情報セキュリティが実際に侵害される事象のことを，「セキュリティインシデント」（Security Incident）もしくは単に「インシデント」と呼びます。ここでは，インシデントが発生しないようにするにはどうしたらよいか，発生してもその被害を最小化するにはどうしたらよいかを考えます（図10.7）。

図10.7　情報資産，インシデント，脅威と脆弱性の関係

マルウェア，不正アクセス，フィッシング詐欺，盗難，テロ，天災，利用者の誤操作や誤設定（ヒューマンエラー），内部犯行など，組織や個人の情報資産に損害を与える可能性のあるさまざまな要因や出来事のことを「脅威」（Threat）と呼びます。ここで，脅威は外部からの攻撃者だけでなく，内部要因も含めた概念であることに注意してください。また，世の中から泥棒を根絶できないように，脅威（特に外部の脅威）の存在自体を小さくすることは容易ではありません。

一方，泥棒がどこにでも空き巣に入れるわけではなく，その家の鍵がかかっていなかった，合鍵を拾ったなど，泥棒にとっての好機が重なることで初めて空き巣が成立します。つまり，脅威の存在がインシデントの発生につながるには，脅威が狙う情報資産にどのような弱点が存在するかが大きく影響するのです。このような脅威に利用されかねない情報資産の弱点を「脆弱性」（Vulnerability）または「セキュリティホール」と呼びます。

脆弱性は情報資産に内包するものであるため，脅威の根絶に比べて比較的対策しやすいものでも

あります。つまり，セキュリティ対策の基本は脆弱性を塞いでいくことだと考えられます。なお，情報資産の定義から，脆弱性にはシステムやサービスにおけるセキュリティ上の欠陥（バグ）だけでなく，そのシステムやサービスの利用者や組織の問題も含まれることに注意してください。実際，最も重大な脆弱性は利用者自身の行動にあるかもしれません。以降の学習を通じて，自身の行動に改めるべき点がないか，考えてみましょう。

補足2：ゼロリスクは目的ではない

脅威によって情報資産が損なわれる可能性のことを「リスク」と呼びます。リスクの時点では「可能性」に過ぎませんが，これが現実に顕在化した結果がインシデントとなります。

これから学ぶセキュリティ対策は，このリスク（可能性）をできるだけ最小化し，インシデントの発生確率や被害を小さくすることを目指します。しかし，リスクを無くすこと（ゼロリスク）が目的ではないことに留意してください。どのような対策であっても相応のコスト（金銭，労力，時間など）が必要となるため，リスクが顕在化する確率，そのリスクが顕在化した場合の被害，対応に要するコストを総合的に評価して，どのような対策をどこまで実施するか（もしくは実施しないか）をバランスよく考えていくことが大切です。その上で，どのようなリスクが残っているのかをリストアップしておくことは，緊急時に慌てないために有効でしょう。

10.2 基本的な情報セキュリティ対策

10.2.1 システム・アプリの脆弱性に対処する

悪意ある第三者やマルウェアは，オペレーティングシステム（OS）やアプリケーション（アプリ）の脆弱性を狙って攻撃を仕掛けてきます。このため，日常的に使用する PC・スマートフォンの OS やアプリの脆弱性に注意し，ソフトウェア開発元から提供される修正（セキュリティアップデート，セキュリティパッチなど）を迅速に適用することが重要です。

多数のアプリがインストールされている状況では，脆弱性対策の見落としを防ぐため，更新プログラムの適用をできるだけ自動化しましょう。また，更新の適用には PC やスマートフォンの再起動が必要になるケースもありますが，「いま作業中だから」と先送りしないようにしましょう。また，長らく使っていないアプリを定期的に削除することも，対策として有効です。

脆弱性への対処前に攻撃が行われること（ゼロデイアタック）もありうるため，上記の対策だけでは完全な防御とはなりません。しかし，既知の脆弱性をしっかりと塞ぎ，クラッカーに対して強固な防御体制を示すことで，多くの攻撃を防ぐことが可能です。

また，PC やスマートフォンだけでなく，家庭内の情報機器・IoT 機器（ルータや Web カメラなど）にも注意してください。これらの基本的な制御を担うファームウェアにも脆弱性があり，外部から攻撃を受ける事例も少なくありません。ファームウェアの定期的な更新も忘れずに行いましょう。

情報セキュリティに対する要求が日増しに高まる現代において，一般利用者向けの OS の多くには基本的なセキュリティ機能が実装され，今後もさらに強化される傾向にあります。例えば，Windows や macOS では，マルウェア検知機能や不正な通信を遮断するパーソナルファイアウォー

ル機能などが初期状態から搭載されています。基本的には OS の標準機能と適切な利用により，十分な防御水準を確保できます。よって，追加のセキュリティ対策ソフトウェアの導入については，開発メーカーの信頼性と提供される独自機能の必要性を踏まえて検討してください。独自機能の例としては，セキュリティ状態をわかりやすく可視化する機能，より高度なマルウェア検知，パスワード管理ツール，情報漏えい検知，リンク先の安全性チェック，暗号通信（VPN, Virtual Private Network）機能などが挙げられます。

10.2.2 アプリの信頼性と権限を確認する

PC やスマートフォンにインストールするアプリにマルウェアが潜んでいる危険性については，十分な注意が必要です。特に，有益なアプリに見せかけて不正な動作を行うマルウェア（トロイの木馬）や，セキュリティ警告を偽装した広告を通じてインストールを促す偽セキュリティソフトウェア（Fake Antivirus など）は大きな脅威となっています。これらの被害を防止するため，以下のポイントに留意することが重要です。

① マルウェア検知機能を用いてマルウェアの混入をチェックしましょう。

　定期的なチェックに加えて，ファイルをダウンロードした際や USB メモリなどの外部ストレージを接続した際のチェックを徹底しましょう。なお，マルウェアはアプリだけでなく，データファイルにも紛れ込む可能性があります（例：マクロウイルス）。

② 原則として，アプリのダウンロードは公式サイトや公式ストアからだけにしましょう。

　出所不明なアプリはインストールしないことを強くおすすめします。その開発元やその挙動を本当に信頼できるかどうか，真剣に検討してください。

③ アプリからの権限要求に対しては必要最小限のものだけ許可しましょう。

　そのアプリの動作に「連絡先」へのアクセスは本当に必要でしょうか？　特に，管理者権限（root 特権）を要求するアプリについては最大限の警戒が必要です。現在利用しているアプリにどのような権限を付与しているか確認してみましょう。

④ 長らく利用していないアプリはアンインストールか権限の剥奪を検討しましょう。

　しばらくしてから豹変して不正行為を始めるアプリの存在も確認されています。

補足 3：連携アプリと付与権限

　情報サービスに「連携アプリ」と呼ばれるアプリケーションを設定すると，情報サービスをより便利に利用できるさまざまな機能が提供されます。例えば SNS の連携アプリには，フォロワー管理やポスト分析などの高度な機能を提供するものがあります。しかし，このような便利な連携アプリにも，マルウェアである可能性が存在します。実際に，SNS の連携アプリを介して不正な投稿が行われたり，個人情報が窃取されたりするという被害が報告されています。連携アプリを利用する際には，開発元は信用できるか，過剰な権限を要求していないかなどをよく確認し，不審な連携アプリや長らく未使用の連携アプリについては，その連携や権限付与を解除するようにしましょう。

10.2.3 アカウントを適切に保護する

　情報機器や情報サービスの利用権限のことをアカウントと呼びます。情報機器や情報サービスを利用する際には，パスワード等を用いてそのアカウントの正当な所有者であることを示す必要があります。これを認証（ユーザ認証）と呼びます。認証をクリア（サインイン，ログイン）した後は，そのアカウントに許された権限での行動が可能となります。近年は他の情報サービス（Googleや Apple，主要 SNS など）のアカウントと連携し，連携先での認証によって当該のサービスを利用できるしくみ（ID 連携）も普及しています。

　認証のクリアを本人証明と考えていることは，本人以外の他者が認証をクリアした場合，なりすましが可能となることを意味します。なりすましによって個人情報が奪われ，本人の名義で不正行為が行われる可能性があります。特に ID 連携を利用している場合，連鎖的に複数のサービスを悪用されかねないため，特に注意が必要です。このような被害を防ぐため，認証に関わる情報を適切に設定・管理しなければなりません。そのポイントを，以下に示します。

① PC やスマートフォンなどの情報機器に適切な認証を設定しましょう。

　認証がなく，誰でも利用できるような状態では，紛失・盗難時の被害が甚大となります。可能であれば，指紋や顔などの生体情報を用いた認証（生体認証）を用いましょう。

② パスワードは「長く」「複雑で」「他で使っていない」ものに設定しましょう。

　特に使いまわしには注意が必要です。他の脆弱なサイトから漏えいした ID とパスワードのリストがインターネット上で実際に取り引きされ，攻撃にも悪用されています（パスワードリスト攻撃）。また，本人に関係する言葉をパスワードとすることも厳禁です。クラッカーは，一般的な用語だけでなく，SNS での言動やその他の情報源から得た言葉を用いてパスワードを推測する可能性があります。パスワード管理ツールや OS・ブラウザなどが生成する安全なパスワード提案を用いることも検討してください。

③ パスワードを適切に管理しましょう。

　パスワードは適切に保存し，第三者の目に触れないように厳重に管理する必要があります。特に，共有 PC にそのまま保存することは避けるべきです。個人の PC やスマートフォンに保存する場合も，暗号化などを施しておくことで安全性が高められます。

　パスワード管理ツールの利用も検討してください。Google アカウント（Chrome），Microsoftアカウント（Edge），Apple iCloud キーチェイン（Safari）など，OS・ブラウザに紐づけられたパスワード管理機能も有効です。

　「パスワードを書くな（保存するな）」という従来の教えは，共有パソコンが一般的だった時代の名残であり，「覚えろ」という圧力は，現在ではかえって安易なパスワード設定や使いまわしを助長する要因となっています。

④ パスワード認証・メール認証・SMS 認証・生体認証など，複数の要素を組み合わせた認証（多要素認証，MFA）を積極的に利用しましょう。

　例えば，パスワード認証と携帯電話による SMS 認証を組み合わせた多要素認証の場合，通常のパスワードに加えて，指定した携帯電話番号に送付されるワンタイムパスワード（OTP，使い捨てのパスワード）の入力が必要となり，アカウントの保護が強化されます。

補足 4：パスキー認証

　FIDO（ファイド）アライアンスによって策定された認証方式の一つです。従来のパスワード認証に代わる技術として注目され，現在，さまざまな情報サービスにおいて普及が進みつつあります。この認証方式は，生体認証技術と暗号技術（公開鍵暗号やディジタル署名など）を組み合わせることで，秘密の情報の送信を必要としないユーザ認証を実現しています。例えば，ある PC から特定サービスにアクセスする際，所持しているスマートフォンでの生体認証によってログインできるといった利用方法が可能となります。

10.2.4　Web・クラウドを安全に利用する

　PC やスマートフォンのブラウザを用いて Web サイトやクラウドサービスへの通信を行う際，悪意ある第三者によって通信内容が盗聴されたり，改ざんされたり，偽サイトに誘導されたりすることがあります。このような被害にあわないためのポイントは，以下の通りです。

① できるだけブラウザのお気に入り（ブックマーク）機能を用いてアクセスしましょう。

　メールや SMS，SNS などのリンクから偽サイトに誘導する事例（フィッシング）が多く確認されています。リンクをむやみに信用せず，お気に入り機能からのアクセスを心がけましょう。また，有名な企業やサービスとよく似た名前のドメイン（ドッペルゲンガードメイン）を用意して，利用者のタイプミスを待つ攻撃も確認されています。このような攻撃への対策としてもお気に入り機能は有効です。

② アクセス前にリンク先の安全性を確認しましょう。

　特に初めて訪問するサイトの安全性については十分な注意が必要です。実際にアクセスする前に，リンク先の安全性をチェックするセキュリティ対策ソフトウェアの機能や情報サービスの利用を検討してください。近年の偽サイトは極めて精巧につくられており，見た目で判断することは困難です。

③ いまどき HTTPS 通信は当然ですが，妄信は禁物です。

　HTTPS 通信は，HTTP 通信とは異なり，暗号技術（10.3 節にて解説）を用いて第三者による盗聴・改ざんを防止するとともに，通信先のドメイン名が正規のものかどうかを確認する機能（公開鍵証明書の検証機能）を有します。例えば，アドレス欄が「https://www.u-tokai.ac.jp/」であるとき，その接続先が本当に「www.u-tokai.ac.jp」であるかを検証します。図 10.8 のようなエラーが表示された場合，通信相手を正しく確認できていないため，アクセスすべきではありません。

　しかし，現在では多くの不正サイトも正式な公開鍵証明書を取得しています。ドメイン名に偽装がなくとも相手が善人である保証はありません。そのため，HTTPS 通信が正常であっても，それだけでそのサイトを信用できると判断してはいけません。特に，類似したドメイン名をもつ偽装サイトには注意が必要です。個人情報やクレジットカード番号などの情報を入力する際は，アクセス先の信頼性について慎重に確認しましょう。

図 10.8　ブラウザにおける接続先の検証結果（エラー）

補足 5：クラウドストレージのファイル共有
　クラウドストレージは，あらゆる情報機器からアクセスできる利便性の高さから，人気の高いクラウドサービスです。このサービスにおいて特に注意すべきなのが「ファイル共有」機能です。
　通常，クラウドストレージ上のデータは利用者本人のみがアクセス可能な状態で保管されます。しかし，ファイル共有機能により，第三者でもアクセス可能にすることができます。この機能の設定を誤ると，機密情報を意図せず公開してしまう可能性があるため注意しましょう。

10.2.5　メッセージングの安全性を高める

　メール，ショートメッセージ（SMS），Instagram・X（旧 Twitter）・LINE などの SNS は，第三者やマルウェアによる攻撃手段（特にフィッシングの道具）として悪用されています。金融機関や宅配業者を装った不正メッセージに加え，マルウェアに感染した知人から送られてくることや，生成 AI 技術を用いて自然なやりとりを装う攻撃も増加しており，その検出は容易ではありません。そのため，メッセージ内のリンクや添付ファイルを安易に開くことのないように注意を払ってください。
　メールのなりすまし対策の技術として，メール送信元のドメイン名が本物かどうかを確かめる技術（メール送信ドメイン認証）があります。2023 年 10 月，Google 社が「メール送信者のガイドライン」を更新し，メールサービスを提供している企業組織に，メール送信ドメイン認証への対応を求めたことは重要な転換点となりました。
　メール送信ドメイン認証技術の一つである「DMARC」（ディーマーク，Domain-based Message Authentication, Reporting and Conformance）」は，差出人メールアドレス（ヘッダー FROM）のドメイン名の真正性を検証します。例えば，差出人メールアドレスが「suzuki@example.jp」であるメールが，DMARC のチェックをクリアした場合，このメールが確かに「example.jp」から送信されたことが確認できます。メール送信ドメイン認証の結果は，迷惑メールの判定基準として利用されるほか，認証状態を利用者に表示する機能にも活用されています（図 10.9）。
　ただし，メール送信ドメイン認証は，見た目が紛らわしい差出人メールアドレスの検出には効果がありません。例えば，「suzuki@example.jp」からのメールと見せかけるために，「suzuki@examp1e.jp」や「suzuki@example.jq」などの紛らわしいメールアドレスが使用されることもありま

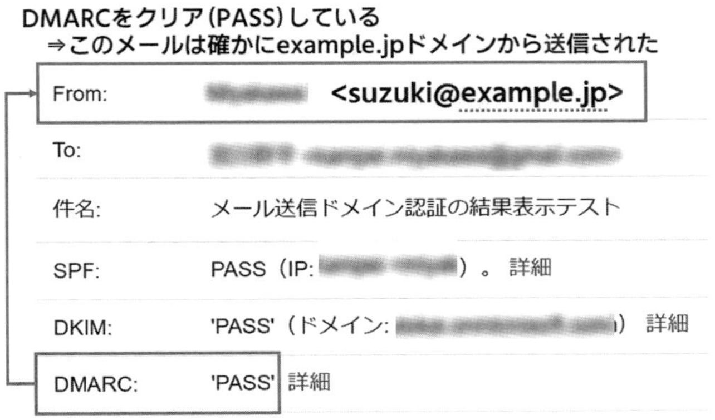

図 10.9 メール送信ドメイン認証の例

す。クラッカーはこのような紛らわしいドメイン名をもつメールサーバを管理し，そこから送信されたメールが DMARC をクリアするように設定することも少なくありません。対策として，信頼できるメールアドレスを事前にアドレス帳に登録し，未登録のメールアドレスからの受信には警戒を強める方法も考えられますが，これのみでは十分とはいえません。メール送信者が誰であるかを確認できるしくみの普及が期待されています（本章の補足 7 で紹介します）。

　そのほか，メッセージの送信時に気を付けるべきこととして，宛先の入力ミスがあります。Google 社の Gmail サービス（gmail.com）は広く利用されていますが，近年，Gmail のドッペルゲンガードメイン（例えば gmai.com）へ誤送信していた事例が話題となりました。このような誤送信は，重大な情報漏えいにつながる可能性があります。このようなヒューマンエラーを防止するためにも，アドレス帳機能の活用が推奨されます。ソフトウェアの機能をうまく活用することで，入力ミスのリスクを最小限に抑えることが可能です。

10.2.6　ホームネットワークを守る

　ブロードバンドルータを用いてホームネットワークを構築しているケースを考えます（9.3 節，図 9.13 参照）。この場合，ブロードバンドルータが外部からの不正な接続を防ぐファイアウォール（防火壁）として機能します。そのため，ブロードバンドルータのセキュリティ確保は極めて重要です。特に重要な確認事項として，以下の 2 点に注意してください。

- ファームウェアの更新を適切に実施しているか（自動更新が正常に働いているか）
- 設定画面への認証（管理者認証）は適切か（簡単な初期パスワードを用いていないか，インターネットからアクセスできたりしないかなど）

　一般的なホームネットワークでは，NAT（Network Address Translation）が採用されており，ブロードバンドルータ以外の情報機器にはプライベート IP アドレスが割り当てられています（9.4.2 項，第 9 章の補足 10 参照）。従来，NAT 環境下にあるホームネットワーク内の機器に外部から直接アクセスすることは困難であるとされていましたが，現在では「NAT トラバーサル（NAT 越

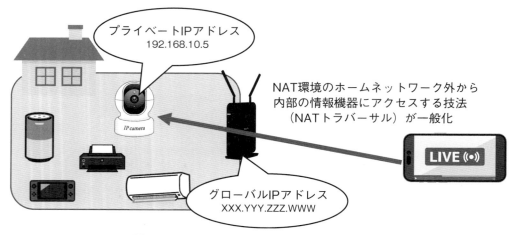

図 10.10 ホームネットワーク外からのアクセス

え）」と呼ばれる技法が普及し，ネットワークカメラやゲーム機などにおいて広く実装されています（図 10.10）。

よって，10.2.1 項で述べた通り，ホームネットワーク内の機器についても，システム・アプリのセキュリティを適切に管理する必要があります。特に，悪意ある第三者が外部からネットワークカメラに不正アクセスする事例は依然として多発しています。公開機能が意図せずに ON になっていないか，パスワード等の保護は十分か，ファームウェアの更新は適切に行われているかなど定期的に確認しましょう。なお，マルウェアが勝手に公開設定を ON にして，外部からのアクセスを促す事例も確認されています。

また，無線 LAN（9.3.3 項 (2) 参照）を用いてホームネットワークを構築することも一般的になりました。無線 LAN は接続の自由度が売りですが，悪意ある第三者が侵入してこないよう，以下の点に注意が必要です。

- 最新かつ適切なセキュリティ規格（2025 年現在ならば WPA3）に対応した機器を用いること。
- 強固な暗号化による盗聴防止・利用者認証を適切に行うこと。
  例：WPA3-SAE（WPA3-Personal）を用いて，十分な長さ・複雑さを持つ暗号化キーを設定する。
- 無線 LAN アクセスポイント（無線ブロードバンドルータ）の管理者認証を適切に行うこと。

10.2.7 万が一に備える

10.1 節で説明した通り，セキュリティ対策に「完全」なものはありません。そのため，万が一，セキュリティインシデントが発生してしまっても，その損害を最小限に抑えるために普段から備えておくことが重要です。特に，替えの効かない重要データの保護については，以下のような対応が推奨されます。

① PC やスマートフォンに強固な認証を施し，内部ストレージを OS 機能（例：Windows Bit-Locker 機能，MacOS FileVault 機能）により暗号化しましょう。

　認証をクリアしなければ内部ストレージのデータを読み取ることができなくなるため，盗難・紛失対策として有効です。

② 持ち運びが容易なストレージに重要なデータを保存しないようにしましょう。

　USB メモリや SD カードは紛失・盗難のリスクが高く，特に SD カードは PC やスマートフォンから容易に取り外しが可能です。やむを得ず保存する場合は，暗号化するソフトウェア・アプリの利用やクラウドストレージのファイル共有機能の活用を検討してください。

③ バックアップを徹底するようにしましょう。

　PC やスマートフォン等の盗難・紛失やランサムウェアの感染などによって失われたデータを回復することができます。定期的・自動的なバックアップの実施を推奨します。バックアップ先は，PC やスマートフォンとは別の場所にある（切り離すことが可能な）ストレージ（クラウドストレージ，光ディスク，磁気ディスク，SSD など）を使用し，バックアップ先へのセキュリティ管理も徹底する必要があります。

　また，もし PC やスマートフォンにおいてマルウェアの感染が疑われる場合は，即時にネットワークから遮断（有線 LAN のケーブルを抜く，無線 LAN 機能をオフにする）し，感染と被害の拡大を防ぐ必要があります。マルウェアは PC・スマートフォンの内部に隠れていることもあり，その検出・除去は容易ではありません。最もシンプルな対処方法は，PC やスマートフォンを出荷時状態に初期化し，脆弱性対策を実施したうえで，バックアップからデータを復元することです。ただし，バックアップデータにもマルウェアが潜伏している可能性があるため，復元作業を行う前に，バックアップのマルウェア検査を別途行うことが重要です。検査後，安全性が確認できた段階で，回復・復帰（リカバリ）するようにしましょう。

10.3　暗号技術とその利用

10.3.1　暗号技術の概要

　暗号技術とは，正当な権限をもたない第三者から情報を保護するための手段の一つです。誰でもその内容を読み取れる状態にある情報：平文（ひらぶん，Plaintext）を，特定の方法によってそのままでは内容を読み取れない状態の情報：暗号文（Ciphertext）に変換し，正当な権利をもつ人のみが暗号文から平文に戻せるしくみを指します。なお，平文を暗号文に変換する（メッセージを読めない形にする）ことを暗号化（Encryption），暗号文を平文に戻す（読める形に戻す）ことを復号（Decryption）と呼びます。

（1）暗号方式の基本

　現代では，技術者や研究者によって多様な暗号方式が提案されています。これらは，平文と暗号文の相互変換をどのように行うかによって，共通鍵暗号方式と公開鍵暗号方式に分けられます。

共通鍵暗号方式

　暗号化と復号に同じ鍵を使用する方式です（図 10.11）。この鍵は「共通鍵」と呼ばれ，通信する両者が事前に共有し，第三者には非公開にすることで，暗号の安全性を保ちます。この方式は，安全性と処理速度の両立に優れているという特徴があります。

　代表的な共通鍵暗号：AES（Advanced Encryption Standard）・Camellia・KCipher-2 など。

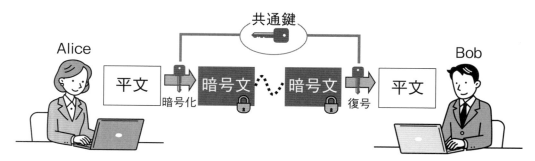

図 10.11　共通鍵暗号方式による暗号通信

公開鍵暗号方式

　暗号化と復号に異なる鍵のペアを使用する方式です（図 10.12）。暗号化には公開可能な「公開鍵」，復号には秘密裏に保持する「秘密鍵」を使用します。例えば，Bob へのメッセージを送りたい場合，送信者の Alice は「Bob の公開鍵」でメッセージを暗号化し，暗号化メッセージを受け取った Bob は「Bob の秘密鍵」でそれを復号します。なお，「Bob の公開鍵」で暗号化したメッセージを「Bob の公開鍵」で復号することはできません。このような特徴をもつ暗号方式は，大きな数の素因数分解・離散対数問題・楕円曲線問題など，計算困難な数学的問題にもとづいて考案されています。

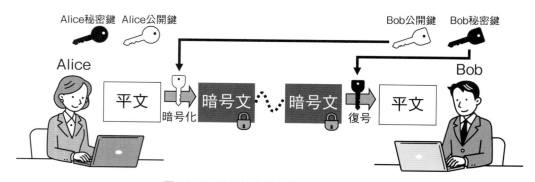

図 10.12　公開鍵暗号方式による暗号通信

　代表的な公開鍵暗号：RSA（R. Rivest, A. Shamir, L. Adleman によって考案されたことからの名称）・DH 鍵交換（Diffie-Hellman）・楕円曲線暗号（ECC：Elliptic Curve Cryptography）。

　PC やスマートフォン上のファイルやフォルダを他人から保護する場合，共通鍵暗号方式の単独

の使用が簡単かつ高速な解決策です。しかし，インターネットにおいて共通鍵暗号のみで暗号通信する場合，「見ず知らずの相手に，どうやって共通鍵を安全に渡せばよいのか」という課題が生じます。

　この問題を解決するために考案されたのが公開鍵暗号方式です。この方式では，通信相手の公開鍵を入手するだけで，その相手のみが解読可能な暗号文をつくり出すことができます。復号に用いる秘密鍵は通信相手がすでに持っているため，暗号通信のための鍵を安全に共有するという問題自体が解消されます。ただし，公開鍵暗号方式は共通鍵暗号方式と比較して処理速度が遅く，公開鍵暗号方式単独では快適な暗号通信を実現できません。

　そこで考案されたのが，共通鍵暗号方式と公開鍵暗号方式を組み合わせたハイブリッド方式（セッション鍵方式）です（図10.13）。この方式では，通信のたびに新しい共通鍵を生成し，その共通鍵のみを公開鍵暗号を用いて暗号化して相手に送信します。共通鍵はサイズが小さいため，公開鍵暗号を用いても速度に問題は生じません。そして，データ本体は新しい共通鍵を用いて暗号化して送信します。この方式により，共通鍵暗号方式の高速性を活かしつつ，共通鍵はある程度の通信のまとまり（セッション）ごとにつくり直すため，共通鍵を長期にわたり厳重に管理する負担も軽減されます。この方法は，HTTPS通信などで広く採用されており，安全かつ高速な暗号通信を可能にしています。

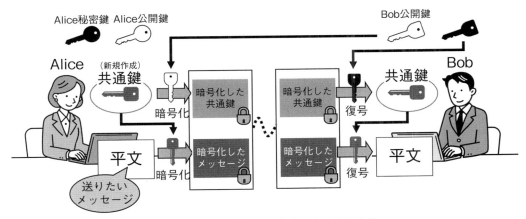

図10.13　ハイブリッド方式による暗号通信

(2) 相手や通信内容が「本物」かどうかを検証する方法

　暗号化を施すことにより，通信内容が盗聴される危険性は大幅に低減することができますが，悪意ある第三者によるなりすましや，通信内容の改ざんといった脅威への対策としては十分とはいえません。これらの脅威に対抗するための技術が，ディジタル署名と公開鍵証明書です。

ディジタル署名

　公開鍵暗号方式（またはハイブリッド方式）による通信について考えてみましょう。図10.12と図10.13では，送信者 Alice が本物の Alice である保証がありません。第三者が Alice になりすまして Bob にメッセージを送信した場合でも，同一の処理の流れとなり，Bob には本物の Alice な

のか偽物なのか，確かめる手段がありません。共通鍵暗号方式しかなかった時代には，共通鍵を知っていること（つまり適切に暗号化・復号できること）を本物であることの証拠と考えていました。では，公開鍵暗号を用いる暗号化通信においてはどうすればよいでしょうか。

この脅威に対抗する技術がディジタル署名です。ディジタル署名とは，公開鍵暗号を応用することにより，通信相手が本物であるか，通信内容が改ざんされていないかを検証可能にするしくみのことです。メッセージの送信者 Alice は，メッセージの内容と「Alice の秘密鍵」によって作成したディジタル署名をメッセージ本体に加えて相手に送ります。受信者 Bob は「Alice の公開鍵」を使って署名を検証します（図 10.14）。この過程で，Alice 本人しか所持していない「Alice の秘密鍵」を用いることで，Alice 本人がメッセージの内容を認めたことを示しています。

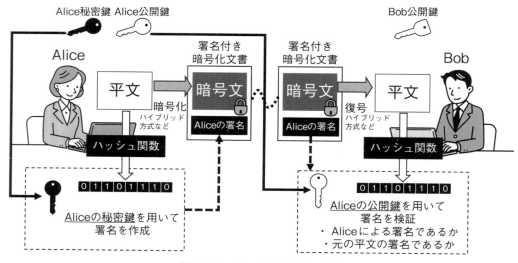

図 10.14 ディジタル署名の例

なお，図 10.14 内の「ハッシュ関数」とは，データから固定長の要約（ダイジェスト）を生成するしくみを意味します。同一のデータからのダイジェストは常に同一になります。また，異なるデータから同一のダイジェストが得られることもあり，これを「衝突」と呼びます。ディジタル署名に用いられるハッシュ関数は，ダイジェストから元のデータを推測することや，意図的に衝突させることは極めて困難であるなど，セキュリティの観点から優れた特性をもちます。これらの性質を用いて，悪意ある第三者の署名の悪用や偽装を防止しています。

公開鍵証明書

公開鍵暗号による暗号化およびディジタル署名は，公開鍵が本物であることが前提となります。例えば，悪意ある第三者が自身の公開鍵を「X の公開鍵」と偽って渡してくる可能性があります。そのような公開鍵で暗号化した場合，悪意ある第三者に復号（盗聴）されてしまいます。

このような脅威に対抗するために活用されているのが公開鍵証明書です。公開鍵証明書には，公開鍵とその所有者の情報が含まれています。通信相手から受け取った公開鍵証明書が，信頼できる

第三者機関（認証局，CA：Certificate Authorities）によってディジタル署名されているのであれば，証明書の内容が正しいこと，つまり，相手の本物の公開鍵であると信頼することができます。

　現代のPCやスマートフォンには，代表的な認証局の公開鍵が最初からインストールされており，初めて通信する相手であっても，その公開鍵が本物かどうかを適切に検証できるようになっています。公開鍵証明書の検証に失敗した場合，その公開鍵が悪意ある第三者によってすり替えられている可能性があります。また，認証局の公開鍵を追加することもできますが，不正な認証局の公開鍵をインストールさせようとするマルウェアの存在も確認されているため，安易な追加は避けるべきです。

10.3.2　通信における暗号技術の利用

　第9章で学習したように，インターネットでの通信は，さまざまなプロトコルがその役割に応じて連携することによって実現されます。しかし，各プロトコルや途中の通信経路の安全性について，一般利用者が完全に把握することは困難です。例えば，無線LAN（Wi-Fi）は暗号化機能を備えていますが，その無線LAN自体が信用できるのか（悪意ある第三者が利用していないか，偽のアクセスポイントではないかなど）を一般利用者が検証することは容易ではありません。

　そのため，安全な通信を実現するためには，利用者自身が直接利用するアプリケーションレベルにおいて適切に暗号化を実施しているか確認する意識をもつことが重要です。具体的には，以下のような対策が推奨されます。

① Web（ブラウザ）においてはHTTPS通信の利用を徹底しましょう。

　　特に，公衆ネットワーク（公衆無線LANなど）の利用時は，HTTPS通信の利用を徹底してください。HTTP通信のみのサイトへのアクセスが必要な場合は，途中経路も含めて信用できるネットワークからのアクセスに限定するか，⑤で述べるVPNサービスの利用を検討してください。現代においてHTTP通信は非推奨であり，可能な限りHTTPS通信対応サイトを利用するよう心がけましょう。

② メールアプリにおいてはメール送受信の暗号化を徹底しましょう。

　　具体的には，メールソフトの設定画面において，契約しているプロバイダの暗号化に対応したメールサーバを利用するように設定します。その設定方法や利用するプロトコルは，プロバイダによって異なります（本章の補足6参照）。HTTPS通信によるWebメールサービスを提供しているプロバイダも少なくないため，その利用も有効な選択肢です。

　　より安全性を高めたい場合は，本章の補足7で紹介するS/MIMEの導入も検討に値します。

③ その他の通信においても暗号化に対応した通信プロトコルを利用しましょう。

　　例えば，ターミナル接続を行うプロトコルにはTELNETではなくSSH（Secure SHell）を，ファイル転送を行うプロトコルにはFTPではなくSFTPやSCPを使うなど，同じ機能をもつ暗号化対応のプロトコルがないか検討してください。

④ 利用しているアプリが暗号化通信を行っているか，公式サイトなどで確認しましょう。

　　アプリによっては，十分な説明がないケースもあります。

⑤ 仮想的な専用回線を構築する技術であるVPN（Virtual Private Network）の利用を検討しま

しょう。

VPN サービスの接続先（VPN サーバ）までの通信は暗号化されるため，信頼性が不明なネットワーク（例えば誰が管理しているか不明な公衆無線 LAN など）からインターネット接続する場合や，途中経路に不安がある場合のセキュリティを強化できます（図 10.15）。

ただし，①〜④の暗号化が適切に実施されている場合，VPN は必須ではありません。また，信用できる VPN サービスであるのかについても留意が必要です。

図 10.15 VPN の利用とその効果

補足 6：TLS と SSL

TLS（Transport Layer Security）とは，インターネット上での通信経路を暗号化してデータを送受信する機能を実現するプロトコルです。その特徴は，さまざまなアプリケーション層プロトコルと組み合わせて暗号化通信を実現できる点にあります。

例えば，HTTPS は，Web アクセスのプロトコルである HTTP と TLS を組み合わせて Web 通信を暗号化するものです。また，POP3 over TLS は，文字通り，POP3 と TLS を組み合わせてメール受信を暗号化するものです。同様に，SMTP over TLS は，メール送信・転送のプロトコル SMTP の暗号化を実現します。このように，さまざまなプロトコルの暗号化を実現するために TLS が活用されています。

なお，TLS は，Netscape Communications 社が開発したプロトコル SSL（Secure Socket Layer）の技術をベースに国際標準化したものです。その歴史的経緯により，文脈によっては TLS と SSL が同義として扱われることもあるため，文献を読む際には注意しましょう。

補足 7：S/MIME

10.3.2 項の②で説明したメールサーバ設定は，PC・スマートフォンなどの端末からメールサーバまでの通信（送受信）を暗号化するものです。ただし，メールサーバ上に保管されるメールやメールサーバ間の通信の暗号化は保証されません。

悪意ある第三者が潜り込みやすい範囲は保護されているため基本的な防御としては十分ですが，より高度なセキュリティが必要な場合，公開鍵暗号と共通鍵暗号を組み合わせたメール暗号化とディジタル署名による本人確認機能を備えた S/MIME（エスマイム）を使うという方法があります。S/MIME を使うと，送信から受信までの間，メール本文をまるごと暗号化してやりとりすることができ，さらには利用者のなりすましを防ぐこともできます。

ただし，S/MIME の利用には，メールアカウントごとにあらかじめ公開鍵・秘密鍵の鍵ペアと，信頼できる認証局によってディジタル署名された公開鍵証明書が必要になるなど，利用するためのハードルが高く，Web における HTTPS 通信ほどには普及していません。Web の場合は Web サーバ側で鍵ペアなどを用意すれば済みますが，メールの場合はすべての一般利用者に同様の対応が求められます。

　現在，発信者の身元証明が強く求められる金融機関などにおいて，ディジタル署名機能のみを利用するケースが増えつつあります。そのようなメールを受け取ったとき，S/MIME に対応しているメールアプリであれば，その発信者が本物であるか検証することが可能です。

参考文献

Thomas Kranz（著），Smoky（訳），IPUSIRON（訳，監修），サイバーセキュリティの教科書，マイナビ出版（2023）
総務省，国民のためのサイバーセキュリティサイト，https://www.soumu.go.jp/main_sosiki/cybersecurity/koku min/（2025/1/24 閲覧）
独立行政法人情報処理推進機構（IPA），情報セキュリティ読本六訂版：IT 時代の危機管理入門，実教出版（2022）
独立行政法人情報処理推進機構（IPA），情報セキュリティ白書，IPA（2024）
　　https://www.ipa.go.jp/publish/wp-security/index.html（2025/1/24 閲覧）
フィッシング対策協議会，https://www.antiphishing.jp/（2025/1/24 閲覧）

Chapter 11 データサイエンス

本章では，データサイエンスにおいて重要な手法であり，エビデンス（科学的根拠）を示すことができる統計学の基本的な考え方について説明します。また，Microsoft Excel を使用した初歩的なデータの整理と可視化ついて解説します。まず，統計学で扱われるデータの分類について学びます。データは大きく質的データと量的データの二種類に分類されます。質的データである名前や血液型などの名義尺度とアンケート調査などの順序尺度，量的データである摂氏温度などの間隔尺度と身長や体重などの比率尺度の4つの尺度水準について示します。さらに，データの整理と可視化について，グラフの種類，度数分布表，ヒストグラム，代表値についての実例を解説します。

11.1 データサイエンスのための統計

データサイエンスは，ビジネスや研究など多くの分野への活用が期待され，社会的要請が高まっています。データサイエンスの重要な手法の一つが統計学です。統計学は，自然科学のみならず，人文科学，社会科学の分野を含む広範囲の研究分野で使用されています。現在は，情報教育の高度化，データサイエンスの推進が求められており，統計学の基礎知識や分析技術の習得は必須条件となっています。

11.1.1 エビデンスを示せる統計学

統計学の重要性について，近年深刻な社会問題となった COVID-19（Coronavirus Disease 2019）を例に説明します。

COVID-19 は，2019 年に発生した新型コロナウイルス感染症です。発生後，急速に世界中へ感染が拡大しました。COVID-19 のメカニズムは複雑であり，研究が進んだ現在でも未知の部分が多く残されています。このため，従来の常識が通用しない場合もあり，まったく異なる考え方が新しい常識となることも少なくありませんでした。

また，ヒトに獲得免疫を提供する COVID-19 ワクチンの有効性・安全性と副反応に関して，真実を装った虚偽の SNS や Web サイト，高視聴率を獲得するため過渡に誇張されたニュース報道，既存の成果に固執する権威者などにより，誤った情報が拡散し，ワクチン接種に影響を与えました。特に SNS では，情報源の信頼性を確認することが重要となりました。そのため，COVID-19 ワクチンに関する知見について，不正確な情報により歪められた知識に従うのではなく，最新の科学論文における正確な統計的判断，すなわちエビデンス（科学的根拠，Evidence）にもとづいて行動することが必要とされるようになりました。

11.1.2 エビデンスにもとづいた学問分野

　実際に患者を診察や治療すること，またはそれに関する学問のことを臨床といいます。EBM（Evidence-based Medicine）という用語は，通常は「臨床現場での患者の最良の治療方法の意思決定を，患者のQOL（Quality of Life）などの状況を考慮しながら，科学的な学術論文に掲載された結果を"証拠"として行うこと」を意味します。この場合，判断の基準となる研究デザインや分析方法などの適切さが重要となります。EBMの考え方は，特に目新しいことではなく，従来の臨床現場でも科学的方法にもとづいて実践されてきたものを，より明確にしようとする方法論です。

　近年では，EBN（Evidence-based Nursing，科学的な根拠にもとづく看護）という用語も使用されるようになっています。さらに，集団を対象にする保健分野では，EBH（Evidence-based Health Care，科学的根拠にもとづくヘルスケア）という用語も広く用いられるようになってきました。

11.1.3 統計学の必要性

　ここでは，EBHを例にとり，統計学の必要性について説明しますが，他の学問分野に関する研究を行う場合でも，基本的に同様です。

　EBHは，人間を対象とする調査研究である保健分野において，エビデンスにもとづくヘルスケアの実践を目指しています。EBHを実践するための調査や実験を行う際は，

（1）サンプル（標本）抽出の妥当性
（2）情報処理の妥当性
（3）集計の適切性
（4）調査や実験結果の解釈の妥当性

などが重要な点となります。

　これらを実践するためには，科学的方法としての統計学の知識が不可欠です。また，EBMの基礎となっている学問分野で，人間集団を対象として，病気の原因や本態を究明する臨床疫学も，統計学を基本としています。

　それでは，なぜ科学的な研究には統計学が必要なのでしょうか。第一に，統計学は偶然による変動（ばらつき）を評価することができるためです。人間集団のように個体差の大きな対象を扱う場合，比較する群（グループ）間に対象の選定法による差（バイアス）が生じないよう，まず研究デザインを正しく作成する必要があります。臨床試験で用いられる無作為割り当てや，臨床疫学で用いる患者と対照のマッチングなどがその例です。優れた研究デザインでも偶然性は存在するため，それを評価しなければ正しい結論を得ることができません。

　第二に，統計学では可能な限りあらゆる現象を数量化する点に特徴があります。各種の臨床検査のデータはもちろんのこと，患者の臨床的な症状や性格特性など，もともと「質」と考えられるデータであっても「量」として把握できるように工夫します。

　統計学が現象を数量化して扱うのは，学問としての一つの特徴です。数量化は，量として現象を扱うことにより，その客観性を高めるために必要です。数値で現象を記述して推論を行うことの長

所は，他の研究者がその結果について再度調査し，容易に自分の研究と比較できることです。

研究結果の「再現性」や「比較可能性」は，科学的な研究には不可欠です。したがって，保健，医療，看護のみならず，さまざまな学問分野に関する研究においても，科学的に研究を行うためには統計学が必須となります。

11.2　データを分類する基準

尺度水準とは，調査対象に割り振った変数，その測定，あるいはそれにより得られたデータを，それらが表現する情報の性質にもとづいて数学・統計学的に分類する基準です。尺度水準には，スタンレー・スティーブンス（Stanley Stevens）が1946年の論文「測定尺度の理論について」で提案した名義尺度，順序尺度，間隔尺度，比率尺度の4つの分類がよく用いられます。スティーブンスは「変数に対して可能な数学的操作は，変数を測定する尺度水準に依存し，その結果，特に統計学で用いるべき要約統計量（記述統計量），すなわち標本の分布の特徴を代表的に要約して表す統計学上の値，および検定法も変数の尺度水準に依存する」と指摘しています。

11.2.1　統計学で扱うデータの分類と尺度

統計学で扱うデータは，質的データと量的データの二つに大別されます。質的データはさらに名義尺度と順序尺度に分類され，量的データは間隔尺度と比率尺度に分類されます。なお，間隔尺度と比率尺度は合わせてスケール（連続）尺度とも呼ばれます（図11.1）。

11.2.2　尺度

統計学で扱うデータは4つの尺度水準に分類されます。ここでは，それぞれの尺度の特徴と具体例について説明します。

（1）名義尺度

いくつかのカテゴリーに分類するだけの，最も低水準の尺度です。例えば，名前，血液型，職業分類などがこれに該当します。血液型のA型を1，B型を2，O型を3，AB型を4とした場合，これらの数字に意味はなく，大小関係の順序性もありません。したがって，四則演算（＋，－，×，÷）は不可能となります（図11.2）。

■ 質的データ（質的変数，定性データ）
　　カテゴリー（分類，区分）で表現されるデータ
　　名義尺度
　　順序尺度

■ 量的データ（量的変数，定量データ）
　　数量で表現されるデータ
　　間隔尺度 ┐
　　比率尺度 ┘ スケール（連続）尺度

図11.1　統計学で扱うデータの分類と尺度

■ 名義尺度
　　区分のみのデータ
例）名前（佐藤，鈴木，田中など）
　　　血液型（A，B，O，AB）
　　　血球分類（好酸球，好塩基球，好中球など）
　　　職業分類（専門・技術職，管理職，事務職など）

図11.2　名義尺度

(2) 順序尺度

順序性（大小関係）に意味がありますが，等間隔性のない尺度です．例としては，成績のA，B，C，D評価，尿検査の判定「－：陰性（1とする），±：擬陽性（2），＋：陽性（3），＋＋：強陽性（4）」の4段階評価，好みの調査「とても嫌い：1，やや嫌い：2，普通：3，やや好き：4，とても好き：5」の5段階評価などです（図11.3）．

好みの調査では，1→2→3→4→5の順に好きの度合いが強くなっていて，順序性があります．しかし，等間隔性はありません．つまり，「とても嫌い：1」と「やや嫌い：2」の差が1であることと，「やや嫌い：2」と「普通：3」の差が1であることが等しいわけではないため，順序尺度も四則演算（＋，－，×，÷）は不可能となります（図11.4）．

```
■ 順序尺度
  順序としての意味があるデータ
  （間隔は一定とはいえない）
例）ABCDによる評価の成績
    尿の判定（－，±，＋，＋＋）
    好みの調査（とても嫌い，やや嫌い，
                普通，やや好き，とても好き）
    アンケート調査（5：良い，4，3，2，1：悪い）
    職業分類（社長，専務，常務，本部長，
              部長，次長，課長，係長，主任）
```

図 11.3 順序尺度

図 11.4 順序尺度では等間隔性はない

(3) 間隔尺度

間隔尺度の「間隔」とは，「等間隔」という意味であり，2点間の差に意味のある尺度です．例としては，体温，摂氏温度，西暦，時刻，知能指数などが挙げられます（図11.5）．

この尺度の特徴は，「観測値が存在しないこと」を意味する絶対零点（原点）がないことです．そのため，足し算，引き算は可能ですが，掛け算，割り算はできません．つまり，「これだけ多い（大きい），または少ない（小さい）」とはいえますが，「○倍多い（少ない）」という倍数関係を示すことはできません．

例えば，気温の摂氏25度と26度の1度の差は，摂氏30度と摂氏31度の1度の差と同じ意味をもちます．しかし，摂氏気温には絶対零点（原点：0が「何もない」ことを示す）がないため，摂氏30度が摂氏10度の3倍だけ暑いということは意味しません．また，摂氏気温であれば，寒くなれば零下（マイナス）になるので，0度は気温がないことを意味しません．ただし，間隔尺度で掛け算，割り算ができないのは変数の値同士の場合であり，平均値を求めるために観測値の合計を個数で割る場合は別です．例えば，30度÷10度＝3とはしませんが，30度と10度の平均値は，(30＋10)÷2＝20度としても問題はありません．なお，絶対温度は絶対零点（絶対零度（0 K））が存在するため，後述する比率尺度に含まれます．図11.6に，間隔尺度である摂氏気温の特徴を示します．

■ 間隔尺度
　順序に加え間隔が意味をもつ
　絶対的0点がない
　足し算，引き算のみが可能
　例）温度（摂氏温度，華氏温度，知能指数）

図 11.5 間隔尺度

図 11.6 間隔尺度では等間隔性はあるが原点がない

（4）比率（比例）尺度

　比率尺度は尺度の中で最も高性能で高水準な尺度であり，順序性と等間隔性の両方が保障されます。例としては，身長，体重，血圧値，血糖値などがあります（図11.7）。

　比率尺度は絶対零点（原点）が存在するため，四則演算（＋，－，×，÷）が可能となります。

　また，比率尺度は連続量と不連続量（離散量）に分類されることもあります。図11.8に，比率尺度である距離の特徴を示します。

■ 比率尺度
　原点（0）がある
　何倍という概念が存在
　四則演算できる
　例）身長，体重，血圧，絶対温度：連続量
　　　人数，試験の点数（100点法）：離散量

図 11.7 比率尺度

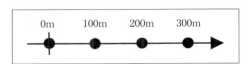

図 11.8 比率尺度では等間隔性と原点がある

11.2.3　尺度の変換

　4つの尺度を比較すると，名義尺度よりも順序尺度が，順序尺度よりも間隔尺度が，間隔尺度よりも比率尺度のほうが，情報を多く含んでいます。情報の多い尺度はレベルの高い尺度と呼ばれ，逆に情報量が少なければレベルの低い尺度と呼ばれます。レベルの高い尺度によるデータは，レベルの低い尺度のデータよりも効率のよい統計的方法が用いられます。

　情報の多い，すなわちレベルの高い尺度からは，情報を減少させることにより，よりレベルの低い尺度に変換することができます。つまり，比率尺度からは間隔尺度・順序尺度・名義尺度へ，間隔尺度からは順序尺度・名義尺度へ，順序尺度からは名義尺度へ変換できます。

　具体例として，年齢（○歳）は比率尺度ですが，これを10歳間隔に区切って，0〜9歳・10〜19歳・20〜29歳・30〜39歳…と分類し直せば，間隔尺度となります。さらに乳児期・幼児期・学童期・思春期・青年期・壮年期・老年期に分類すれば，順序尺度となります。

11.3　データの整理と可視化

11.3.1　データの整理と可視化の必要性

　データの整理は，データの分析やモデル作成の前段階で行われる非常に重要な工程です。分析に必要なデータは，データベースやセンサー，ウェブサイト，あるいはアンケートなど，さまざまな

方法で収集されます。ただし，収集したデータが完全なデータとは限りません。例えば，アンケートの場合などでは，意図しない回答や無回答などの「欠損値」があったり，他のデータの値と比較して極端に小さい値や大きい値である「外れ値」と呼ばれる値があります。また，重複したデータや誤った形式のデータが含まれる場合もあります。欠損値や外れ値などを適切に処理することで，データの正確性，一貫性，完全性が確保され，より信頼性の高い分析や予測を行うことができるようになります。ただし，外れ値は分析結果に大きな影響を与えますが，分析する際にはむやみに削除せず，なぜそのような値が出てきたかを検証することも重要です。

　データの可視化は，データを視覚的に表現する手段であり，複雑なデータを理解しやすくする助けとなります。例えば，データ集計には，項目ごとの数値や割合から全体の比率を求め，項目同士の傾向をつかむ単純集計や，項目を複数の属性に分けて数値や割合で全体の比率を求め，項目や属性を比較するクロス集計などがあります。これらの結果をグラフやチャート，図表などを通じて可視化することで，よりわかりやすく示すことができます。そして，可視化されたデータは，データ分析の報告やプレゼンテーション，意思決定のサポートなどに使用され，情報の共有も容易になります。

11.3.2　グラフの種類

グラフはデータを視覚化し，情報をわかりやすく伝えるための重要な手段です。グラフはそれぞれ，特定のデータタイプや情報を表現するのに最適化されています。

折れ線グラフ

時系列データや連続したデータの傾向を示すのに適しています。X軸（横軸）に時間や順序を，Y軸（縦軸）に測定値を配置します（図11.9）。

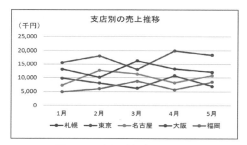

図 11.9　折れ線グラフの例

棒グラフ

異なるグループ間の比較に用いられます。縦棒または横棒で各グループの値を表し，棒の長さで数量を比較します（図11.10）。

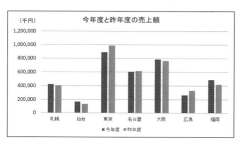

図 11.10　棒グラフの例

円グラフ

全体に占める各部分の割合を示します。円をセグメントに分割し，各セグメントの大きさが全体に対する割合を表します（図11.11）。

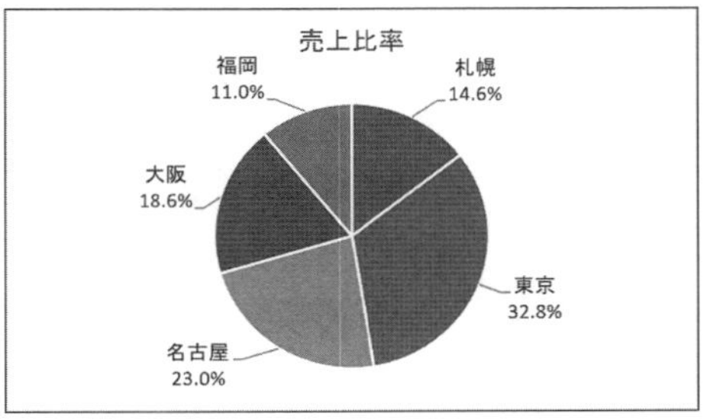

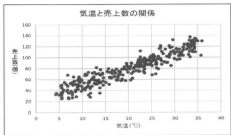

図 11.11　円グラフの例

散布図

2つの変数間の関係を示すのに用いられます。X軸とY軸にそれぞれ異なる変数を配置し，データポイントの分布から関係性を読み取ります（図11.12）。

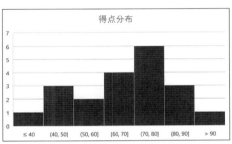

図 11.12　散布図の例

ヒストグラム

データの分布を示すのに使われます。連続する値を階級に分け，階級に含まれるデータの頻度や数を棒で表示します（図11.13）。

図 11.13　ヒストグラムの例

レーダーチャート

多次元データの比較に用いられます。中心から外側に軸を放射状に配置し，各軸に異なる変数を割り当て，データポイントを結んで多角形で示します（図11.14）。

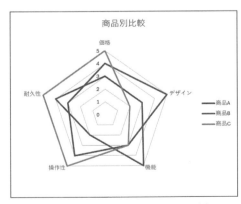

図 11.14　レーダーチャートの例

箱ひげ図

データの中央値，四分位数（データを四等分する値），範囲，外れ値などを示すことができます。データの変動幅や分散の度合いを理解するのに特に有効です（図11.15）。

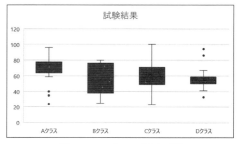

図 11.15 箱ひげ図の例

複合グラフ

異なる種類のデータの比較に用いられます。例えば，棒グラフと折れ線グラフを組み合わせたものが複合グラフの一例です。異なる尺度や性質をもつデータを同時に表示する際に効果的です（図11.16）。

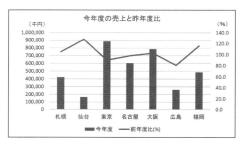

図 11.16 複合グラフの例

11.3.3 度数分布表

度数分布表とは，データ内の値を特定の範囲ごとに分類し，それぞれの範囲内に存在するデータ数をまとめたものです。この表は，データの分布を簡単に理解できるように整理・要約するために使われます。

データが分類される範囲のことを「階級（クラス）」といい，例えば，0～10，10～20などの数値範囲で示されます。階級に含まれるデータ数のことを「度数」といいます。「階級幅」とは，各階級の数値範囲のことで，一般的にはどの階級でも幅が等しくなるように設定されます。「階級値」とは，その階級を代表する値であり，多くの場合，階級の区間の中央の値を利用します。

例えば，学生28名の試験の点数が，以下のようであったとします。

75，51，64，53，70，65，16，38，33，53，75，66，61，75，87，79，65，82，18，64，29，63，55，47，40，92，83，47

これらの点数を階級として「以上／未満」で整理して度数分布表を作成すると，表11.1のようになります。

実際に，表形式のデータの分析を行う際には，Microsoft OfficeのExcel（エクセル）などを利用します。Excelにおいて度数を求める際には，FREQUENCY関数を使用します（表11.2，図11.17）。ここで，「データ配列」は対象のデータ（図11.17のセルC3：C30），「区間配列」は区切りたい数値の区間（この値以下で区切ります。図11.17のセルE3～E11）となります。最も小さい区間数値にはそれ以下のすべての数値の個数が表記され，最も大きい区間以上の数値の個数は1つ下（図11.17のセルF12）に表示されます。

表 11.1 学生 28 名の試験の点数の度数分布表

階級	階級値	度数
0 以上 ～ 10 未満	5	0
10 ～ 20	15	2
20 ～ 30	25	1
30 ～ 40	35	2
40 ～ 50	45	3
50 ～ 60	55	4
60 ～ 70	65	7
70 ～ 80	75	5
80 ～ 90	85	3
90 ～ 100	95	1

表 11.2 FREQUENCY 関数

関数名	機能	書式
FREQUENCY 関数	範囲内でのデータの度数分布を縦方向の数値の配列として返す	FREQUENCY(データ配列, 区間配列)

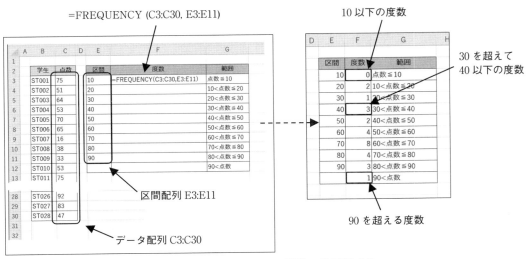

図 11.17 FREQUENCY 関数の使用例 (1)

表 11.3 COUNTIF 関数，COUNTIFS 関数

関数名	機能	書式
COUNTIF 関数	条件を満たすセルの数を返す	COUNTIF（範囲，検索条件）
COUNTIFS 関数	複数の条件を満たすセルの数を返す	COUNTIFS（検索条件範囲，検索条件，…）

区間	度数	範囲
9	=FREQUENCY(C3:C30,E3:E11)	点数≦9
19		9＜点数≦19
29		19＜点数≦29
39		29＜点数≦39
49		39＜点数≦49
59		49＜点数≦59
69		59＜点数≦69
79		69＜点数≦79
89		79＜点数≦89
		89＜点数

図 11.18 FREQUENCY 関数の使用例（2）

区間	度数	範囲
10	=COUNTIF(C3:C30,"<10")	点数＜10
20	=COUNTIFS(C3:C30,">=10",C3:C30,"<20")	10≦点数＜20
30	=COUNTIFS(C3:C30,">=20",C3:C30,"<30")	20≦点数＜30
40	=COUNTIFS(C3:C30,">=30",C3:C30,"<40")	30≦点数＜40
50	=COUNTIFS(C3:C30,">=40",C3:C30,"<50")	40≦点数＜50
60	=COUNTIFS(C3:C30,">=50",C3:C30,"<60")	50≦点数＜60
70	=COUNTIFS(C3:C30,">=60",C3:C30,"<70")	60≦点数＜70
80	=COUNTIFS(C3:C30,">=70",C3:C30,"<80")	70≦点数＜80
90	=COUNTIFS(C3:C30,">=80",C3:C30,"<90")	80≦点数＜90
	=COUNTIF(C3:C30,">=90")	90≦点数

図 11.19 COUNTIF 関数，COUNTIFS 関数の使用例

FREQUENCY 関数の場合は，度数分布表の階級として「超えて / 以下」となっており，「以上 / 未満」の階級を求めることができません。例えば，点数の階級として「10≦点数＜20」や「20≦点数＜30」などとしたい場合，点数が整数値であれば，階級を「9＜点数≦19」や「19＜点数≦29」などと考えて，区間配列を図 11.18 のように設定することで FREQUENCY 関数を利用できます。しかし，データが実数値の場合，「10 以上 20 未満」や「20 以上 30 未満」というのは，FREQUENCY 関数では設定できません。そのような場合には，COUNTIF 関数や COUNTIFS 関数（表 11.3，図 11.19）を用いることができます。

11.3.4 ヒストグラム

データをいくつかの階級に分け，各階級の度数を棒グラフのように示したものをヒストグラムといいます。ヒストグラムは，統計学においてデータの分布を視覚的に表現するために使われるグラフの一種です。質的データの度数を表す場合にはよく棒グラフが用いられますが，ヒストグラムは棒グラフと違い，棒の横幅に意味をもちます。棒グラフが棒の高さのみで度数を表現するのに対し，ヒストグラムは面積で度数を表現しています。ヒストグラムでも，データを分類する際の階級幅がすべて同じなら，棒の高さで度数が比較できますが，場合によっては異なる階級幅をもたせることもあるため，その際はグラフの見方に注意が必要です。

例えば，図 11.20 の①の 800 万円以上 900 万円未満は 3.6%，② 1000 万円以上 1200 万円未満は 6.1% であるのに，柱の高さは②のほうが低くなっています。これは，①の階級幅が 100 万円に対し，②の階級幅が 200 万円と 2 倍になっており，高さが①の 3.6% の高さに対し，6.1÷2＝3.05% 相当になっているためです。

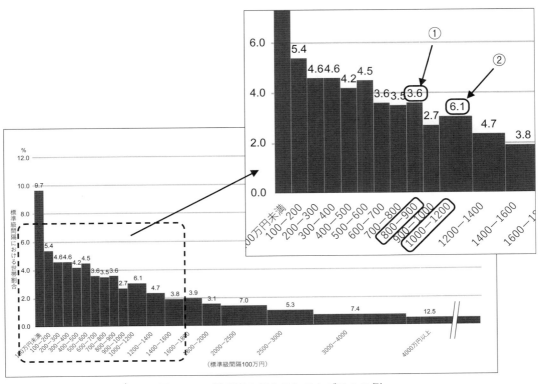

図 11.20 階級幅の異なるヒストグラムの例

「総務省統計局 家計調査報告（貯蓄・負債編）—2022 年（令和 4 年）平均結果—（二人以上の世帯）」をもとに作成。

Excel でヒストグラムを作成する際には，グラフ挿入機能を使うことができます．ここでは，図 11.17 の C 列の学生の得点の一覧をもとに，ヒストグラムの作成方法を示します．（図 11.21）．

① データの範囲をドラッグして選択します．
② データを選択した状態で，「挿入」タブ→「グラフ」→「統計グラフの挿入」→「ヒストグラム」からヒストグラムのアイコンを選択します．
③ グラフが作成されます．ここで，ヒストグラムの横軸ラベルが〔39, 65〕などとなりますが，これは階級幅が「39 を超えて 65 以下」を意味します．
④ 作成したヒストグラムの横軸ラベルを選択して右クリックし，「軸の書式設定」を選択します．
⑤ 画面右側に「軸の書式設定」ウィンドウが表示され，設定を変更することができます．

「軸の書式設定」におけるビン（bin）とは棒のことを指し，ヒストグラムにおける 1 つの階級ごとの棒を意味します．ビンの設定を行うことで，任意のヒストグラムを作成することができます．また，「軸のオプション」のおける「ビン」設定は，表 11.4 の通りです．

11.3 データの整理と可視化

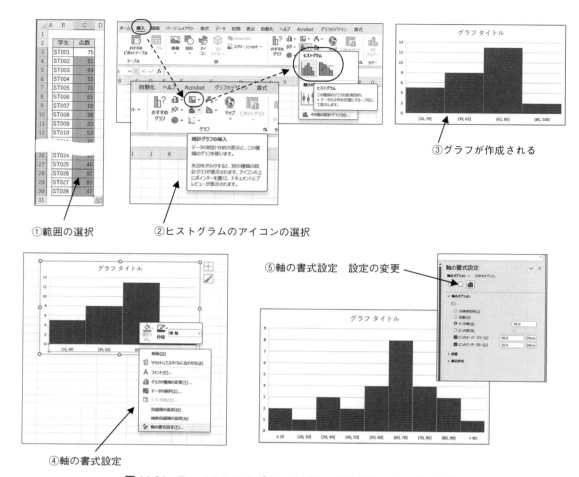

図 11.21 Excel のヒストグラムのグラフ挿入機能による作成方法

表 11.4 「軸のオプション」の「ビン」項目

項目	設定内容
自動	ビンの幅・個数が自動で決まります。
ビンの幅	各階級の範囲を指定することでビン幅を定義できます。
ビンの数	指定した数のビンでヒストグラムが構成されます。
ビンのオーバーフロー	階級の上限値を設定します。外れ値を除外する場合に用います。
ビンのアンダーフロー	階級の下限値を設定します。外れ値を除外する場合に用います。

　FREQUENCY 関数による度数分布表の作成と同様に，グラフ挿入機能のヒストグラムから作成すると，階級としては「超えて / 以下」となります。「以上 / 未満」の階級のヒストグラムを作成したい場合には，別の方法を用いる必要があります。その一つとして，度数分布表をもとに，縦棒グラフから作成する方法があります（図 11.22）。

　ここでも，図 11.17 の C 列の学生の得点の一覧をもとにヒストグラムの作成方法を示しますが，階級を「以上 / 未満」とするため，図 11.17 の例とは度数が異なることに注意してください。

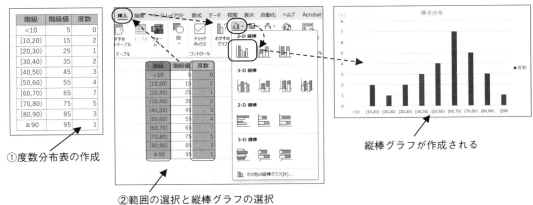

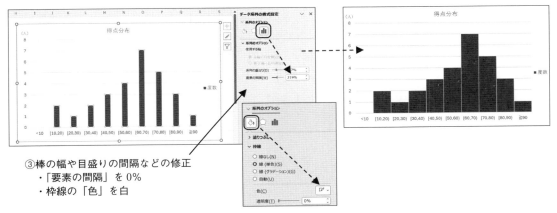

図 11.22 度数分布表と縦棒グラフによるヒストグラムの作成方法

① 度数分布表を作成します。ここでは，階級が「以上／未満」となるため，COUNTIF 関数，COUNTIFS 関数を用いて度数を求めます。
　「以上／未満」を表す [10, 20)，[20, 30) などの項目を作成しておき，それを横軸の項目として設定することもできます。

② 度数を範囲指定し，「挿入」タブ→「グラフ」→「2-D 縦棒」から縦棒グラフのアイコンを選択して，縦棒グラフを作成します。

③ 棒の幅や目盛りの間隔などの修正は，該当箇所をクリックして表示されるメニューの「書式設定」を選択します。

度数分布表やヒストグラムの階級数の決め方にはいくつかの方法があります。その一つはスタージェスの公式（Sturges' rule）と呼ばれるもので，階級数を次の式で求めます。

　　階級数 $=\log_2 n + 1$（n はデータの個数）

データの個数 n が 300 ならば $\log_2 300 + 1 \fallingdotseq 9.23$ となり，よって階級数 9 か 10 が候補となります。

そのほか，$\sqrt{n}$ による方法，スコットの選択（Scott's rule），フリードマン・ダイアコニスの選択（Freedman-Diaconis rule）があります。ただし，階級数には明確な決まりがあるわけではありません。少なすぎると分布の特徴を見逃しかねませんし，多ければ（階級幅が狭ければ）良いとも限りません。これらは目安程度にとどめ，自分のデータの状況を踏まえて階級数・階級幅を定めることになります。

11.3.5 代表値

代表値は，データを 1 つの数値に要約して示すもので，データの全体的な傾向を把握するために重要な役割を果たします。主に以下の 3 つの代表値が用いられます。

平均値（Mean）とは，データ内のすべての値の総和をデータの個数で割った値のことです。例えば，5 人の学生に試験を行った結果が，90，70，95，90，80（点）だったとすると，データの平均値は，

$$\frac{90+70+95+90+80}{5}=85（点）$$

となります。平均はデータの「中心」を表しますが，外れ値によって影響を受けやすい特徴があります。

中央値（Median）とは，データを小さい順に並べたときに，その中央に位置する値のことです。データの個数が奇数の場合は，ちょうど中央の値が中央値となります。偶数の場合は，中央に位置する 2 つの値の平均が中央値となります。例えば，5 人の学生の試験の結果が低い順位に，70，80，90，90，95（点）だったとすると，データの中央値は 90（点）となります。また，6 人の学生の試験の結果が低い順位に，70，70，80，90，90，95（点）だったとすると，データの中央値は $(80+90)/2=85$（点）となります。中央値は外れ値の影響を受けにくいため，外れ値が多いデータに適しています。

最頻値（Mode）とは，データ内で最も頻繁に出現する値のことです。データに最も多く出現する値が 1 つだけの場合には，その値が最頻値となります。ただし，最頻値は必ずしも 1 つだけとは限りません。最も多く出現する値が複数存在する場合，そのデータは複数の最頻値をもつことになります。例えば，5 人の学生の試験の結果が，90，70，95，90，80（点）の場合には，データの最頻値は 90（点）となります。また，6 人の学生の試験の結果が，90，70，95，90，80，70（点）の場合には，データの最頻値は 70 と 90（点）となります。

Excel には，データの平均値，中央値，最頻値などの代表値を求めるための組み込み関数が用意されています（表 11.5，図 11.23）。

得られたこれらの代表値は，データの偏り（分布）があるため，必ずしも一致しません。図 11.24 では，平均値，中央値，最頻値がすべて異なっていることがわかります。

平均値，中央値，最頻値のどれが代表値として相応しいかは，そのデータの利用方法によって変わります。数学的にどれが優れているかを一概に決めることはできません。データの特性に合わせ

表 11.5 平均値，中央値，最頻値を求める関数

関数名	機能	書式
AVERAGE 関数	データの平均値を返す	AVERAGE(数値1，数値2，…)
MEDIAN 関数	データの中央値を返す	MEDIAN(数値1，数値2，…)
MODE.SNGL 関数	データ内での最頻値を1つ（複数ある場合は最初にみつけた値）だけ返す	MODE.SIGL(数値1，数値2，…)
MODE.MULT 関数	データ内での最頻値をすべて返す	MODE.MULT(数値1，数値2，…)

※数値1，数値2，…にはセル範囲などが指定されます。

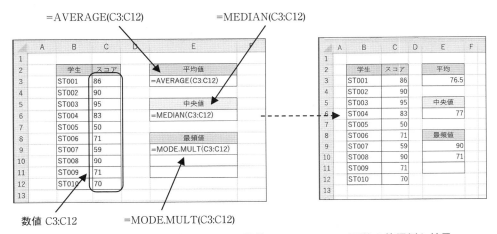

図 11.23 AVERAGE 関数，MEDIAN 関数，MODE.MULT 関数の使用例と結果

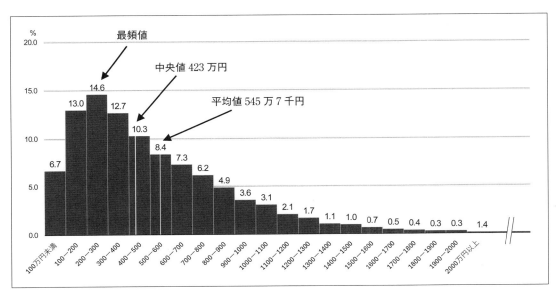

図 11.24 代表値が一致しない例

「厚生労働省 2022（令和4）年国民生活基礎調査の概況 所得金額階級別世帯数の相対度数分布」をもとに作成。

て適切に選択し，データの分布を理解して使用することが重要です。データの全体的な傾向を理解するためには，これらの代表値を組み合わせて使用することが一般的です。

参考文献

大櫛陽一，春木康男，浅川達人，松木秀明　看護・福祉・医学統計学：SPSS 入門から研究まで，福村出版，pp.3-24（2007）

北川源四郎，竹村彰通（編），内田誠一，川崎能典，孝忠大輔，佐久間淳，椎名洋，中川裕志，樋口知之，丸山宏（著）　教養としてのデータサイエンス，講談社（2021）

厚生労働省，2022（令和 4）年 国民生活基礎調査の概況
　https://www.mhlw.go.jp/toukei/saikin/hw/k-tyosa/k-tyosa22/dl/14.pdf（2025/1/29 閲覧）

総務省統計局　家計調査報告（貯蓄・負債編）—2022 年（令和 4 年）平均結果—（二人以上の世帯）
　https://www.stat.go.jp/data/sav/sokuhou/nen/pdf/2022_gai2.pdf（2025/1/29 閲覧）

松木秀明，須藤真由美，松木勇樹　医療統計学—基礎統計から多変量解析まで，東海大学出版部，pp.1-8（2014）

保本正芳（編），はじめの第一歩 基礎からはじめる データサイエンス，noa 出版（2022）

涌井良幸，涌井貞美（著），初歩からしっかり学ぶ実習統計学入門〜Excel 演習でぐんぐん力がつく，技術評論社（2011）

Chapter 12 人工知能

本章では人工知能の概要について学びます。時代とともに変遷する人工知能の定義と人工知能の歴史について説明し，その主要技術について概説します。次に，知識表現，推論について解説します。最後に，人工知能が直面する諸問題として，汎用AI，フレーム問題，記号接地問題，倫理的な問題と説明可能なAIについて説明します。

12.1 人工知能とは

　人工知能（AI：Artificial Intelligence）は，電子計算機の誕生以降，知能をもつ機械の実現を目指して研究，開発されてきました。現在では，私たちの日常生活においても人工知能やAIという言葉を頻繁に見聞きするようになっています。

　人工知能は情報工学，コンピュータ科学の一分野ですが，人間や生物の知能を研究対象としているため，認知科学や心理学，哲学，脳科学などの学問分野と密接に関連しています。その影響は，制御，機械，土木，建築などの工学にとどまらず，化学，物理学，医学，法学，経済学，教育学，心理学などの学問分野にも及び，学際的な分野といえます。さらに，販売戦略，在庫管理，生産，製造管理，企業戦略の策定にまで，人工知能は重要な役割を果たすようになっています。今後，インターネットやビッグデータなど情報システムを人間にとってより使いやすく，より親しみやすいものにしていくうえで，人工知能の発展と活用はますます重要になると考えられます。

　本節では，時代とともに遷移してきた人工知能の定義について触れながら，その歴史を概説していきます。

12.1.1 人工知能について

　人工知能の定義の根底には，「人間の知的な行動を工学的に実現すること」という考え方があります。しかし，その定義は時代とともに微妙な変化を遂げてきました。特に人工知能技術は，機械翻訳やインタプリタのように，研究開発当初は人工知能技術と考えられてきた技術も，利活用されることによって技術が一般化し，人工知能技術として扱われなくなるという特徴があります。

12.1.2 人工知能の歴史

　第二次世界大戦中，弾道計算用の計算機として開発が始まったENIACは，1946年に米国ペンシルベニア大学で完成した世界初の電子計算機です。真空管を18,000本使用し，消費電力180kW，重量30tという巨大なコンピュータでした。

210   12.1 人工知能とは

　人工知能の研究は，コンピュータの出現とほぼ同時期に始まりました。1950年代初頭，情報理論の基礎となるシャノン・ハートレーの定理で有名なベル研究所のクロード・シャノン（Claude Elwood Shannon）によるチェスのゲームプログラムを記した「Programming a computer for playing chess」が人工知能研究における最初の論文とされています。また，この時期には，チューリングマシンに代表されるオートマトン理論，サイバネティクス，神経細胞や神経回路の数理モデルなど，コンピュータと知能のかかわりを探求するさまざまな研究が登場しました。

　1956年，ダートマス大学にて，ジョン・マッカーシー（John McCurthy）やマービン・ミンスキー（Marvin Lee Minsky）らによって開催されたダートマス会議では，コンピュータに知的な能力を備えさせる方法について議論が交わされました。この会議において，初めて「人工知能（AI）」という言葉が生まれました。

（1）AI の創成期

　1960年，ダートマス会議の出席者であるマッカーシーは，新しいプログラミング言語 LISP を開発しました。LISP は数値だけでなく記号も取り扱うことができ，プログラムとデータを統一的に処理できる関数型のプログラミング言語です。同会議の出席者の一人であるミンスキーは，1961年に「Steps Toward Artificial Intelligence」を発表しました。この論文では，人工知能で検討すべき問題として，探索，パターン認識，学習，問題解決とプランニングを挙げており，人工知能の普及と啓蒙に大きく貢献しました。1965年には，ジョン・アラン・ロビンソン（John Alan Robinson）が定理証明の有力な手法である導出原理を考案しました。これは数学の背理法を利用したもので，導出原理はコンピュータ向きの手続きであり，従来の手法より高い効率を実現しました。

　同年，米国研究会議自動言語処理諮問委員会が，機械翻訳の実用化は近い将来不可能であるとの ALPAC レポートを発表し，これにより機械翻訳の研究は世界的に停滞することになります。また，この時期に MIT のローレンス・ロバーツ（Lawrence G. Roberts）が積み木世界の画像認識を，ロス・キリアン（Ross Quillan）が知識のグラフ表現である意味ネットワークを提案しました。1969年には，ミンスキーとシーモア・パパート（Seymour Aubrey Papert）がパーセプトロン型の神経回路モデルの限界点を指摘しています。

（2）AI 第一世代（知能の時代）

　1970年ごろの AI 研究の初期には，ゲーム・パズルのプログラミング，プランニング，定理証明が主要な研究テーマでした。当時は，人間にはある一般的な能力が備わっており，これによって人間の知的な行動が引き起こされると考えられていました。コンピュータを知的にするには，状況に応じて動作する判断能力を与える必要があり，この能力は問題に依存しない一般的なものだと認識されていました。しかし，この時代に対象としたものは，単純化された世界における問題（トイ問題）に限られ，現実の諸問題への適用は困難でした。

（3）AI 第二世代（知識の時代）

　人工知能を適用した研究の代表例として，DENDRAL があります。これは，構造が未知の化学物質の分子式と質量スペクトルを入力として与えると，出力として化学構造を推定するシステムで

す。当初は知識ベース型のシステムではありませんでしたが，開発が進むにつれて知識ベース型の
システムへと発展しました。DENDRAL は大学院生と同程度の分析推定能力を持つとされ，人工
知能によるエキスパートシステムの第 1 号として知られています。

医学部出身のエドワード・ショートリッフェ（Edward H. Shortliffe）が中心となって，血液感
染症と骨髄炎の診断と治療法提案システムとして，エキスパートシステムで有名な MYCIN を開発
しました。MYCIN のプロダクションルールには確信度が付加されており，不確かな知識も表現で
きる特徴がありました。また，システムが行った推論に対する説明機能も備えており，以後のエキ
スパートシステムの基礎となりました。1977 年の第 5 回人工知能国際会議（IJCAI '77）で，エド
ワード・ファイゲンバウム（Edward Albert Feigenbaum）は知識工学という新しい研究分野を提
唱し，「知識は力であること」を主張しました。第一世代の人工知能研究では，問題に依存しない
一般的能力（知能）を追求しましたが，有用な成果は得られませんでした。そこで知識工学では，
問題の固有の知識を集め，それをもとにした有用なシステム開発を進めていくことになります。

（4）AI の発展期

1970 年代前半から，AI 研究において，人間のもつ知識をどのように表現すればよいかという知
識表現の検討が始まりました。

1973 年，Newell は人間の心理モデルとしてプロダクションシステムを提案しました。プロダク
ションシステムは，プロダクションルール（ルールベース），ワーキングメモリ（データベース），
インタプリタ（推論エンジン）の 3 つの要素から構成されています。多くのエキスパートシステム
で利用され，当時のルールベースシステムは人工知能システムの主流となりました。

1975 年には，ミンスキーが人間の記憶や推論の認知心理的なモデルであるフレーム理論を提案
しました。フレーム理論では，人間が新しい場面に遭遇したとき，フレームと呼ばれる基本構造を
記憶の中から一つ選択すると考えます。フレームは階層的な知識の表現に適しており，手続き記述
も可能にするものとなっています。

1971 年には，カルメラウアーが論理型プログラミング言語 Prolog を開発しました。これによ
り，Prolog は述語論理をベースとした宣言的な言語であり，人工知能分野の諸問題を自然に表現
できる利点があります。これにより，論理プログラミングが計算機科学の一分野として認識される
ようになりました。

このように，知識表現の検討から知識の表現，利用，獲得など，知識情報処理が人工知能研究の
主流となってきました。

（5）AI ブーム

1980 年代には，全世界的に人工知能研究が盛んになり，理論面と応用面の両方においてさまざ
まな研究成果が報告されました。理論面では，演繹推論を超えるものとして，機能推論，仮説推
論，定性推論，サーカムスクリプションやデフォルト推論など非単調推論など高次推論が提案され
ました。また，知識獲得のボトルネック対策として，機械学習研究が活発化しました。

パーセプトロンの限界を指摘されたことで停滞していたニューラルネットワークの研究は，デ
ビット・ラメルハート（David E. Rumelhart），ジェフリー・ヒントン（Geoffrey Everest Hinton）

による誤差逆伝播型の学習手法を定式化によって再度活発化しました。さらに，ジョン・ホップフィールド（John Joseph Hopfield）がNP完全問題の近似解法としてホップフィールドモデルを利用して成功を収めています。

　ニューラルネットワークは人工知能の記号処理とは異なる計算パラダイムであり，現在も活発に研究が続けられています。ニューラルネットワークの復権によって，ファジィ論理や進化的計算などの重要性も再認識されました。ファジィ論理は1965年にロトフィ・ザデー（Lotfi Asker Zadeh）によって，進化的プログラミングと進化戦略は1960年代にそれぞれローレンス・J・フォーゲル（Lawrence J. Fogel）とインゴ・レッヒェンベルク（Ingo Rechenberg）によって提案されています。また，遺伝的アルゴリズムと遺伝的プログラミングはジョン・H・ホランド（John Henry Holland）とジョン・コーザ（John Koza）によって提案され，1990年代にファジィ論理も進化計算も大きく発展しました。現在では，ニューラルネットワーク，進化計算，ファジィは，ソフトコンピューティングや計算知能（Computational Intelligence）と総称されることがあります。ソフトコンピューティングにより，人間と同様の知識を機械が獲得できるとの期待もありましたが，実用的な人工知能システムの実現は困難でした。

（6）AI第3世代

　2000年前後には人工知能の実現可能性について懐疑的な見方が強まっていましたが，インターネットの発展・普及にともない，人工知能の第3世代へと移行していきます。当初，インターネットは単なる高速通信網としか考えられていませんでしが，インターネットを活用することで大規模な分散計算処理が可能となり，クラウドコンピューティングやビッグデータの保存，処理が現実的になってきました。2010年ごろには，ニューラルネットワークによる深層学習が実用化され，画像処理や自然言語処理において大きな成果を上げています。

（7）AI第4世代

　2010年代後半からは，深層学習技術にもとづき，画像，テキスト，コンピュータプログラムなど各種コンテンツを生成する「生成AI」が開発されています。2022年にOpenAI社からリリースされた「ChatGPT」は代表的な生成AIであり，大規模言語モデル（LLM：Large Language Model）をもとに開発されたソフトウェアです。一般的に生成AIは，大量のデジタルデータや文献などを読み込んで機械学習することで性能を向上させていきます。ChatGPTの学習方式は，機械学習の中でも人間からのフィードバックにもとづく強化学習（RLHF：Reinforcement Learning from Human Feedback）と呼ばれるものです。

12.2　人工知能の技術

　人工知能には，マッカーシーらが提案した数理論理学（記号論理学）にもとづく人工知能技術と，ソフトコンピューティングや計算知能にもとづく人工知能技術があります。本節では後者を中心に，現在よく使用されている人工知能技術や関連用語について概説していきます。

12.2.1 機械学習

機械学習（Machine Learming）は，コンピュータプログラムに学習能力をもたせる技術です。一般的に機械学習では，学習対象となる学習データセットが必要です。機械学習システムに学習データセットが与えられると，システムはデータに内在する傾向や特徴を自動的に抽出し，学習した結果である知識を利用して，未知のデータの分類やデータの予測を行います。機械学習の手法は大まかに教師あり学習，教師なし学習，強化学習の三つに分類できます。

教師あり学習（Supervised Learning）
　学習システムにおいて，任意の訓練データに対して正解の出力を教えてくれる教師信号がある場合の学習方式です。

教師なし学習（Unsupervised Learning）
　学習システムにおいて，任意の訓練データに対して正解の出力を教えてくれる教師信号がない場合の学習方式です。

強化学習（Reinforcement Learning）
　学習する対象が行為を行うことにより，できるだけ多くの報酬を得られるような行為の決定方法を学習します。ゲーム戦略や二足歩行ロボットの制御則など，個々の行為について具体的な処理を与えることが難しい場合に，一連の動作後の結果を教師データとして考える学習方法です。

図 12.1 に，これらの3つの機械学習と，それぞれの適用分野を示します。

機械学習にはさまざまな手法がありますが，その中でもニューラルネットワーク（Neural Network）は特に高い学習性能を期待できる手法です。ニューラルネットワークは，生物の神経細胞にヒントを得た情報処理機構であり，機械学習によって分類や予測などの機能を獲得することができます（図 12.2）。

ニューラルネットワークは，生物の神経細胞を数式モデル化したニューロンを複数結合して構築します。このニューラルネットワークに学習データセットを与え，誤差逆伝播法などを適用することで，学習データセットの特徴を効果的に学習することができます。

近年，ニューラルネットワークの中でも，深層学習（Deep Learning）の手法が注目されていま

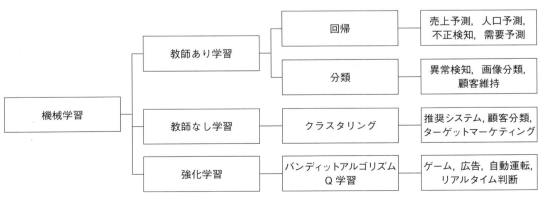

図 12.1 3つの機械学習と適用分野

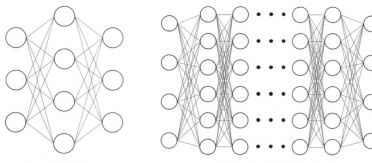

3層で構成されるニューラルネットワークの例　　中間層が複数層で構成される深層ニューラルネットワークの例

図12.2　ニューラルネットワーク

す。深層ニューラルネットワークは，ニューラルネットワークの一種で，多数のニューロンを含み，ネットワークの中間層が多層構造で構成されています。このような構造により，通常のニューラルネットワークと比べて，より大規模かつ複雑なデータ処理が可能となっています。

以下では，ニューラルネットワークの構成要素であるニューロンとその機能のしくみについて説明します。

(1) ニューロンのしくみと信号伝達のメカニズム

図12.3の左に示すように，神経細胞は細胞体を中心として，樹状突起，軸索，および軸索末梢（シナプス）から構成されています。神経細胞は互いに接続して神経ネットワークと呼ばれるネットワークを構成しています。神経細胞はシナプスを通して活動電位の変化をパルス状の電気信号として受け取り，それを軸索を通して枝分かれした各シナプスへ送ります。その後，シナプスから次の神経細胞の樹状突起へと電気信号が伝達されます。このように，シナプスを経由して電気信号が次々と送られていくことにより，神経ネットワークはさまざまな知的処理を実現していると考えられています。

(2) ニューロンモデルの考え方としくみ

次にニューロンモデルについて説明します。生物の神経細胞のしくみを簡易に数式モデル化する

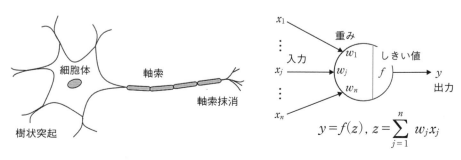

神経細胞のイメージ　　ニューロンモデルのイメージ

図12.3　神経細胞と人工ニューロンのイメージ

と，図12.3の右のようになります。

このモデルでは，シナプスの伝導効率は重みとして，他のニューロンのシナプスからの入力は $x_1, x_2, ..., x_n$ とし，入力と重みの積和の値がしきい値 f を通して，ニューロンは出力値を出力します。単純なニューロンではしきい値として 0 と 1 を用いますが，誤差逆伝播法による学習を実施する際には微分値を計算する必要があるため，しきい値の代わりに活性化関数（伝達関数）として，シグモイド関数，ReLU，ソフトマックス関数を用いる場合があります。

(3) 深層学習

深層学習は，順伝播型の深層ニューラルネットワークを用いる機械学習法です。ニューラルネットワークの基本形は入力層，中間層，出力層の 3 層で構成されますが，中間層が 2 つ以上もつ多層構造をもつものを深層と呼んでいます。一般に，ニューロン数が多く，中間層が複数層から構成されるニューラルネットワークは，より複雑な学習が可能となります。深層学習を実現するためには，以下のような問題点を解消する必要がありました。

活性化関数の勾配消失の問題

誤差逆伝播法による学習では，しきい値に代わる適切な活性化関数の微分値計算を行うことによって最適化を実施します。しかし，シグモイド関数などによる活性化関数は，微分可能であっても微分値が 0 になりやすく，勾配消失が発生するという問題がありました。この問題に対して，活性化関数として ReLU を使うことで勾配消失を回避しています。

多層の深層ネットワークの最適化

自己符号化器を事前学習に用い，最適化の初期値をより適切に選択するなどの工夫により，深層学習は画像認識や自然言語処理において優れた学習性能を実現するに至っています。

生成 AI

生成 AI は大規模言語モデルとテキスト，画像，動画などを生成する技術から構成されており，自然言語による指示で新しいコンテンツを生成する点が特徴です。ChatGPT をはじめとしたテキスト生成 AI のほかにも，インターネット上にある膨大な画像を読み込み，特徴を学習し，自然言語で指示された内容に合わせて画像を生成する画像生成 AI があります。2021 年に OpenAI 社が発表した DALL-E が有名です。また 2024 年に同社が発表した Sora は動画生成 AI の一つに挙げられます。さらにテキスト，音声，画像，動画などの異なるデータから情報を収集し，それらを統合して高度な分析や処理を行うマルチモーダル AI があります。代表的なモデルとして 2023 年に同社が発表した GPT-4 があります。

生成 AI が大きな話題になりさまざまなサービスが展開される理由として，OpenAI 社が生成 AI の技術やプログラミングコードをオープンソースとして公開している点が挙げられます。同社と同様に大規模言語モデルをオープンソースとして公開している DeepSeek 社は OpenAI 社のモデルと比べて高性能のハードウェアを必要とせず，低コストで生成 AI を実現するモデルを 2024 年に発表し，注目を集めています。

12.2.2 進化的計算

　進化的計算（Evolutionary Computation）や群知能（Swarm Intelligence）は，生物の進化や，魚や鳥，虫などの群れの挙動にヒントを得た人工知能技術です。進化的計算は，生物集団が世代を経るとともに環境との相互作用をよりよく行えるようになるという，進化の特徴を情報処理に応用した技術です。進化的計算の代表例である遺伝的アルゴリズム（Genetical Algorithm）では，扱う問題領域における解に相当する情報を，遺伝情報として染色体にコーディングします。まず，染色体をランダムに複数作成し，これらの染色体に対して交又や突然変異，選択といった遺伝的操作を加えて世代交代を行います。この選伝的操作の結果，新たにつくられた子どもの世代は，親の世代よりも平均として優れた形式を有することが期待されます。さらに世代交代を進めることで，よりよい解をつくり出していきます。

(1) 遺伝的アルゴリズム

　一般的な進化論の立場に立つと，生物の進化は子孫の繁殖により遺伝子を変化させながら，環境への適応にうまく行った生物集団が（種）が生き残っていく過程と解釈できます。この現象は，複数の個体が世代交代を繰り返しながら，環境へどの程度適応しているかを評価関数として，できるだけ高い評価を受ける個体を探索していく過程とも考えられます。

　この進化のメカニズムを問題解決に適用する枠組みが遺伝的アルゴリズムです。個体それぞれが解候補としての染色体をもち，個体と個体が交配して個を残すことと，その子が突然変異により変化することを通じて，求める解の探索が行われます（図12.4）。

　生物の遺伝子，あるいは染色体が単体で存在し，それが直接評価されるわけではありません。その遺伝子をもつ生物が環境の中で行動し，その結果としてその生物が評価されることにより，遺伝子も評価されることになります。このように，遺伝子自身と，環境による評価の対象である遺伝子にもとづいて発達した生物自身，あるいはその生物の行動を区別する必要があります。前者を遺伝子型，後者を表現型と呼びます。遺伝的アルゴリズムでは，個体のもつ染色体が解決すべき問題の解候補となっている必要があります。この条件を満たすように染色体をコーディングすることを遺伝子コーディングと呼びます。

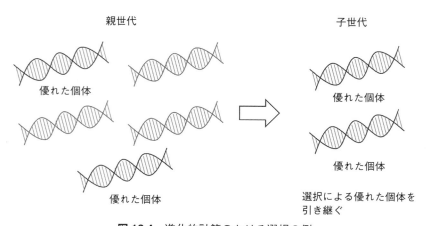

図 12.4　進化的計算のおける選択の例

(2) 遺伝的プログラミング

遺伝的アルゴリズムでは，遺伝子型としてビット列や文字列が使われるのが一般的です。しかし遺伝子型として，より複雑な構造をもつ表現を用いることも可能であり，さらにプログラムそのものを遺伝子型として用いることもできます。個体のもつプログラムを評価することで適合度を計算し，プログラム自身に遺伝的アルゴリズムオペレータのような操作を施すことにより，遺伝的アルゴリズムの枠組みで進化による自動プログラミングが実現できます。

遺伝的プログラミングでは一般的に，プログラムを木構造で表現した遺伝子コーディングが使用されます。

12.2.3　群知能

群知能は，魚や鳥，虫の群れが示す生物のふるまいにヒントを得た最適化手法です。コイが生息している池やハトが多くいる公園でエサをまくと，エサに向かってコイやハトが群がる光景を目にしたことがあると思います。このふるまいでは，エサに近づくための情報として，魚や鳥自身とエサとの距離だけではなく，まわりの魚や鳥の動きも活用していると考えられます。

群知能の一つである粒子群最適化手法について，魚が複数生息している環境にエサをまくことで魚が群がる挙動を例として説明します。初期状態では，図12.5の左のように魚の位置と動くスピードはランダムに設定されます。投入されたエサの位置情報である最適値を発見するために，各魚自身とエサとの距離の情報に加えて，群れの他の魚とエサとの距離の情報を共有します。その結果，図12.5の右のように粒子群全体として最終的に最適値を探し出していきます。群知能には，蟻の挙動にヒントを得た蟻（アント）コロニー最適化法や，粒子群最適化手法に魚群の挙動を加えた人工魚群アルゴリズムなどがあります。

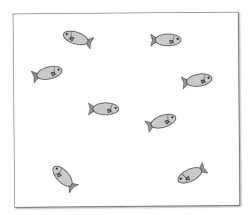 

最適解探索の初期値　　　　　　　　　　群れによって最適値を発見
（エサ投入前の魚の群れのイメージ）　　（中央にエサ投入後，魚の群れのイメージ）

図12.5　粒子群最適化手法のイメージ

12.2.4　自然言語処理

自然言語処理（Natural Language Processing）は，自然言語，すなわち私たちが普段情報交換や思考の手段として用いている日本語や英語などの言語を扱うための人工知能技術です。自然言語

処理には，文書検索，文書自動校正，文書要約，文書の自動生成，機械翻訳など，さまざまな技術が含まれます。なお，自然言語に対応する言葉として「人工言語」があります。さまざまな自然言語に対する共通語として考案されたエスペラント語や，コンピュータを使用するためにつくられたプログラミング言語などが該当します。

　自然言語処理の応用例としては，文章を単語に分解して特徴を抽出することや，他の言語に翻訳する機械翻訳などが挙げられます。また，テキストマイニングでは膨大な量の文章から特徴的な単語や文章を抽出して要約したり，グラフで特徴を可視化したりすることも自然言語処理の一つです。Apple社製のスマートフォンであるiPhoneに搭載されているSiriや，Amazon社のアレクサによる音声応答システム，さらにChatGPTに代表される生成AIにも，自然言語処理の技術が使用されています。

12.2.5　画像認識

　画像認識（Image Recognition）は，人間の視覚系が果たす役割を模擬する人工知能技術です。入力された画像情報から数値として情報を読み取り，その画像の特徴を抽出することで，画像がなにを表しているかの判断を人工知能技術によって行います（図12.6）。画像認識技術を用いた応用例としては，手書き文字の文字認識や，撮影した顔写真に対する顔認証，手元にある画像ファイルと類似の画像ファイルをインターネット上から検索する類似画像検索などがあります。

　現在は，深層学習にもとづく畳み込みニューラルネットワークを画像認識技術として使用することで，高度な画像認識能力を実現しています。

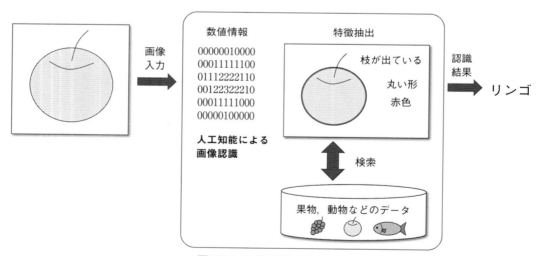

図12.6　画像認識のイメージ

12.2.6　エージェント

　エージェント（Agent）は内部状態を有し，環境などと相互作用することのできる情報処理モデルです（図12.7）。エージェントには，ソフトウェアエージェントと実体をもったエージェントであるハードウェアエージェントがあります。インターネット上で情報を収集しながら，ファイル操

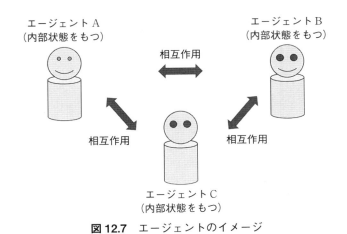

図 12.7 エージェントのイメージ

作，ネットワーク接続，情報提示などの行動を決定し実行するプログラムが，ソフトウェアエージェントです．また，センサ，アクチュエータ，ソフトウェア，ハードウェアで構成されたロボットも典型的なエージェントとして考えられます．代表的なエージェントには，以下のようなものがあります．

(1) 合理的エージェント

エージェントが置かれている環境で最良の結果を達成するために行動するエージェントです．エージェント性能測度の例として，自動車の運転エージェントでは，安全性，高速性，快適性，エコドライブ性などが挙げられます．

(2) 自律エージェント

外界からの支配や制約などではなく，自分自身の規範に従って行動する割合が高いエージェントです．これは他のエージェントを無視して勝手気ままに行動するという意味ではなく，問題解決に必要な範囲での自律性の実現を目指すものです．完全な組み込み知識を事前にエージェントに与えることは困難であり，組み込み知識のみで動作するエージェントは環境の変動に柔軟に対応できないという考えが前提にあります．

(3) マルチエージェントシステム

エージェントが複数存在するシステムです．複数の車から構成される交通や，多数の人から構成される群衆のふるまいは，マルチエージェントシステムとして考えることができます．

12.3 知識表現と推論

知識を記号表現し論理的推論を行う数理論理学（記号論理学）にもとづく記号的 AI に対して，ニューラルネットワークは内部に明示的な記号知識をもたずにパターン処理により機械学習を行う非記号的 AI として対比されることが多くあります．本節では，主に記号的 AI で用いられる知識

表現と推論について説明します。

12.3.1　知識表現

　人間の知的活動は知識をもとに行われていると考えらえるため，人間の知識を記述する手法として知識表現があります。以下では，知識表現の理論的な基礎である命題論理や述語論理について概説し，エキスパートシステムで採用されているプロダクションシステム，さらに人間の記憶の構造に似せて知識を表現する手法である意味ネットワークやフレーム表現などのグラフによる知識表現について説明します。

(1) 命題論理

　事物や現象に関する記述を命題とし，その記述が真（True）か偽（False）かを判断するための正しい推論方法を提供するものです。命題論理（Propositional Logic）において最小単位となる命題は基本命題（Primitive Proposition）といい，基本命題からある規則で構成された命題を複合命題（Compound Proposition）といいます。

(2) 述語論理

　事実を命題のように表現できれば，論理式で表される事象が成立するかどうかを機械的に判断できます。一方，実際には命題論理で表現できない記述も少なくありません。これらの問題に対応できるようにした論理が述語論理（Predicate Logic）です。プログラミング言語 Prolog をはじめとする論理型言語は述語論理を基礎としています。

(3) プロダクションシステム

　人間の記憶の構造に関する研究成果にもとづき考案された手法で，人工知能研究の初期から多くの人工知能システムで使用されています。このシステムは，プロダクションルール形式の知能を格納する長期記憶，事実や推論の途中状態などが格納される短期記憶（ワーキングメモリ），長期記憶と短期記憶を使った推論の制御を行う推論エンジンから構成されます。プロダクションルールの形式が自然なものであるため，人間が読んで容易に理解でき，知識の記述や保守が容易であることが利点です。ただし，概念間の構造に関する知識やアルゴリズムで定義される知識のルール化は困難な場合があります。

(4) グラフによる知識表現

　プロダクションシステムがある程度の知識が揃えば，誰でも設計できるという利点がある一方で，ルール間の関係が不明瞭で知識ベースの内容が体系的な知識になっていないなどの欠点を補うものです。知識をより体系的に表現したグラフによる知識表現を使用することで，推論過程と推論結果の解釈を向上させることができ，システムの透明度を高めることができます。知識を体系的に表現する意味ネットワークや，意味ネットワークを拡張したフレーム表現が代表的な表現方法になります。

12.3.2 推論

与えられた知識や既存の知識を利用して，新たな知識を得るしくみのことを推論といいます。人工知能において，数多くの推論法が検討され，計算アルゴリズムとして実現されてきました。代表的な推論法について，次の三つの命題を例に説明します。

大前提（人間は死ぬ），小前提（ソクラテスは人間である），結論（ソクラテスは死ぬ）

（1）演繹について
3つの命題の関係は，以下のようになります。

大前提（人間は死ぬ）＋小前提（ソクラテスは人間である）⇒結論（ソクラテスは死ぬ）

演繹は大前提と小前提が正しいとき，必然的に正しい結論，すなわち論理的帰結が導かれるという推論です。必然的三段論法とも呼びます。

（2）帰納について
3つの命題の関係は，以下のようになります。

小前提（ソクラテスは人間である）＋結論（ソクラテスは死ぬ）⇒大前提（人間は死ぬ）

帰納は小前提と結論から大前提を仮定する推論で，観測された事例集合から事例の属するクラスの一般的規則を得るものです。帰納は，多くの事例から新しい知識を獲得する帰納学習と関連づけて議論されることが多くあります。

（3）アブダクション（仮説推論）について
3つの命題の関係は，以下のようになります。

大前提（人間は死ぬ）＋結論（ソクラテスは死ぬ）⇒小前提（ソクラテスは人間である）

アブダクションは大前提と結論から小前提を仮定する推論です。人間は死ぬことを観測していて，かつソクラテスは死ぬという知識があるときに，「ひょっとするとソクラテスは人間ではないか」という，仮説やひらめきというべき新しい知識を創生する推論です。帰納とアブダクションは，演繹とは一線を画して非演繹的推論と呼ばれるように，演繹とは大きく異なる性質をもっています。演繹は常に正しい結論を導くのに対して，帰納とアブダクションで得られる結論は仮説であり，常に正しいとは限りません。アブダクションを機械学習に適用することで，人工知能に新たなブレイクスルーをもたらす可能性があるといわれています。

12.4 人工知能の諸問題

12.4.1 汎用 AI

現在のところ，人工知能技術はソフトウェア工学の一分野として，人間や生物の知的なふるまい

を模倣することで，役に立つソフトウェアシステムを構築する技術であるといえます。さまざまな学習方法が提案されている状況においても，どのような学習対象に対しても常に高い性能を有する汎用的な学習手法は原理的に存在しないという「ノーフリーランチ定理」から逸脱することにはなっていません。このような人工知能技術は「弱い AI」と呼ばれます。これに対して，人工知能の究極の目標を人間や他の生物と同等の知能をコンピュータ上で実現するために，生物や人間の知能を追及するという立場が「強い AI」です。これは「汎用 AI」（AGI：Artificial General Intelligence）とも呼ばれます。現状では，強い AI もしくは汎用 AI は実現していません。

　汎用 AI については，人工知能研究者の間でも活発に議論されているトピックとなっています。筆者も参加した計算知能に関する国際会議（The IEEE World Congress on Computational Intelligence 2024）でのパネルディスカッション「What will bring AI towards AGI?」では，5 名の著名な人工知能研究者により汎用 AI について議論が行われました。このパネルディスカッションでは，ほとんどの研究者がさまざまな問題はあるものの，将来的に汎用 AI の実現可能性は高いと述べていました。さらに，汎用 AI が実現した後，まもなくして超知能（superintelligence）が出現するとの予測を立てる研究者もいました。ただし，汎用 AI の実現には，以下に示すような問題も含めて多くの課題があることも事実です。

12.4.2　フレーム問題

　フレーム問題（Frame Problem）は，1969 年にマッカーシーらによって指摘された人工知能研究における難題です。現実の世界において従来型の人工知能システムが行動しようとする際，あらゆる状況を想定したシステムが必要となります。しかし，想定する環境が複雑すぎるため，その環境に対処する方法を計算しきれず，適切に行動することが不可能になるという問題です。このフレーム問題は，記号処理的な人工知能システムが現実世界の多様性に対処することの難しさを示していますが，これは人工知能システムに限らず，人間においても解決できているとは言えない問題です。

12.4.3　記号接地問題

　人間は知っているそれぞれの言葉が指す対象を知っています。ここでの「知っている」とは，単に定義ができるということではありません。例えばイチゴを食べたことがある人は，「イチゴ」という言葉を聞けば，イチゴ全体の色や模様，匂い，果肉の色や触感，味，舌触りなど，さまざまな特徴を思い出すことができます。認知科学者のスティーブン・ハルナッドは，「人工知能システムでイチゴを『甘酸っぱい』，『おいしい』という別の記号（言葉）と結びつけたとき，人工知能はイチゴを知ったと言えるのだろうか？」という問題を提唱しました。これが，記号接地（着地）問題です。

　人工知能による言葉の結びつけは，記号をそのまま記号として処理しているのであり，記号が意味する概念を扱っているわけではありません。このような，記号が表す概念を扱わない状態を，「記号が着地していない」と表現します。このように，人工知能システムと人間では，記号の理解に大きな隔たりがあるとするのが，記号着地問題における問題提起です。

　しかし記号接地問題は，人工知能の問題だけではありません。「人は言葉を覚えるのに身体経験

が必要だろうか？」「言葉を使うために身体経験は必要だろうか？」「言語はどこまで身体とつながっている必要があるのだろうか？」という認知科学の問題としても捉えることができます。

12.4.4　人工知能に関する倫理，信頼性と説明可能な AI について

(1) 倫理的な問題

　人工知能技術の適用において，いくつかの深刻な倫理的問題が発生しています。2015 年に Google 社の Google Photos が黒人男女の写真にゴリラとラベル付けしてしまった問題では，AI が写真のどの部分を見てゴリラと予測してしまったのかを説明することは困難でした。また，2016 年に Microsoft 社がリリースしたチャットボット Tay は，インターネット上の悪質な情報を含むデータを機械学習した結果，差別的な発言をするようになり，早期に利用停止となりました。生成 AI の一つである ChatGPT の開発では，Open AI 社がケニアの労働者を多数雇用し，機械学習用の膨大なテキストデータから人種や性差別をはじめとするさまざまな有害コンテンツを取り除く作業を行わせていたと，米国のタイム誌が報じています。

(2) 信頼性の問題

　機械学習をはじめとした人工知能による予測や認識といった学習性能は高度化し，私たちの日常生活の中にも幅広く応用が進んでいます。しかし，人工知能の判断根拠の説明が困難なため，医療など安全性や信頼性が必要とされる分野への適用が躊躇される場合があります。また，人工知能が誤った判断をした場合，その原因の究明が難しいという問題も存在します。

(3) 説明可能な AI

　深層学習をはじめとした高い学習性能を有する機械学習では，予測や認識の判断根拠を説明することが苦手であり，誤った判断をした場合の説明が困難です。そのため，判断根拠の説明をできないことが，人工知能に対する不信感を生み，人工知能技術の導入への障害となっています。

　このようなブラックボックス性の高さ，AI 技術の社会への適用を難しくしている要因の一つとされています。一方，出力結果に至るまでの過程や根拠を説明できるようなモデルは，ホワイトボックスと呼ばれます。このような背景から，機械学習過程を可視化できるような需要が高まってきており，説明可能な AI が重要視されてきています。

　人工知能の説明可能性に関する論文自体は以前から存在していましたが，2017 年の米国国防高等研究計画局（DARPA）による人工知能の説明可能性に関する研究プロジェクトをきっかけに，説明可能な AI の研究が盛んになりました。その後，日本でも 2018 年に内閣府が「人工知能技術戦略実行計画」を発表しました。その中で「説明できる AI 技術の開発」が研究開発の施策として挙げられており，2025 年度中に説明可能な AI の技術開発を達成することが目標だと明記されています。同じく 2018 年に総務省が発表した「AI 利活用原則案」では，「透明性の原則」が原則の一つとして挙げられ，その中に「判断結果の説明可能性に留意する」ことが明記されました。また，文部科学省が発表した 2020 年度の研究戦略目標では，「信頼される AI」が掲げられ，その中でも説明可能性について言及されています。

── 12.4.5 人工知能との関わりについて

2024年のノーベル物理学賞を人工知能の研究者であるジョン・ホップフィールドとジェフリー・ヒントンの両氏が受賞しました。ホップフィールドは連想記憶モデル（ホップフィールドネットワーク）を提案し，ニューラルネットワークによる機械学習の原型となる手法の開発を行いました。ヒントンは多層ニューラルネットワークの学習における誤差逆伝播法に関する論文の著者であり，ボルツマンマシンや自己符号化器の開発者としても有名で，深層学習の第一人者とされます。

一方，物理学ではない情報科学の一分野である人工知能の研究者がノーベル物理学賞を受賞したことに驚きをもって受け止められています。しかし，人工知能技術ほど理工学分野のみならず人文科学分野など関係する学問領域，適用範囲が広い科学技術はないと考えることができるため，ノーベル物理学賞の受賞は驚くべきことではないのかもしれません。これまでも1990年代半ばのゲノム解析，2000年代前後のロボットブーム，IPS細胞など多くの最新科学技術が世の中の大きな話題になりました。いずれも高度な専門知識や環境を必要とする科学技術であり，一般家庭でその成果を実感することは難しかったかもしれません。それに対して，近年の生成AI技術など人工知能技術は研究者ではない一般家庭でも成果を実感できる最新科学技術といえると思います。

1956年のダートマス会議から始まった人工知能技術は人工知能以外の科学技術同様に，近年に至るまで研究者による研究対象に過ぎなかったといえます。本書で取り上げたCPUの高速化，主記憶装置であるメモリの大容量化などハードウェア技術やプログラミング手法などソフトウェア技術の発展，インターネットによるコンピュータネットワークの高度化により，人工知能技術は研究者のみならず，一般家庭にも浸透するに至っています。

今後，人工知能技術は汎用人工知能や超知能に向けてより発展していくことが予想されます。しかし陽の側面だけではなく，人工知能技術の悪用や倫理の問題など負の側面についても考慮する必要があります。ますます高度化する人工知能技術を正しく理解，活用するためにも，私たちは改めて人工知能技術の基礎となっている情報科学について学習する必要があるといえます。

参考文献

D. Gunning and D.W. Aha, DARPA's explainable artificial intelligence program, AI Magazine, vol.9, pp.44-58, (2019)

DeepSeek-AI, DeepSeek-V2: A Strong, Economical, and Efficient Mixture-of-Experts Language Model, arXiv, 2024, https://arxiv.org/abs/2405.04434（2025/1/29 閲覧）

Google says sorry for racist auto-tag in photo app, https://www.theguardian.com/technology/2015/jul/01/google-sorry-racist-auto-tag-photo-app（2025/1/28 閲覧）

OpenAI Used Kenyan Workers Making \$2 an Hour to Filter Traumatic Content from ChatGPT, Time Magazine, https://time.com/6247678/openai-chatgpt-kenya-workers/（2025/1/28 閲覧）

Pradeepata Mishra, 株式会社クイープ（訳），実践 XAI［説明可能な AI］機械学習の予測を説明するための Python コーディング，インプレス（2023）

Tay, Microsoft's AI chatbot, gets a crash course in racism from Twitter, https://www.theguardian.com/technology/2016/mar/24/tay-microsofts-ai-chatbot-gets-a-crash-course-in-racism-from-twitter（2025/1/28 閲覧）

井上克巳，坂間千秋，佐藤泰介，レクチャーシリーズ：「人工知能の今」〔第4回〕推論と AI プログラミング，人工知能，34 巻，5 号，p.703-713，（2019）

今井むつみ，秋田喜美，言語の本質：ことばはどう生まれ，進化したか，中央公論新社（2023）

小高知宏，基礎から学ぶ人工知能の教科書，オーム社（2020）

小高知宏，人工知能入門　第二版，共立出版（2023）

黒川なお，橋本泰一，ゼロからわかる IT ほんき入門＋マンガ　生成 AI のなかみ，インプレス（2024）

総務省，人工知能技術戦略実行計画案，https://www8.cao.go.jp/cstp/tyousakai/jinkochino/7kai/siryo3.pdf（2025/1/28 閲覧）

馬場口登，山田誠二，人工知能の基礎，オーム社（2015）

文部科学省，信頼される AI，https://www.mext.go.jp/b_menu/houdou/2020/mext_00487.html（2025/1/28 閲覧）

索　引

人名索引

アラン・カルメラウアー（Alain Colmerauer）　95

アラン・チューリング（Alan Mathieson Turing）　2

アルバート・マンセル（Albert Henry Munsell）　119

インゴ・レッヒェンベルク（Ingo Rechenberg）　212

エドワード・ショートリッフェ（Edward H. Shortliffe）　211

エドワード・ファイゲンバウム（Edward Albert Feigenbaum）　211

オットー・ノイラート（Otto Neurath）　139

クロード・シャノン（Claude Elwood Shannon）　210

クロード・シャノン（Claude Shannon）　49

シーモア・パパート（Seymour Aubrey Papert）　210

ジェフリー・ヒントン（Geoffrey Everest Hinton）　211

嶋正利　5

ジョン・H・ホランド（John Henry Holland）　212

ジョン・アラン・ロビンソン（John Alan Robinson）　210

ジョン・エッカート（John Presper Eckert）　3

ジョン・コーザ（John Koza）　212

ジョン・フォン・ノイマン（John von Neumann）　3

ジョン・ホップフィールド（John Joseph Hopfield）　212

ジョン・マッカーシー（John McCurthy）　210

ジョン・モークリー（John William Mauchly）　3

スタンレー・スティーブンス（Stanley Stevens）　195

ティム・バーナーズ＝リー（Tim Berners-Lee）　148

デビット・ラメルハート（David E. Rumelhart）　211

ドナルド・クヌース（Donald Ervin Knuth）　113

ハーマン・ホレリス（Herman Hollerith）　2

ポール・ブレイナード（Paul Brainerd）　114

マービン・ミンスキー（Marvin Lee Minsky）　210

ミッチェル・レズニック（Mitchel Resnick）　100

ローレンス・J・フォーゲル（Lawrence J. Fogel）　212

ローレンス・ロバーツ（Lawrence G. Roberts）　210

ロス・キリアン（Ross Quillan）　210

ロトフィ・ザデー（Lotfi Asker Zadeh）　212

ロナルド・メイス（Ronald Mace）　135

事項索引

●数字・英字

1の補数　54
2進法　45
2の補数　54
3DCG　124
3Dプリンタ　75
3D立体視装置　73
4K画質　126
8K画質　126
8進法　45
10進法　45
16進法　45

ADA　135

AD変換　111
AI　209
ALU　49
ANDゲート　50
AR　131
ARP　167
ARPANET　7, 143
ASCII　59
ASCIIコード　56
ASCIIコード表　57
AVERAGE関数　207

BCD　20
BD　69

CA　189
CATV　158
CD　69
ChatGPT　212
CISC　65
CLI　140
COBOL　19
COUNTIFS関数　202
COUNTIF関数　202
COVID-19　193
CPU　5
CSS　113, 149
CUI　140

DA変換　111

DDoS 36
DHCP 167
DMARC 182
DNS 166
DoS 173
dpi 75
DTM 116
DTP 112
DVD 69
DVI 79

EBH 194
EBM 194
EBN 194
EDSAC 4
EDVAC 4
ENIAC 3
Ethernet 159
EUC 59

Facebook 25
FREQUENCY 関数 200
FTTH 158
FWA 159

GPS 10
GPU 66
GUI 18

HDMI 79
HD 画質 125
HRI 19
HSL 空間 119
HTML 114, 148
HTML5 114
HTTP 148

IaaS 153
ICT 1
IC カード 8
IC チップ 5
IDE 141
ID 連携 180
Instagram 25
IoT 5
IP アドレス 166
ISO/IEC 27000 シリーズ 176
ISP 154

JIS 59

LAN 153
LINE 25
LISP 210
LLM 212
LSI 64

MAC アドレス 166
MEDIAN 関数 207
MFA 180
MNO 158
MNP 158
MODE.MULT 関数 207
MODE.SNGL 関数 207
MR 131
MVNO 158

NAND ゲート 50
NAS 69
NAT 183
NAT トラバーサル 183
NOR ゲート 50
NOT 回路 50
NTP 20

OR ゲート 50
OSS 35

PaaS 153
PDF 113
PostScript 113
ppi 121
ppm 75
Prolog 211

RAM 67
RFC 147
RFID 9
RISC 65
ROM 67

SaaS 153
SAGE 4
Scratch 100
SD 画質 125
SGML 114
Shift-JIS 59
SIM 156
S/MIME 190
SNS 17
SSD 68

SSID 163
SSL 190
Starlink 15, 157

TCP/IP 164
TeX 113
Thunderbolt 79
TLS 190

UI 140
Unicode 59
UNIX 20
URI 148
URL 148, 166
USB 77
USB コネクタ 78
USB フラッシュドライブ 68
USB メモリ 68

VGA 79
VICS 10
VR 130
VRAM 66

WAN 154
Web 147
Web アプリケーション 150
Web サーバ 149
Web ブラウザ 149
Wi-Fi 155

X 25
xDSL 159
XML 114
XOR ゲート 50

Y2K 問題 19
YouTube 26

●あ行

アウトラインフォント 112
アクセスポイント 161
アセンブラ 82, 96
アセンブリ言語 82
アナログ 41
アナログ信号方式 76
アナログ−ディジタル変換 42
アプリケーション層 164
アプリケーションソフトウェア 82
アルゴリズム 2

暗号　185
暗号化　185

イーサネット　159
遺伝的アルゴリズム　216
インクジェットプリンタ　74
インシデント　177
インターネット　7, 153
インターネットサービスプロバイダ
　　154
インターネット層　164
インターフェース　76
インターフェースデザイン　133
インターレーススキャン　126
インタプリタ　96
インバースキネマティクス　128
インフラストラクチャモード　161
インフルエンサー　27
インマルサット　15

ウイルス　171
ウイルス対策ソフト　28

エージェント　218
エキスパートシステム　211
エスクロー決済　30
エニグマ暗号機　2
エビデンス　193
遠隔医療情報システム　15
円グラフ　199
演算装置　63

応用情報学　40
オープンソースソフトウェア　35
オブジェクトコード　82
オブジェクト指向プログラム言語
　　95
オペレーティングシステム　82
折れ線グラフ　198
音声合成処理　118
音声認識システム　118
オンラインゲーム　26
オンラインショッピング　30

●か行

階級　200
階級値　200
階級幅　200
解像度　121
回路記号　50

拡張現実　131
拡張子　85
画素　72
仮想化技術　151, 152
仮想記憶システム　84
画像処理　124
画像認識　218
加法混色（RGB 形式）　119
可用性　176
間隔尺度　196
関数型プログラム言語　95
完全性　176

キーフレームアニメーション　128
キーボード　71
記憶階層　67
記憶装置　63, 66
機械学習　213
機械語　93
機械情報　40
偽計・威力業務妨害　32
記号接地問題　222
記号要素　139
記号論理学　212
基数　45
基数変換　45
機密性　176
脅威　177
強化学習　213
教師あり学習　213
教師なし学習　213
共通鍵暗号方式　186

組み込みシステム　62
クライアント　61
クラウドコンピューティング　14
クラウドサービス　14
クラウドストレージ　152
クラッカー　176
クリエイティブ・コモンズ・ライセ
　　ンス　35
繰り返し処理　99
グレースケール画像　122
クロック周波数　64
群知能　217

計算知能　212
計算リソース　16
欠損値　198
原始プログラム　96

減法混色（CMY 形式）　119

コア数　65
広域連携医療クラウド　14
公開鍵暗号方式　186
公開鍵証明書　188
高級言語　94
高水準言語　94
構造化データ　17
コーディング　93
コード　44
誤差逆伝播法　213
ゴシック体　112
個人情報の保護に関する法律　37
コンパイラ　96
コンピュータ　1
コンピューターミュージック　116
コンピュータサイエンス　16
コンピュータの 5 大装置　62

●さ行

サーバ　61
彩度　119
サイバーセキュリティ基本法　175
サイバー犯罪　32
最頻値　206
産業財産権　32
サンセリフ系　112
散布図　199
サンプリング周波数　115

子音　116
シェアウェア　91
ジェネレータ　96
色相　119
磁気テープ　68
自然言語処理　217
社会情報　40
社会情報学　41
尺度水準　195
尺度の変換　197
主記憶装置　67
述語論理　220
出力装置　63, 72
順序尺度　196
条件判断　99
情報　39
情報科学　39
情報工学　40
情報資産　176

情報テクノロジー 61
情報の分類 39
情報モラル 23
情報理論 16
シリアルバス 76
新型コロナウイルス感染症 193
進化的計算 216
人工知能 209
深層学習 213
振動数 115
振幅 115
真理値表 50

数理論理学 212
スキミング 9
スクラッチ 100
スクリプト型言語 95
スタージェスの公式 205
ストレージ 68
スパイウェア 171
スパムメール 28

制御構文 99
制御装置 63
脆弱性 177
生成 AI 212
生命情報 40
セキュリティインシデント 177
セキュリティホール 177
セッション鍵方式 187
説明可能な AI 223
セリフ系 112
ゼロデイアタック 178
全加算器 50
センサ 71

ソーシャルゲーム 26
ソースコード 82
ソースプログラム 96
ソフトウェア 3

●た行

ターゲティング広告 30
ダートマス会議 210
大規模言語モデル 212
ダイアグラム 139
タグ 113
縦波 115
タビュレーティングマシン 2
多要素認証 180

知識表現 211, 220
知的財産基本法 32
知的財産権 32
中央値 206
チューリングマシン 3
著作権 33
著作財産権 33
著作者人格権 33

通信キャリア 154
強い AI 222

ディープラーニング 18
低級言語 93
ディジタル 41
ディジタル署名 187
ディジタル信号方式 76
低水準言語 93
定数 97
ディスプレイ 72
ディレクトリ 86
データ型 97
データ構造 97
データサイエンス 16
データストレージ 16
データの可視化 198
データの整理 197
テキスト音声合成 118
テキスト解析処理 118
デコーダ 65
テザリング 154
手続き型プログラム言語 94
点字コード 56
電子メール 26

問い合わせ型言語 95
トゥイーンアニメーション 128
統計学 16
トゥルーカラー 123
度数 200
度数分布表 200
ドメイン名 166
トランスポート層 164
トロイの木馬 171
ドロー系 124

●な行

ナビゲーション機能 134
ナビゲーションシステム 10

ニコニコ 26
ニューラルネットワーク 211
入力装置 63, 70
ニューロン 213
認証 180
認証局 189

ネットオークション 30
ネットショッピング 11, 30
ネットワーク 7
ネットワークアダプタ 159

●は行

バーコード 11
パーセプトロン 210
パーソナルコンピュータ 61
バーチャルリアリティ 130
パーティクルシステム 129
ハードウェア 3
ハードディスクドライブ 68
バイト（Byte） 42
バイナリコード 40
ハイパーテキスト文書 148
ハイパーリンク 148
ハイブリッド方式 187
配列 98
パケット通信 144
箱ひげ図 200
バス 76
パスキー認証 181
外れ値 198
パスワード管理ツール 179
パスワードリスト攻撃 180
ハッカー 176
バックドア 172
ハッシュ関数 188
ハッシュタグ 27
ハブ 159
パブリック・ドメイン 34
パブリックドメインソフトウェア
91
パラレルバス 76
半加算器 50
半構造化データ 17
汎用 AI 222

ピクセル 72
ピクトグラム 139
非構造化データ 17
ヒストグラム 199, 202

非接触型 IC カード　9
ビッグデータ　8
ビット（bit）　42
ビット幅　64
ビットマップフォント　112
ヒューマンインターフェース　18
標本化　42
平文　185
比率（比例）尺度　197
ビン　203

ファイアウォール　183
ファイルシステム　85
フィッシング　173
フィッシング詐欺　31
フィッシングメール　28
ブール代数　49
フェイクニュース　32
フォーマット　113
フォワードキネマティクス　128
フォント　112
フォントファミリー　112
復号　185
複合グラフ　200
複合現実　131
符号化　42
符号と絶対値表示　53
不正アクセス　172
不正アクセス禁止法　35
負の数の表現　53
フラッシュメモリカード　68
プラットフォーム　16
フリーウェア　91
フリーソフトウェア　91
フリマアプリ　30
プリンタ　74
フル HD 画質　126
フルカラー　123
フレーム問題　222
フローチャート　100
ブロードバンドルータ　154
ブログ　26
プログラミング　3, 93
プログラミング言語　19
プログラム　81
プログラム言語　93
プログラムコード　82
プログレッシブスキャン　126
プロジェクタ　73

プロセス　84
プロセスのスケジューリング　84
プロダクションシステム　211
プロトコル　144, 164
プロプライエタリソフトウェア　91

平均値　206
ペイント系　124
ベクタグラフィクス　120
ベストエフォート　144
変数　97

母音　116
ポインティングデバイス　70
棒グラフ　198
ポート番号　168
補助記憶装置　68
補数　54
ボット　171
ボドーコード　56
ボンベ暗号解読機　2

●ま行

マークアップ言語　113
マイクロプロセッサ　5
マイコン　5
マイナンバーカード　10
マザーボード　63
マジックナンバー　18
マシン語　93
マシンコード　82
マルウェア　171
マルチプログラミング　83
マルチメディア　111
マルチモーダルインターフェース
　141
マレーコード　56
マンセル表色系　119

ミドルウェア　88
ミレニアムバグ　19
明朝体　112

名義尺度　195
命題論理　220
明度　119
メインフレーム　4
メールアドレス　166
メールマガジン　26

メディア　111

モールスコード　56
目的プログラム　96
文字コード　56
モノクロ画像　122
モバイル回線　156
モバイルルータ　155

●や行

ユーザインターフェース　133
有線 LAN　159
ユーチューバー　26
ユニバーサルデザイン　19, 135
ユニバーサルデザインの 7 原則
　136

弱い AI　222

●ら行

ライセンス　87
ライブラリモジュール　96
ラスタグラフィクス　120
ランサムウェア　171

リスク　178
リツイート　27
リモートセンシングネットワーク
　14
量子化　42
リンク層　164

ルーティング　146
ループ処理　99

レーザプリンタ　74
レーダーチャート　199
レジスタ　65

論理　49
論理回路　49

●わ行

ワーム　171
ワクチンソフト　28
割込み　84
ワンクリック詐欺　31
ワンタイムパスワード　180

著者紹介

谷口 唯成（たにぐち ただなり）（担当：第5章，第6章，第12章）
東海大学理系教育センター主任教授・博士（工学）

千葉 雅史（ちば まさふみ）（担当：第1章，第2章）
東海大学理系教育センター教授・博士（工学）

栗田 太作（くりた だいさく）（担当：第3章，第4章，11.1節，11.2節）
東海大学理系教育センター准教授・博士（医学）

横村 国治（よこむら くにはる）（担当：第7章，第8章，11.3節）
東海大学理系教育センター講師・修士（理学）

宮川 幹平（みやかわ かんぺい）（担当：第9章，第10章）
東海大学理系教育センター准教授・博士（理学）

情報社会を生きるためのICT入門
—コンピュータの誕生から人工知能まで—

ICT Literacy and Competency in
an Information Society:
From the First Computer
to Artificial Intelligence

2025年3月25日 初版1刷発行

著　者　谷口唯成
　　　　千葉雅史
　　　　栗田太作　ⓒ 2025
　　　　横村国治
　　　　宮川幹平

発行者　南條光章

発行所　共立出版株式会社
　　　　郵便番号 112-0006
　　　　東京都文京区小日向 4-6-19
　　　　電話　03-3947-2511（代表）
　　　　振替口座 00110-2-57035
　　　　www.kyoritsu-pub.co.jp

印　刷　藤原印刷
製　本

一般社団法人
自然科学書協会
会員

検印廃止
NDC 007.6
ISBN 978-4-320-12586-5

Printed in Japan

[JCOPY] ＜出版者著作権管理機構委託出版物＞
本書の無断複製は著作権法上での例外を除き禁じられています．複製される場合は，そのつど事前に，出版者著作権管理機構（TEL：03-5244-5088，FAX：03-5244-5089，e-mail：info@jcopy.or.jp）の許諾を得てください．